"十二五"普通高等教育本科国家级规划教材

北京高等教育精品教材
BEIJING GAODENG JIAOYU JINGPIN JIAOCAI

2007年度全行业优秀畅销书
高等学校经济与工商管理系列教材

U0369340

基础会计学

（第2版修订本）

郭雪萌　郝宇欣　主编

清华大学出版社
北京交通大学出版社
·北京·

内 容 简 介

本书主要介绍会计学的基本理论、基本技能、基本方法，包括总论、会计科目与账户、复式记账、企业基本业务的核算、账户的分类、会计凭证、会计账簿、会计核算组织程序、财产清查、会计循环与期末账项调整、财务会计报告、会计工作组织、会计电算化概述。

全书始终体现《会计法》、《企业会计准则》、《企业会计准则——应用指南》、《企业财务报告条例》的相关内容，注重理论与实践的紧密结合，可提高学生的分析和思考能力，增强实务操作技能。

本书适合作为高等学校工商、经管、财务、运输等专业的入门教材。

图书在版编目（CIP）数据

基础会计学／郭雪萌，郝宇欣主编. —2 版. —北京：清华大学出版社；北京交通大学出版社，2012.5（2021.9 重印）

（高等学校经济与工商管理系列教材）

ISBN 978-7-5121-0958-2

Ⅰ. ① 基…　Ⅱ. ① 郭…　② 郝…　Ⅲ. ① 会计学-高等学校-教材　Ⅳ. ① F230

中国版本图书馆 CIP 数据核字（2012）第 058319 号

责任编辑：孙秀翠

出版发行：清 华 大 学 出 版 社　　邮编：100084　　电话：010-62776969
　　　　　北京交通大学出版社　　邮编：100044　　电话：010-51686414

印　刷　者：北京时代华都印刷有限公司

经　　　销：全国新华书店

开　　　本：185×230　　印张：19.25　　字数：426 千字

版　　　次：2007 年 3 月第 1 次修订　　2012 年 12 月第 2 版　　2021 年 9 月第 6 次印刷

书　　　号：ISBN 978-7-5121-0958-2/F·999

印　　　数：16 001 ～ 17 000 册　　定价：49.00 元

本书如有质量问题，请向北京交通大学出版社质监组反映。对您的意见和批评，我们表示欢迎和感谢。

投诉电话：010-51686043,51686008；传真：010-62225406；E-mail：press@bjtu.edu.cn。

前　言

教材的生命力在于与时俱进，以适应环境的持续变化、满足读者需要为使命。《基础会计学》自 2004 年出版以来，深受读者好评和厚爱，已经重印了 5 次。为了适应会计改革发展的需要，实现我国企业商业语言的国际趋同，为我国企业顺利地走向国际化打开通道，2006 年，财政部颁布了新的企业会计准则体系，并于 2007 年 1 月 1 日在上市公司全面实施。该套体系由《企业会计准则》和《企业会计准则——应用指南》组成，2007 年我们据此对教材进行了全面的修改和完善，旨在为读者认真学习、消化、吸收新企业会计准则体系的理念、原则和方法奠定基础。本书至今已重印 11 次，销量达 42 000 册。2011 年本书被评为北京高等教育精品教材，为此在 2007 年 3 月第 1 次修订的基础上又对全书进行了修改，增加了"案例及思考"内容，使全书体系更加完善。2012 年 12 月本书被评为"十二五"普通高等教育本科国家级规划教材。

本书全面介绍会计学的基本理论、基本技能和基本方法。它是会计学教育的入门教材，是学习财务会计、成本会计、管理会计及其他各门会计课程的基础。通过学习，可以提高学生的分析和思考能力，增强实务操作技能。

本书具有以下特点：

① 以新颁布的《企业会计准则》和《企业会计准则——应用指南》为依据，在会计核算方面注重和其他专业会计内容上的衔接；

② 在内容的取舍和结构的安排上，特别强调读者对会计实务的实践操作能力；

③ 为便于读者自学和加深理解，我们另外编写了《基础会计学同步辅导教程》，完善了《基础会计学》的学习体系。

本书由北京交通大学郭雪萌、郝宇欣主编。其中第 1、2 章由李玉菊编写；第 3 章由于国红编写；第 4、5、13 章由郭雪萌编写；第 6、7、8 章由郝宇欣编写；第 9、11 章由李远慧编写；第 10、12 章由范铁燕编写。

我们期待修订本能够继续得到广大读者的再次认可，也期待热心读者提出宝贵的批评意见，以便为读者提供更好的服务。

编　者

2012 年 4 月

目 录

第1章

总　　论

【内容提要】会计在现代经济活动中具有不可替代的地位。任何一个单位，包括营利组织（各类企业）和非营利组织（行政、事业单位）内部均设有相应的会计部门或会计人员。据统计，20世纪90年代初，我国共有1 200万会计人员，目前我国会计人员已增加到近1 600万。随着市场经济的发展和证券市场的完善，会计在资源配置中的重要性将日益显著，那么，究竟什么是会计？会计存在的原因是什么？会计职能有哪些？会计目标是什么？会计学科的核心内容是什么？其发展趋势是什么？会计对象及会计要素是什么？什么是会计准则？会计方法有哪些？这些都是会计学必须首先回答的问题。本章将对这些问题一一加以介绍。

1.1　会计与会计学概述

1. 会计及其存在的原因

（1）会计的含义

会计是一种以价值管理为主要特征的管理活动，是经济管理的重要组成部分。它与社会生产的发展有着不可分割的联系，是由于人们对生产过程进行组织管理的客观需要而产生的。

物质资料的生产是人类生存和发展的基础。古今中外，人类从事各种各样的经济活动，包括工业、农业、商业及其他活动，其中耗费与成果、投入与产出的比较，历来为人们所关心。正如马克思所说：“在一切状态下，人们对生产生活资料所耗费的劳动时间必然是关心的。虽然在不同的发展阶段上关心的程度不同。”人们总要在事前或事后对生产经营过程中人、财、物的投入与产出加以比较，从中总结经验，从而改善经营管理，不断提高经济效益。为达到此目的，人们在生产经营活动中除不断采用新技术、新工艺外，还必须加强经营管理。这在客观上就要求会计首先必须对生产经营活动中的劳动耗费和劳动成果进行观察、计量、记录、分类和汇总，以便提供反映经济活动的信息；然后根据会计信息对生产经营活动进行分析、控制和审核。会计正是在这种需要的基础上应运而生，并发展成为一种对经济活动进行核算与监督的、以价值管理为主要特征的经济管理活动。

会计是一门新兴的管理学科，人们对会计有多种定义。马克思在《资本论》中，曾将会计定义为：“对生产过程的控制和观念的总结”，其含义是用观念上的货币反映和监督生产经营过程。国内外学者及会计职业团体的主要观点有："技术或艺术论"（认为会计是一种技术或艺术）、"工具论"（认为会计是经济管理的工具）、"信息论"（认为会计是一个经济信息系统）和"管理论"（认为会计是一种管理活动）。

我们将会计定义为：会计是以货币为主要量度并辅之以其他量度，通过一系列的专门方法对各单位的经济活动进行核算和监督的一种管理活动，是经济管理的重要组成部分，是向信息使用者提供对决策有用的会计信息的信息系统。

（2）会计存在的原因

稍有经济学常识的人都知道，任何企业都必须设立会计部门或配备专职会计人员，并且定期向财政、税务、银行等部门及股东报送财务会计报告。除此之外，上市公司的财务会计报告还必须经注册会计师审计，定期向证券监管部门及证券交易所报送并向社会公开披露。所有这些都是有成本的。据统计，1997 年底，全国注册会计师事务所的业务收入约为 50 亿元。如果再加上企业内部会计机构费用及会计人员的报酬，社会资源流向会计的部分相当可观。为什么企业愿意花费如此代价来提供会计信息？或者说，会计存在的原因是什么？

会计存在的最根本的原因是为了适应人们不断提高经济效益的需要。由于资源的有限性及"理性经济人"的存在，人们具有不断追求经济效益的客观需要。会计通过对经济活动的核算和监督，为利益相关者提供会计信息，提高其决策的有效性，从而实现经济效益最大化的目标。对于现代企业来说：其一，企业管理当局需要利用会计提供的财务会计报告资料作出决策，不断挖掘潜力，改善管理，增强竞争力，提高经济效益；其二，由于管理权和经营权的分离，委托代理关系的存在，管理当局为了向委托人（投资者）报告受托责任的履行情况，需要会计对外提供财务会计报告，以满足其决策需要；其三，为了吸引潜在的投资者及满足债权人、供应商、客户、政府部门等利益相关者的决策需要，企业必须对外披露财务会计报告。

2. 会计的产生、发展概况

如前所述，会计是为了适应人类不断提高经济效益的客观需要而产生的，它最初只是生产职能的附带部分，在生产时间之外附带地把收支数额、支付日期等记载下来。后来由于人们管理生产过程的客观需要，会计才从生产职能中分离出来，成为一项由专职人员从事的管理工作。所以说，会计是随着生产的发展而产生和发展的，是社会经济发展到一定阶段的产物。它的核算方法和技术是随着社会生产力的不断发展和经济管理的需要，逐渐由低级到高级、由粗到细、由简单到完善，经历了一个漫长的发展过程。

会计在我国具有非常悠久的历史。早在原始氏族社会，人们就开始关心劳动成果。但在原始社会初期，由于生产力低下，生产过程简单，生产工具简陋，人们只能用"结绳记事"等简单的记录方法对生产数量方面进行了解。随着生产力的发展，到了原始社会末期，会计才开始成为一种独立的管理职能。到了奴隶社会，由于生产水平有所提高，会计的核算技术也得到了发展。据史料记载，在我国周朝，不仅具有主管会计的"司会"官职，而且对会计核算也规定了具体的办法与要求。到了封建社会，由于生产力有了进一步的发展，会计核算方法也得到了进一步的完善。我国宋朝把财政收支分为原管、新收、已支、现在 4 个部分来计算财产的增减变动情况。明朝初期将其总结为"四柱结算法"，又称为"四柱清册"。通过"旧管（期初余额）＋新收（本期收入）－开除（本期支出）＝实在（期末余额）"的基本公式进行结账。这是我国会计史上的一项杰出成果，它比欧洲公开介绍这一公式要早500多年，为我国簿记的收付奠定了理论基础。明清时期，出现了核算盈亏的"龙门账"、"天地合账"等，那时不但能运用各种专用账册，而且能编制初具规模的报表，同时还用货币为综合计量单位进行核算。这些都显示了我国历史上传统中式簿记的特色。

在国外，会计的历史也很悠久。在规模小的印度公社里，已出现了记账员，登记农业账目；古巴比伦商人已采用所谓的"现金记录"；古希腊、古罗马也有会计记录的史料记载。但影响最大的是1494年意大利数学家卢卡·巴其阿勒（Luca Pacioli），将当时出现在意大利商贸比较发达的威尼斯、热那亚等沿海城市的借贷记账法进行总结，把题为《计算记录要论》作为一章的内容编入其数学著作——《算术、几何与比例概要》一书，对借贷记账法进行了详细介绍并加以概括，这是借贷复式记账法形成的标志，被称为"人类智慧的绝妙创造"。它为复式簿记在全世界流传奠定了基础。所以，人们一般把1494年以前的会计称为古代会计，而把1494年以后的会计称为现代会计。

1581年，威尼斯"会计学院"的建立，表明会计已作为一门学科在学校里传播。现代会计是以企业会计为代表的，它对协调企业的经济关系、促进经济发展起到了积极作用。从19世纪50年代到20世纪，由于生产力的发展和企业组织形式的改变，会计得到了进一步的发展，成本会计、会计报表分析成为会计的重要组成部分。特别是进入20世纪以来，科学技术日新月异，生产力迅猛发展，跨国公司不断涌现，企业规模日趋庞大；竞争日趋激烈，致使成本利润率下降；再加上通货膨胀，银根紧张，筹资不易，给企业经营管理带来严重困难。为了解决这些问题，促使企业管理当局不得不重视经济预测和决策工作，同时对会计提出了更高的要求，于是形成了专门为企业内部加强管理、提高经济效益服务的管理会计体系，并于1952年世界会计学会年会上正式通过"管理会计"这一名称。管理会计的形成和发展，极大地丰富了会计学的内容，扩充了会计的传统职能，标志着现代会计科学进入了一个充满活力的崭新阶段。电子计算机技术在会计领域的应用，实现了会计自动化和电算化。

我国在半殖民地半封建社会时期，先进会计方法的引进、应用和发展较慢，使我国会计水平与先进国家的差距越来越大。新中国成立后，特别是党的十一届三中全会以来，会计工作受到前所未有的重视，1985年1月颁布的《会计法》，成为我国第一部会计大法，并在1993年和2000年进行过修订。为适应市场经济的发展和扩大对外开放的需要，我国充分借鉴国外先进经验和管理方法，对原有财务会计制度进行进一步改革，财政部于1992年11月颁布了《企业财务通则》和《企业会计准则》，并于1993年7月1日起实施。这是我国会计史上的一次革命，奠定了我国会计国际化的基石。同年，财政部颁布了13个行业的企业会计制度，1998年颁布了股份有限公司会计制度。为了进一步规范企业会计核算工作，提高会计质量，2000年颁布了《企业会计制度》。为了进一步与国际会计准则接轨，2006年对已颁布的会计准则进行了较大修订，并于2007年1月1日起在上市公司实施，鼓励其他企业执行。这一切表明，我国会计理论研究和实务发展水平都有了实质性的飞跃。

从会计的产生、发展过程可知，会计是一种管理活动，是经济管理的重要组成部分，是向信息使用者提供决策有用的会计信息的信息系统。会计是社会经济发展的一面镜子，经济越发展，会计越重要。

3. 会计环境

任何事物的运动都是在社会经济这个大环境下进行的，因此，任何事物的发展变化尤其是社会科学的发展变化无不受到这个大环境的影响。会计环境是指与会计产生和发展密切相关，并对会计理论和会计实务的发展具有影响和制约作用的客观历史条件。某一历史阶段会计的发展状况，始终受这一历史阶段会计环境的影响和制约。会计的发展，特别是会计实务的发展，既不可能超越它所处的社会经济环境，也绝不会任凭落后的会计理论来指导新的历史阶段的会计实务。可见，环境对会计起着明显的作用。历史上每一次会计的重大变革，都是以特定环境变化为背景的。

影响会计的环境因素有很多，包括政治、经济、科技、文化、法律等，这些因素相互联系、相互作用，共同构成了会计环境的基本要素。从这些要素与会计的相关程度看，有的直接相关，有的间接相关；从影响作用看，有的是正面影响因素，对会计发展起促进作用，有的是负面影响因素，会在一定程度上制约会计的发展。

（1）经济因素

在影响会计的所有环境因素中，经济因素最为重要，它不但对会计产生重要的甚至决定性的影响，而且还通过对其他环境因素的影响来间接地发挥作用。其中，对会计产生直接影响的经济因素有：经济发展水平、经济体制、企业组织形式及其规模、经济管理要求等；此外，经济成分、分配制度、经济政策、经济资源的稀缺程度等也会对会计产生一定的影响。

（2）科技因素

科技因素对会计的影响主要体现在会计工作手段的不断更新方面，最典型的例子是电子计算机技术在会计实务中的广泛应用。由于电子计算机技术用于会计，从根本上改变了会计传统手工操作的落后状态，大大提高了会计数据处理的及时性和准确性，使会计在经济管理中的作用更加重要。同时，科学技术的进步和发展也促进了会计实务的创新和会计理论的发展。

（3）法律和政治因素

法律因素对会计的影响主要体现在法律体制及其对会计的干预程度。政治因素对会计的影响主要是通过法律、经济及其他环境因素的作用来产生间接影响。

（4）社会文化和教育因素

社会文化和教育因素对会计的影响主要体现在会计的社会地位、会计人员的教育和职业素质等方面。会计社会地位的高低对会计教育的深度和广度具有深层次的影响。会计人员的受教育程度及职业素质决定了会计理论研究的水平和会计技术方法的应用程度，也决定着会计学科的继承、传播、创新和发展。

（5）相关学科发展的影响

按照唯物辩证法的观点：世界上一切事物之间是相互联系、相互影响的。因此，相关学科的发展也会对会计产生影响。

企业理论的发展，使企业的组织形式趋于多样化，从独资企业、合伙企业发展到以公司制为主要形式的两权分离企业。基于委托代理理论之上的两权分离的股份公司，受托者必须定期向委托人报告自己的受托责任的履行情况，但是，由于"经济人假说"的作用，委托人与代理人的利益是不一致的，为了防止代理人作弊或出具虚假的财务会计报告，维护所有者权益，必须对受托者的会计行为进行规范，按照一种公认的会计标准进行会计处理，于是促进了会计准则及相关会计理论的产生和发展。

期货、期票、期权等衍生金融工具的出现，大大丰富了金融理论，同时也促进了衍生金融工具会计的产生与发展。

4. 会计的职能

会计的职能是指会计在经济管理中，客观上所具有的功能或能够发挥的作用。研究会计职能，对于深入理解会计的定义，准确揭示和把握会计目标具有重要意义。会计职能有多项，其基本职能可概括为核算与监督职能。

（1）会计核算

会计核算是会计的首要职能，是整个会计工作的基础。会计核算是以货币为主要量度，对经济活动进行确认、计量、记录、报告，提供真实、正确、可靠的会计信息，以满足管理需要。会计核算职能有以下 3 个方面的特点。

① 会计核算主要是利用货币量度并辅之以其他非货币量度和文字说明，从价值方面反映各单位的经济活动的过程及结果。

由于经济活动错综复杂，人们不可能简单地对不同类型的经济业务进行计量、汇总，必须通过专门的会计核算方法进行加工处理，才能从数量方面反映经济活动的全貌。计量尺度有 3 类：一类是实物量度，如吨、件等；一类是劳动量度，如工时、工日等；一类是货币量度，如元、万元等。实物量度和劳动量度都只能对同类财产物资或劳动消耗进行计量和汇总，提供个别数据资料，而不能对不同类别的经济业务进行综合反映。货币是商品的一般等价物，具有价值尺度、流通手段、储藏手段和支付手段的特点，是衡量一般商品价值的共同尺度。用货币作为计量手段，能以价值形式综合反映经济活动的过程及结果。因此，在会计核算中，应以货币计量为主要形式，同时以实物量度和劳动量度等其他非货币量度为辅。

② 会计核算具有完整性、连续性和系统性。

会计作为一项管理活动，它贯穿于经济活动的全过程。因此会计对经济活动的反映也应当是完整、连续和系统的。完整性是指对所有的经济业务都要进行计量、记录、报告，不得有任何遗漏，也不能任意取舍；连续性是指对所有的经济业务都要按时间先后顺序，连续进行反映，不得有任何中断；系统性是指必须采用科学的方法对会计信息进行加工处理，最后提供系统化的数据资料，以揭示客观经济活动的规律性。

③ 既进行事中和事后核算，也要进行事前核算。

会计核算最基础的工作是对已发生的经济活动进行事中、事后核算，在这一过程中，大量单个的经济业务通过记录、分类计算、汇总转变为一系列的信息资料，反映经济活动的现实及历史状况。但随着市场经济的发展，市场竞争日趋激烈，经济活动日趋复杂，经营管理需要加强预见性。因此，会计在事中、事后核算的同时，必须加强事前核算、分析和预测经济前景，为经济管理决策提供更丰富有效的信息，以充分发挥会计的管理职能。

（2）会计监督

会计监督是会计的另一基本职能。主要是利用会计核算资料及其他有关资料，对经济活动进行审查、控制和指导，使之按规定的要求运行，达到预期的目的，并保证会计目标的顺利实现。会计监督具有以下特点。

① 会计监督主要是以国家的财经政策、财经制度和财经纪律为准绳，通过价值指标来进行监督。会计核算以货币为主要量度，提供综合反映经济活动过程和结果的价值指标，这些价值指标是会计监督的主要依据。会计利用价值指标对经济活动进行监督，与其他各种监督相比，是一种更为有效的监督。因为各单位进行的经济活动，同时都伴随着价值运动，表现为价值量的增减和价值形态的转化，会计监督通过价值指标可全面、及时、有效地控制各单位的经济活动。

② 既进行事后监督，又进行事中和事前监督。

事后监督是对已发生的经济活动及相应的核算资料进行审查、分析；事中监督是对正在进行中的经济活动及取得的核算资料进行审核，纠正其计划、预算执行过程中的偏差和失误；事前监督是在经济活动开始前进行的监督，是利用事前核算资料，对未来经济活动进行的审查。只有进行全过程的会计监督，才能有效地控制经济活动的过程，从而达到预期的经营目标。

通过会计监督，应达到合理性、合法性和有效性的要求。合理性，要求各项经济活动必须符合客观经济规律及经营管理方面的要求，在经济上可行；合法性，要求会计核算必须符合国家颁布的法令、法规；有效性，要求会计资料必须真实、正确，并符合国家统一规定的计量口径和报告口径。

会计的核算与监督职能密切联系，相辅相成。会计核算是执行会计监督的前提，只有在对经济活动进行正确核算的基础上才能为监督提供可靠依据。同时也只有加强监督，保证经济业务按规定的要求进行，并达到预期的目的，才能发挥核算的作用。核算和监督是会计最基本的职能，每一职能发挥作用的深度和广度都不是一成不变的，随着社会经济的发展和经济管理要求等会计环境的变化，会计职能的内涵和外延将会发生变化。例如，会计界提出的会计多功能论（认为会计职能包括预测、计划、核算、控制、决策、分析、考核等），可以认为是从会计核算和监督两个基本职能中派生出来的。

5. 会计目标

会计目标是指在一定的社会经济条件下，在会计职能范围内会计工作所要达到的目的和要求。会计目标受制于会计环境。会计目标集中体现了会计工作的宗旨，是会计最基本的概念，会计理论和会计实务都是建立在它的基础之上的。会计目标主要解决两个问题：一是会计工作为谁服务；二是这种服务应当达到什么样的要求，即提供什么样的信息。会计目标包括总目标和具体目标两个层次。前面已论证，会计是一种管理活动，即会计目标是经济管理总目标下的子目标。经济管理的总目标是提高经济效益，所以会计工作也应以提高经济效益为最终目标。在此目标下，其具体目标是提供决策的有用信息。我国 2006 年颁布的《企业会计准则——基本准则》，将会计目标确定为：向财务会计报告使用者提供与企业财务状况、经营成果和现金流量等有关的会计信息，反映企业管理层受托责任履行情况，有助于财务会计报告使用者作出经济决策。财务会计报告使用者包括投资者、债权人、政府及其有关部门和社会公众等。

6. 会计学和会计学科体系

从会计的产生发展可知，会计作为一种经济管理活动，已有几千年的历史。但会计作为一门专业知识来著书立说，始于 1494 年。19 世纪后半期，随着经济的发展，资本主义的生产规模日益扩大，竞争日益激烈，为了保证盈利目标的实现，会计日趋重要，因而研究会计的专著陆续出现。会计方法和会计工作组织日益完善，经过长期会计实践经验的总结，逐渐形成了具有较完善的理论和方法体系的会计学。

会计学是社会科学的一个分支，属于经济管理科学。它主要是运用现代管理科学和数学方法，研究会计的基本理论，以及如何建立和运用各种会计方法对再生产过程中的经济活动进行核算和监督的规律性的一门学科。

我国传统会计学科体系是新中国成立初期在学习前苏联经验的基础上建立起来的，是与高度集中的计划经济体制相适应的。随着社会主义市场经济体制的确立，通过借鉴西方先进的会计理论和方法，并结合我国的实际情况，我国对会计进行了一系列的改革，采用制定所有企业均适用的会计准则来指导会计核算工作的模式，改变了新中国成立以来一直沿用的按照分部门、分所有制的统一会计制度来规范各基层单位会计工作的模式。这一变革直接冲击了我国传统的分部门、分所有制设置的会计学科体系。新会计学科体系的主要内容如图1－1所示。

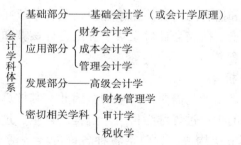

图 1－1　会计学科体系构成

基础会计学（或会计学原理），主要阐述会计的基本理论、基本技术和基本方法。它主要研究会计的基本概念、记账原理、账务处理程序和方法、会计凭证、账簿及报表，介绍会计要素的确认、计量、记录和报告的基本知识等。它是进一步学习会计学科体系其他部分的基础和指南。

财务会计学，主要阐述处理各项会计要素的基本理论和方法，以及财务报表的编制与分析方法。研究如何根据企业已发生的经济业务，通过对会计要素的确认、计量、记录和报告，提供其财务状况、经营成果及现金流量信息，以满足会计信息使用者的需要。

成本会计学，主要阐述成本的预测、计划、核算、分析、控制、考核和决策的基本理论和方法，研究成本管理及降低成本的途径，为企业经营管理决策提供所需的各种成本信息。主要包括成本预测方法、成本计划的编制、实际成本的计算、成本分析、成本控制及成本决策方法等。

管理会计学，主要研究对企业未来的经济活动进行规划、预测、控制、决策的分析方法，着重提供预测信息，为企业内部经营决策服务。其主要内容有管理会计的基本理论和方法、决策会计、控制会计、责任会计等。

高级会计学，主要研究会计发展的新领域，如人力资源会计、社会责任会计、物价变动会计、合并会计报表等。

财务管理学，主要研究财务管理的基本理论、基本方法和基本技术，主要包括投资、融资、财务分析、企业兼并重组、企业清算等。

审计学，主要研究对经济活动的合理性、合法性、效益性进行检查监督的基本理论和方法。主要包括财务审计及经济效益审计等。

税收学，主要研究税收理论、税收政策和税收实务。主要包括税法、税收筹划等。

此外，会计学科体系还包括研究我国和国外会计之间的相同、相似及不同之处的"比较会计学"；专门研究探讨会计的本质、对象、属性、概念、准则等一系列理论的"会计理论"；以及专门研究会计的产生、发展历史的"会计史"等。

会计学科体系还可按其在空间领域的运行情况分为宏观会计学与微观会计学。微观会计学按其服务主体的经营性质又可分为营利组织会计与非营利组织会计。

1.2 会计对象和会计要素

会计对象是会计核算和监督的内容。抽象地说，是各单位在社会再生产过程中的资金运动，具体细分为各会计要素。研究会计对象对于确定会计核算和监督的基本原则，以及建立会计方法体系都具有重要意义。

1. 会计对象的总体分析

会计是为适应组织管理生产的需要而产生的，因此，其核算和监督的内容，概括起来说就是生产过程。连续不断的生产过程称为再生产过程。再生产过程由生产、分配、交换、消费4个相互联系的基本环节所构成。它包括各种各样的经济活动。这些经济活动是由各企业、事业、行政单位在市场经济的作用下分工协作进行的。

会计的首要特点是以货币为主要量度，所以再生产过程中只有能以货币表现的经济活动（即资金运动）才是会计的对象。会计对象的一般含义是指：企业、事业、行政单位在社会再生产过程中的资金运动。

由于各单位的工作性质不同，其经济活动的内容不同，因而其资金运动各具特点，当然会计具体对象也不一致。根据各单位资金运动的特点，可将会计对象分为两大类：营利组织会计对象和非营利组织会计对象。营利组织的会计对象是指工业、商业、农业、交通运输等企业的资金运动。其资金运动的最大特点是随着生产经营活动的进行，资金能够实现循环。资金运动过程较复杂。非营利组织的会计对象是指事业、行政等单位的资金运动。其资金运动特点是只表现预算资金的收支，不能实现资金的循环。资金运动过程较为简单。在各类营利组织中，制造企业的资金运动较复杂，现以此为例说明营利组织会计对象的特点，如图1－2所示。

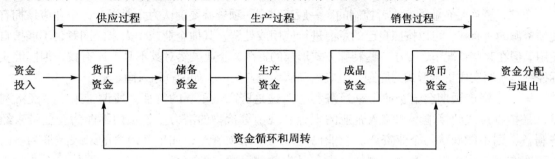

图1－2　制造企业的资金循环和周转图

从图1－2可知：

① 制造企业的资金运动是从货币资金开始，依次经过供、产、销环节，不断改变其存在形态，最后又回到货币资金形态，实现了资金的循环。随着生产经营过程连续不断地进行，引起了资金周而复始地连续循环，称为资金周转。

② 制造企业的资金运动不仅反映了资金形态的变化，同时反映了资金的增值过程和增值量。

非营利组织的会计对象不具备上述特点，因为它反映的是预算资金的收支，属于再生产过程中分配领域和消费领域的资金运动。

2. 会计对象的具体化——会计要素

以上分析表明，会计对象是各单位在社会再生产过程中的资金运动，即可用货币表现的经济活动。这是一般的表述，比较抽象。为了便于对经济活动进行确认、计量、记录和报告，可将会计对象分解为各个会计要素，即利用会计要素的形式将会计对象具体化。

会计要素是对会计对象按其经济内容所做的分类。由于营利组织和非营利组织的会计对象不同，因而会计要素也有差异。企业的会计要素通常分为资产、负债、所有者权益、收入、费用和利润六要素。其中，资产、负债和所有者权益是企业资金运动的静态表现，即财务状况的静态反映，称为静态要素，也称为资产负债表要素；收入、费用和利润是企业资金运动的动态表现，即从动态方面反映企业的经营成果，称为动态要素，也称为利润表要素。下面分别予以说明。

1）资产

资产是指由企业过去的交易或者事项形成的、企业拥有或者控制的、预期会给企业带来经济利益的资源。某一项目要确认为资产必须符合资产定义，并同时满足两个条件：① 与该资源有关的经济利益很可能流入企业；② 该资源的成本或者价值能够可靠地计量。资产具有以下 3 个基本特征。

第一，资产是由过去的交易或事项所形成的。即资产必须是现实的资产，而不是预期的资产，是企业过去已经发生的交易或事项所产生的结果。至于未来交易或事项所可能产生的结果，则不属于现实的资产，不能作为资产确认。例如，企业通过购买、自行建造等方式形成某项设备，或因销售产品而形成一项应收账款等，都应确认为企业资产；但企业预计在未来将要购买的设备，因其相关的交易或事项尚未发生，就不能确认为企业资产。

第二，资产是企业拥有或者控制的。一般来讲，一项资源要确认为企业资产，企业应该拥有此项资源的所有权，可以按照自己的意愿进行使用或处置，其他企业或个人未经同意，不能擅自使用。但在某些情况下，对于一些特殊方式形成的资源，企业虽然对其不具有所有权，但能够实际控制，按照实质重于形式的原则，也应当确认为企业资产，如融资租入固定资产。

第三，资产预期会给企业带来经济利益。这是资产最重要的特征。所谓带来未来经济利益，是指直接或间接地增加流入企业的现金和现金等价物的潜力。若预期不能为企业带来经济利益，则不能确认为企业资产。企业已经取得的某项资产，如果其内含的未来经济利益已经不存在，就应该将其剔除。例如，库存已失效或已毁损的存货，它们已经不能给企业带来未来的经济利益，就不应该再作为企业资产；再如，一条技术上已经被淘汰的生产线，尽管在实物形态上仍然存在，但它实际已经不能再用于产品生产，不能为企业带来未来经济利益，不应当作为企业资产，而应确认为一项损失。

综上所述，某一项目要确认为企业资产，必须符合资产的定义，否则会夸大资产、虚增利润，造成会计信息失真。

资产按其流动性可分为流动资产和非流动资产。

（1）流动资产

流动资产是指在一年或超过一年的一个营业周期内变现或耗用的资产。流动资产按其变现能力的大小，又可分为库存现金及各种存款、交易性金融资产、应收及预付款项、存货等。库存现金和在银行及其他金融机构的存款统称为货币资金。

- 交易性金融资产指企业为交易目的持有的投资，包括债券投资、股票投资和基金投资。
- 应收及预付款项包括应收票据、应收账款、其他应收款、预付账款等。
- 存货是指企业在日常生产经营过程中持有以备出售，或者仍然处于生产过程，或者在生产或劳务过程中将消耗的材料或物资等。包括商品、半成品、在产品及各类材料、燃料、包装物、低值易耗品等。

（2）非流动资产

非流动资产是指流动资产以外的资产，主要包括长期股权投资、固定资产、无形资产及其他资产等。长期股权投资是指企业持有的采用成本法和权益法核算的长期股权性质的投资，包括股票投资和其他投资等。

固定资产是指使用时间在一年以上，单位价值在规定标准以上，并在使用过程中保持其原来物质形态的资产，主要包括房屋、建筑物、机器设备、运输设备、工具等。不属于生产经营主要设备的物品，单位价值在 2 000 元以上，并且使用年限超过两年的，也应作为固定资产。

无形资产是指企业拥有或者控制的没有实物形态的可辨认的非货币性长期资产。包括专利权、非专利技术、商标权等，商誉除外。

其他资产是指除流动资产、长期投资、固定资产、无形资产以外的资产，如长期待摊费用。长期待摊费用是指企业已经支出，但摊销期限在一年以上（不含一年）的各项费用，包括租入固定资产的改良支出等。

2）负债

负债是指由企业过去的交易或者事项形成的、预期会导致经济利益流出企业的现时义务。某一项目要确认为负债必须符合负债定义，并同时满足两个条件：① 与该义务有关的经济利益很可能流出企业；② 未来流出的经济利益的金额能够可靠地计量。负债具有以下 3 个基本特征。

第一，负债是由于过去的交易或事项而产生的，即导致负债的交易或事项必须已经发生。例如，采用赊购方式购买材料会产生应付账款，接受银行贷款则会产生偿还贷款的义务。对于这些已经发生的交易或事项，会计上才能确认为负债。正在筹划的未来交易或事项，如企业的业务计划，不会产生负债。

第二，负债是企业承担的现实义务。现实义务有两种类型：一种是合同或法律要求强制执行的，如购买货物或接受劳务供应而发生的应付款项，即属于此类；另一种是非强制执行的，为了保持良好的信誉，若企业制定出一条方针，即使产品在保修期满以后才出现缺陷，也要予以免费修理，则企业对已经售出的产品预计将会发生的修理费就应确认为企业负债。应当注意："现实义务"不等同于"未来承诺"，如只是管理层决定今后某一时间购买某项资产，其本身并不产生现实义务。一般情况下，只有在资产已经获得时，才产生义务。

第三，负债的清偿预期会导致经济利益流出企业。只有企业在履行义务时会导致经济利益流出企业的，才符合负债的定义，如果不会导致企业经济利益流出的，就不符合负债的定义。在履行现时义务清偿负债时，导致经济利益流出企业的形式多种多样，如用现金偿还或以实物资产形式偿还，以提供劳务形式偿还，部分转移资产、部分提供劳务形式偿还，将负债转为资本等。

负债按其偿还期限的长短可分为流动负债和非流动负债。

（1）流动负债

流动负债是指将在一年（含一年）或超过一年的一个营业周期内偿还的债务。包括短期借款、应付票据、应付账款、预收账款、应付职工薪酬、应付利息、应付股利、应交税费、其他应付款和一年内到期的长期借款等。

（2）非流动负债

非流动负债是指偿还期限在一年或超过一年的一个营业周期以上的债务，包括长期借款、应付债券、长期应付款等。

3）所有者权益

所有者权益是指企业资产扣除负债后由所有者享有的剩余权益。公司的所有者权益又称为股东权益。其特征是：所有者权益与企业具体资产项目不发生一一对应关系，只是在整体上与企业资产保持一定的数量关系。例如，一定数额的所有者权益并不代表相应数额的货币资产或固定资产。

所有者权益的来源包括所有者投入的资本、直接计入所有者权益的利得和损失、留存收益等。

直接计入所有者权益的利得和损失，是指不应计入当期损益、会导致所有者权益发生增减变动的、与所有者投入资本或者向所有者分配利润无关的利得或者损失。

利得是指由企业非日常活动所形成的、会导致所有者权益增加的、与所有者投入资本无关的经济利益的流入。

损失是指由企业非日常活动所发生的、会导致所有者权益减少的、与向所有者分配利润无关的经济利益的流出。

留存收益是从企业实现的利润中提取或形成的，包括盈余公积和未分配利润。

所有者权益由实收资本（或股本）、资本公积、盈余公积和未分配利润等构成。

（1）实收资本

实收资本是指投资者按照企业章程或合同、协议的规定，实际投入企业的资本。包括国家投资、法人投资、个人投资和外商投资。

（2）资本公积

资本公积主要由资本（或股本）溢价、接受捐赠资产、拨款转入、外币资本折算差额等利得和损失构成。

（3）盈余公积

盈余公积是指按照有关规定从税后利润中提取的公积金。主要包括法定盈余公积、任意盈余公积和法定公益金等。

（4）未分配利润

未分配利润是企业实现的净利润经过弥补亏损、提取盈余公积和向投资者分配利润后留存在企业的、历年结存的利润。未分配利润通常用于留待以后年度向投资者进行分配。

4）收入

收入是指企业在日常活动中形成的、会导致所有者权益增加的、与所有者投入资本无关的经济利益的总流入。

收入只有在经济利益很可能流入从而导致企业资产增加或者负债减少、且经济利益的流入额能够可靠计量时才能予以确认。

收入具有以下3个特征。

第一，收入产生于企业的日常活动，而不是从偶发的交易或事项中产生的。例如，制造企业的收入是从其销售产品、提供工业性劳务等日常活动中产生的，而不是从出售固定资产等非正常活动中产生的。

第二，收入可表现为企业资产的增加，如增加银行存款、应收账款等；也可能表现为企业负债的减少，如以商品或劳务抵偿债务；最终会导致企业所有者权益增加，但与所有者投入的资本无关。

第三，收入只包括本企业经济利益的流入，不包括为第三方或客户代收的款项，如企业代国家收取的增值税等。代收的款项，一方面增加企业资产，另一方面会增加企业负债，最终不会导致企业所有者权益的增加，不属于企业的经济利益。因此，不能确认为企业收入。

收入按其性质可分为销售商品收入、提供劳务收入和让渡资产使用权所取得的收入；按企业经营业务的主次可分为主营业务收入和其他业务收入。不同行业的主营业务收入所包括的内容不同。比如，工业性企业的主营业务收入主要包括销售产品、自制半成品、代制品、代修品以及提供工业性劳务等取得的收入；商品流通企业的主营业务收入主要指商品销售取得的收入。主营业务收入一般占企业收入的比重较大。其他业务收入主要包括包装物出租收入等，一般占企业收入的比重较小。

5）费用

费用是指企业在日常活动中发生的、会导致所有者权益减少的、与向所有者分配利润无关的经济利益的总流出。

费用只有在经济利益很可能流出从而导致企业资产减少或者负债增加、且经济利益的流出额能够可靠计量时才能予以确认。

费用具有以下两个基本特征。

第一，费用最终将会减少企业资源。费用是为取得收入而付出的代价，表现为资产的减少或负债的增加。费用一定要与收入配比才能确定，不是为收入而导致的各项资产的减少或负债的增加就不能确认为费用。

第二，费用最终会减少企业的所有者权益。正好与资产流入企业所形成的收入相反，费用按经济内容可分为外购材料、外购燃料、外购动力、工资、提取的职工福利费、折旧费、利息支出、税金及其他费用共 9 项；按经济用途不同可分为直接费用、间接费用和期间费用三大类。

① 直接费用是指企业为生产产品或提供劳务而发生的各项费用，包括直接材料、直接人工和其他直接费用，当费用发生时，直接计入产品成本或劳务成本。

② 间接费用是指企业为生产产品或提供劳务而发生的不能直接计入产品成本的各项费用，包括车间管理人员工资和福利费、折旧费、修理费、办公费、水电费、物料消耗等，亦称为制造费用，应按一定的标准分配计入产品成本或劳务成本。

直接费用和间接费用构成了产品的制造成本。

③ 期间费用是指企业当期发生的，必须从当期收入中得到补偿的费用。由于它仅与当期实现的收入相关，必须计入当期损益，故称为期间费用。它主要包括行政管理部门为组织管理整个企业的生产经营活动而发生的管理费用；为筹集资金而发生的财务费用；为销售产

品而发生的销售费用。期间费用不计入产品或劳务成本，而是直接冲减当期损益。

6）利润

利润是企业在一定会计期间的经营成果。利润总额是企业在一定会计期间内实现的收入减去费用后的余额（负数为亏损总额），主要由营业利润和计入当期利润的利得和损失等构成。利润总额减去所得税后的余额称为净利润。

① 营业利润是指营业收入减去营业成本和营业税金及附加，减去销售费用、管理费用、财务费用、资产减值损失，加上公允价值变动损益和投资收益后的余额。

② 直接计入当期利润的利得和损失，是指应当计入当期损益、会导致所有者权益发生增减变动的、与所有者投入资本或者向所有者分配利润无关的利得或者损失，即营业外收入和营业外支出。

利润金额取决于收入和费用、直接计入当期利润的利得和损失金额的计量。六大会计要素的具体构成如图1-3所示。

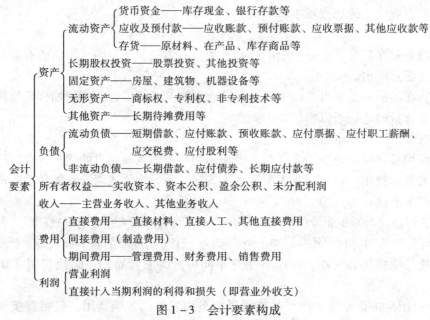

图1-3　会计要素构成

1.3　会计准则

前面已介绍了会计的对象，而对会计对象进行核算应有一定的共同遵守的规则，因此在阐述会计的具体方法前，应了解会计准则的基本内容。

会计准则是指进行会计核算应遵守的规范或规则。它是会计实践的总结，是会计理论的体现，是制定会计制度的依据，是评价会计信息质量的标准。许多国家都有统一的会计准则，有的由政府机构制定，有的由民间职业团体制定。我国 1993 年以前没有统一的会计准则，企业一直执行按不同行业和不同所有制性质制定的会计制度，在计划经济体制下曾发挥过一定的作用。为了适应市场经济的发展和对外开放的需要，我国财政部于 1992 年颁布了《企业会计准则》，并从 1993 年 7 月 1 日起执行。我国会计准则体系由基本准则和具体准则两个层次组成。基本准则主要是对会计核算的基本内容做出原则性的规定。财政部 1992 年颁布的《企业会计准则》即属于基本会计准则，它主要包括 4 个方面的内容：会计核算的基本前提、会计核算的一般原则、会计要素准则及会计报告准则。具体会计准则是根据基本准则的要求，就会计核算业务做出的具体规定。1997 年以来，陆续颁布了具体会计准则。2006 年对颁布的会计准则（一项基本准则、38 项具体准则）进行了较大的修订，并于 2007 年 1 月 1 日起在上市公司实施，鼓励其他企业执行。

我国的基本准则相当于国外的财务会计概念框架，主要包括会计目标、会计核算的基本前提、会计信息质量要求、会计要素、会计要素的确认与计量及财务会计报告等内容。其中，会计目标、会计要素及其确认已在前面介绍，财务会计报告将在第 11 章讲解。

下面重点介绍基本准则中的会计核算基本前提、会计处理基础、会计信息质量要求和会计计量。

1. 会计的基本前提

进行会计工作需要具备一定的前提条件，会计的基本前提也称会计假设，是指对会计核算的主体、对象和环境等做出的基本规定，反映了对会计活动的制约。承认并指明会计工作是在一定前提条件下进行的，绝不会降低会计信息的科学性及决策作用，反而有助于信息使用者确切掌握、正确使用会计信息。目前会计界公认的会计前提有 4 个：会计主体、持续经营、会计分期、货币计量。

（1）会计主体

会计核算应当以本会计主体发生的各项交易或事项为对象，记录和反映会计主体本身的各项生产经营活动。会计主体又称为会计实体或会计个体，是指会计所服务的特定单位，它为会计工作规定了活动的空间范围。会计主体是一个在经济上独立的整体，它明确了会计人员进行核算（确认、计量、记录、报告）所站的立场。组织会计核算工作的首要前提是明确会计主体，即明确为谁核算的问题。因各单位的各种会计业务，如资产、负债、所有者权益、收入、费用、利润等都与其他单位的业务相联系，所以核算工作都应站在特定会计主体的立场上进行，如果会计主体不明确，则资产、负债难以界定，收入、支出无法衡量，会计工作便无从做起。因此，在会计核算中必须将该单位自身的经济活动与该单位所有者的经济活动及其他单位的经济活动严格分开，会计只核算本单位自身的经济活动。典型的会计主体是经营企业。

应当注意：会计主体不同于法律主体。一般来说，法律主体必然是会计主体，但会计主体不一定是法律主体。例如，在成立企业集团公司的情况下，母子公司虽然是不同的法律主体，但是，为了全面反映、分析和评价整个企业集团的财务状况、经营成果和现金流量，就有必要将这个集团公司作为一个会计主体，编制合并会计报表。会计主体对会计核算范围从空间上进行了有效的限定，有利于正确反映一个经济实体所拥有的资产和承担的债务及所有者权益构成，正确计算盈亏，提供准确的会计信息。

（2）持续经营

会计核算应当以企业持续、正常的生产经营活动为前提。持续经营又称继续经营或经营连续性，是指企业在可以预见的将来不会面临破产清算，而是持续不断地经营下去。在持续经营假设下，企业所拥有的各项资产在正常的生产经营过程中被耗用、出售或转让；承担的债务将按期清偿；经营成果不断形成。只有在持续经营的前提条件下，企业才能履行既定的合同和承诺。

持续经营假设对会计十分重要，它为会计原则和会计方法的选择提供了理论依据。只有具备了这一前提条件，才能以历史成本作为企业资产计价的基础，才能认为资产在未来的经济活动中可以给企业带来经济效益，固定资产才能按使用年限的长短以折旧的方式分期转为费用，并为权责发生制原则等奠定基础。

应当注意：任何企业都存在破产清算的风险。如果判断企业不能持续经营，就应当改变会计核算的原则和方法，并在企业财务报告中做相应的披露。

（3）会计分期

会计核算应当划分会计期间，分期结算账目和编制财务会计报告。会计分期又称为会计期间，是将会计主体连续不断的经营活动人为地划分为若干个连续、等分期间（年度、半年度、季度、月度）。会计分期是从持续经营前提引申出来的，它是持续经营前提和及时提供会计信息的客观要求。

企业的经营活动从时间上看是持续不断的，按理企业最后的盈亏要等企业经营活动全部结束后才能计算出来，而会计信息的使用者需要定期掌握企业的财务状况、经营成果和现金流量的信息，这就要求会计必须将企业持续不断的经营过程人为地划分成若干连续、相等的期间，以便定期确定损益和编制财务会计报告，以满足信息使用者的需要。

会计期间一般按照日历时间划分，我国采用历年制，以公历 1 月 1 日至 12 月 31 日为一个会计年度。不同国家会计年度的起止时间不同，如世界上有的国家以公历 7 月 1 日至次年 6 月 30 日为一个会计年度。年度内又按日历时间分为半年度、季度和月度。

会计分期假设，对会计核算有着重要的影响。由于会计分期，才有当期与其他期间的差别，从而出现权责发生制与收付实现制的区别，进而出现了应收、应付等会计处理方法。

（4）货币计量

我国规定企业会计核算以人民币为记账本位币。一般企业的会计核算以人民币为记账本位币。业务收支以外币业务为主的企业，也可选定某种外币为记账本位币，但编制财务会计报告时，应折算为人民币。在境外设立的中国企业向国内有关部门报送的财务会计报告，应折算为人民币。

以货币反映经济业务是会计的一个基本特征，因而也是会计的一个重要前提条件。会计计量是会计记录和会计报告的前提，而货币则是会计计量的统一量度。在会计核算过程中，之所以选择货币作为计量单位，是由货币本身的属性决定的。货币是商品的一般等价物，具有价值尺度、流通手段、储藏手段和支付手段的特点，是衡量一般商品价值的共同尺度。而其他计量单位只能从一个侧面反映企业的生产经营成果，为了全面反映企业的财务状况、经营成果，会计核算只能以货币为主要计量单位。

2. 会计处理基础

企业应当以权责发生制为基础进行会计确认、计量和报告。

权责发生制又称为应计制或应收应付制，是指企业的会计核算必须以权责发生制为基础。凡是当期已经实现的收入和已经发生或应当承担的费用，不论款项是否收付，都应作为当期的收入和费用；反之，凡不属于当期的收入和费用，即使款项在当期收付，也不应当作为当期的收入和费用。

有时，企业发生的货币收支业务与交易或事项本身并不完全一致。例如，企业预先收取货款，但销售并未实现，为了更真实地反映企业一定期间的财务状况和经营成果，企业在会计核算中应以权责发生制为基础。建立在该基础之上的会计模式可公正、合理地确定一个会计期间的收入和费用，以便正确计算损益。收付实现制是与权责发生制相对应的确认基础，它是以款项的实际收付作为确认收入和费用的依据。目前，我国行政单位一般采用收付实现制，事业单位除经营业务采用权责发生制外，其他业务也采用收付实现制。

3. 会计信息质量要求

会计信息质量要求是开展会计工作应遵循的基本规则，它是建立在会计核算基本前提基础上的，是进行会计处理的依据和准绳。我国会计的会计信息质量要求是在借鉴国际会计惯例，总结我国多年来会计工作实践经验的基础上建立起来的，它体现了市场经济对会计的基本要求。

为了规范企业的会计核算行为，提高会计信息质量，我国会计准则规定了以下 8 项会计信息质量要求。

（1）可靠性原则

可靠性原则是指会计核算应当以实际发生的交易或事项为依据，如实反映企业的财务状况、经营成果和现金流量。企业提供会计信息的目的是为了满足会计信息使用者的决策需要，应做到内容真实、数字准确、反映完整、资料可靠。

可靠性原则是对会计信息最基本的质量要求，包括以下三层含义：一是会计核算应当客观地反映企业的财务状况、经营成果和现金流量，保证会计信息的真实性；二是会计工作应当正确运用会计原则和方法，准确反映企业的实际情况；三是会计信息应当能够经受检验，以核实其是否真实。

（2）相关性原则

又称为有用性原则，是指企业提供的会计信息应当能够反映企业的财务状况、经营成果和现金流量，以满足会计信息使用者的需要。这就要求在收集、处理和提供会计信息的过程中，要充分考虑不同信息使用者对会计信息的需求。

（3）可理解性原则

可理解性原则是指企业的会计核算和编制的财务会计报告应当清晰明了，便于理解和利用。提供会计信息的目的在于使用，要使用会计信息必须了解会计信息的内涵，弄懂会计信息的内容，这就要求会计核算和财务会计报告必须清晰明了。即会计记录应当准确、清晰，凭证填制和账簿登记必须做到依据合法、账户对应关系清楚，各项要素完整；会计报表的编制必须做到勾稽关系清楚、项目完整、数字准确。可理解性原则对于会计信息的使用者来说至关重要，为了避免信息使用者因为模糊不清或误解而导致决策失误，应尽量使会计信息通俗易懂，简单明了。

（4）可比性原则

不同企业的会计核算应当按照规定的会计处理方法进行，会计指标应当口径一致、相互可比，以便对不同企业的会计资料进行比较、分析和汇总。

同一企业的会计核算方法前后各期应当保持一致，不得随意变更。如有必要变更，应当将变更的内容和理由、变更的累计影响数，以及累计影响数不能确定的理由等，在会计报表附注中予以说明。

（5）实质重于形式原则

实质重于形式原则是指会计应当按照交易或事项的经济实质为依据，而不应仅仅按照它们的法律形式作为会计核算的依据。

例如，以融资租赁方式租入的固定资产，虽然从法律形式上看企业不拥有其所有权，但是由于租赁合同中规定的租期相当长，接近于该项固定资产的使用寿命；租赁期结束时，租赁企业有优先购买该项资产的选择权；在承租期内，租赁企业有权支配该项资产并从中受益。所以，从其经济实质上看，企业能够控制其创造的未来经济利益，在会计上应视为企业资产。

（6）重要性原则

重要性原则是指在会计核算中，对交易或事项应当区别其重要程度，采用不同的核算方式。对资产、负债、损益等有较大影响，并进而影响财务会计报告使用者据以做出合理判断的重要会计事项，必须按照规定的会计方法和程序处理，并在财务会计报告中予以充分、准确地披露；对于次要的会计事项，在不影响会计信息真实性和不至于误导财务会计报告使用者做出正确判断的前提下，可适当简化，合并反映。

对于会计信息使用者来说，需要了解的是对决策有重大影响的会计信息，而并不要求面面俱到。如果企业提供的会计信息不分主次，反而会有损其使用价值，甚至影响决策。从核算的成本效益来看，如果对一切会计事项的处理不分主次详略，采取完全相同的处理方法，必将耗费大量的人力、物力和财力，使提供会计信息的成本大于收益。在会计核算中坚持重要性原则，能使会计核算在全面反映企业财务状况、经营成果及现金流量的基础上保证重点，加强对决策有重大影响的和有重要意义的会计事项的核算，达到事半功倍的效果，并有助于简化核算，节约人、财、物的消耗，提高工作效率。

随着市场经济的发展，会计环境发生变化，出现了"虚拟企业"、衍生金融工具、企业兼并重组活动等，会计假设和会计信息质量要求面临挑战，要求对此做出相应的修正。

各项会计信息质量要求的具体运用将在以后章节介绍。

（7）谨慎性原则

谨慎性原则也称为稳健性原则或保守主义，是指企业在进行会计核算时，应持谨慎态度，不得多计资产或收益、少计负债或费用，但不得设置秘密准备。

谨慎性原则要求企业在面临不确定因素的情况下做出职业判断时，应当持谨慎态度，不高估资产或收益，也不低估负债或费用。例如，现行会计制度要求企业定期或者至少每年年度终了，对可能发生的各项资产损失计提资产减值准备等，就充分体现了谨慎性原则。

（8）及时性原则

及时性原则是指企业的会计核算应当及时进行，不得提前或延后。

任何信息的使用价值不仅要求其真实可靠，而且还要求保证时效，及时向信息使用者提供信息。特别是在新的市场经济条件下，市场瞬息万变，企业竞争更加激烈，信息使用者对会计信息的及时性要求越来越高，这一原则显得越来越重要。要求做到以下三点：一是要求及时收集会计信息，即在经济业务发生后，会计人员要及时收集整理各种原始凭证；二是及时处理会计信息，即要求会计人员根据收集的各种原始凭证及时进行编制记账凭证、登记账簿等账务处理；三是在国家统一的会计制度规定的时限内，编制出财务会计报告并及时传递给其使用者。

4. 会计计量

企业在将符合确认条件的会计要素登记入账并编制会计报表及其附注时，应当按照规定的会计计量属性进行计量，确定其金额。

会计计量属性主要包括以下几个方面。

① 历史成本。在历史成本计量下，资产按照购买时支付的现金或者现金等价物的金额，或者按照购买资产时所付出的对价的公允价值计量。负债按照因承担现时义务而实际收到的款项或者资产的金额，或者承担现时义务的合同金额、或者按照日常活动中为偿还负债预期需要支付的现金或者现金等价物的金额计量。

② 重置成本。在重置成本计量下，资产按照现在购买相同或者相似资产所需支付的现金或者现金等价物的金额计量，负债按照现在偿付该项债务所需支付的现金或者现金等价物的金额计量。

③ 可变现净值。在可变现净值计量下，资产按照其正常对外销售所能收到现金或者现金等价物的金额扣减该资产至完工时估计将要发生的成本、估计的销售费用以及相关税费后的金额计量。

④ 现值。在现值计量下，资产按照预计从其持续使用和最终处置中所产生的未来净现金流入量的折现金额计量。负债按照预计期限内需要偿还的未来净现金流出量的折现金额计量。

⑤ 公允价值。在公允价值计量下，资产和负债按照在公平交易中，熟悉情况的交易双方自愿进行资产交换或者债务清偿的金额计量。

企业在采用上述计量属性对会计要素进行计量时，应当保证所确定的会计要素金额能够取得并可靠计量。

1.4 会计的方法

1. 会计方法

会计方法是用来核算和监督会计对象，完成会计任务的手段。

会计方法是人们在长期会计实践中总结出来的，并为经济管理这一总目标服务。前面在会计的产生发展中已分析说明，会计是社会生产力发展的一面镜子，社会生产力越发展，会计越重要。先进的社会生产力，不仅需要先进的会计方法作为管理经济的手段，而且还为先进的会计方法的产生创造了物质技术条件。随着会计核算和监督内容的日趋复杂，以及经济管理对会计不断提出新要求，会计方法也在不断改进和发展。它经历了一个从简单到复杂、从不完善到完善的漫长发展过程。

会计方法由会计核算、会计分析、会计检查、会计预测及会计决策等方法组成。各种方法之间彼此独立而又相互联系，共同构成有机统一的会计方法体系。

① 会计核算方法，是依照会计准则的规定，以货币为主要计量单位，对企业经济活动进行确认、计量、记录、报告所应用的一种会计方法。通过会计核算能提供完整、连续、系统的核算资料。会计核算方法是会计的主要方法，是其他各种方法的基础。会计核算方法又包括了一系列的具体方法，将在后面专门介绍。

② 会计分析方法，是利用会计核算资料（包括会计凭证、账簿和报表等），结合其他有关资料，运用一定的分析方法，对各单位的经济活动状况及效果进行定性及定量分析的一种会计方法。会计分析是会计核算的继续和发展。

常用的会计分析方法有：比率分析法、因素分析法、差额分析法、比较分析法等。运用会计分析资料，企业可不断总结经验、寻找差距、查明原因、提出措施、挖掘潜力，为企业进行预测和决策提供依据，使企业管理水平不断提高，企业价值不断增值。

③ 会计检查方法，是以会计法规、制度为依据，运用一定的专门方法对会计核算资料的真实性、合理性、合法性进行审查的一种会计方法。会计检查是会计核算的必要补充。通过会计检查，可更好地发挥会计的监督职能，为加强企业经营管理，保护财产的安全完整提供有效保证。

④ 会计预测方法，是根据会计核算及会计分析资料与市场环境诸因素的相关性，运用一定的预测方法，对各单位经济活动未来的发展趋势做出推测和估价的一种会计方法。会计预测是可行性研究的重要组成部分。

⑤ 会计决策方法，是按财务指标的既定目标，运用一定的决策技术选择经济效益最优方案的方法。会计参与经营决策，是会计工作发展的总趋势。

本书仅介绍会计方法体系中的会计核算方法。其他会计方法将在有关专业课程中阐述。

2. 会计核算方法

会计核算方法主要包括 7 种专门方法：① 设置会计科目及账户；② 复式记账；③ 填制与审核凭证；④ 登记账簿；⑤ 成本计算；⑥ 财产清查；⑦ 编制会计报表。下面简要阐述各种方法的内容及其相关联系。

（1）设置会计科目及账户

设置会计科目及账户是对会计核算对象的具体内容进行归类、反映和监督的一种会计核算方法。会计科目是对会计对象具体内容，按照不同特点和经济管理要求进行分类核算的项目。账户是根据会计科目开设的、用来分类核算和监督会计对象的工具。设置会计科目及账户，就是根据会计对象具体内容和经济管理的要求，事先规定分类核算的项目并据以开设账户，以便取得所需核算资料。正确、科学地设置会计科目及账户，对于正确运用填制凭证、登记账簿和编制报表等核算方法，都具有重要意义。

（2）复式记账

复式记账是指对每一笔经济业务，都要以相等的金额同时在两个或两个以上相互联系的账户中进行登记的方法。运用这种记账方法对每一笔经济业务都在相互联系的两个或两个以上的账户中做双重记录，由此可了解和掌握每一笔经济业务的来龙去脉，当全部经济业务都登记入账后，可完整地、系统地反映企业经济活动的过程和结果。并且由于对每一笔经济业务都以相等的金额同时在不同账户上进行登记，因此对记录结果可进行试算平衡，以检查会计记录的正确性。

（3）填制和审核凭证

填制和审核凭证是为会计记录提供真实、完整的原始资料，保证记账结果真实、可靠的一种专门方法，也是实行会计监督的一个重要手段。会计凭证（简称凭证）是记录经济业务、明确经济责任的书面证明，是记账的重要依据。会计凭证分为原始凭证和记账凭证。对于发生的任何经济业务，都必须按照实际执行或完成情况由经办人员填制或取得原始凭证，并签名盖章。所有原始凭证都要经过会计部门和其他有关部门审核，只有审核无误的原始凭证才能作为填制记账凭证和登账的依据。由此可见，填制和审核凭证是保证会计资料真实性、正确性，实行会计监督的有效手段。

（4）登记账簿

登记账簿是根据审查无误的记账凭证在账簿中进行全面、连续、系统地记录经济业务的一种专门方法。账簿是由一定格式的账页所组成的，用来记录各项经济业务的簿籍，也是保存会计数据资料的重要工具。登记账簿之前，应首先按规定的会计科目在账簿中开设账户，然后以记账凭证为依据，将经济业务分别记入各有关账户。账簿记录对会计凭证中分散记录的经济业务内容进行了进一步的分类、汇总，使之系统化，以提供序时和分类核算资料，更好地满足经济管理的需要。账簿提供的各种数据资料，还是编制会计报表的主要依据。

（5）成本计算

成本计算就是按一定的成本对象，对生产经营过程中所发生的费用进行归集分配，并计算确定各成本对象的总成本和单位成本的一种专门方法。成本计算实际上是将费用对象化的一种会计计量活动，它所要解决的是会计核算对象的货币计价问题。因此，广义的成本计算存在于各种经济活动之中，而狭义的成本计算是指材料采购成本计算、产品生产成本计算和产品销售成本计算。通过成本计算可以掌握成本的构成情况，考核经济活动过程中物化劳动和活劳动耗费的程度，监督成本计划的完成；可为正确计算盈亏和成本分析、控制提供数据资料；对不断降低成本，提高经济效益，改善经营管理具有十分重要的意义。

（6）财产清查

财产清查是通过对各项财产物资的盘点、核对来查明财产物资实有额，以保证账账、账实一致的一种专门方法。在财产清查中，发现财产物资的实存数额与账面数额不符，应及时调整账簿记录，使账实一致，并查明差异原因，明确经济责任。清查中发现积压或毁损的物资以及往来款项中呆账、坏账，要及时清理，加强管理，从而挖掘物资潜力，加速资金周转。因此，财产清查是保证会计核算资料的真实性、正确性以及财产安全与合理使用的一种重要手段。

（7）编制会计报表

编制会计报表是根据账簿资料，采用一定的形式，定期总括反映各单位财务状况和经营成果的一种专门方法。会计报表是对日常会计核算的总结，可为信息使用者集中提供主要的会计信息，不仅是各单位进行会计分析、检查、预测、决策和加强经营管理的重要依据，也是国家进行宏观调控的重要参考资料。

上述方法相互联系、密切配合，构成一个完整的会计核算方法体系。正确掌握和有效运用这些方法，对于做好会计核算工作，提高会计信息质量起着重要的保证作用。

在会计核算方法体系中，填制和审核凭证、登记账簿及编制会计报表是整个会计核算方法体系的中心环节，在一个会计期间内，发生的所有经济业务，都要通过这三个环节进行核算。从第一个环节到第三个环节，表明本会计期间的会计核算工作已经完成，然后按上述程序进入下一会计期间，如此循环往复。会计上通常将凭证→账簿→报告的过程称为会计循环。在会计循环中会用到其他会计核算方法，会计循环的具体内容是：

企业经济业务发生时，都必须由经办人员填制或取得原始凭证，并经会计人员按有关制度、法规的规定进行审核后，根据所设置的会计科目和账户，运用复式记账法，编制记账凭证。然后根据审核无误的记账凭证登记各种账簿，对于生产经营过程中发生的费用，应按规定的成本计算对象进行成本计算。会计期末，对账项进行调整和结算，同时通过财产清查对财产物资的账面金额和实际金额进行核对，经调整使账实一致后进行结账，并编制试算平衡表，在保证账证、账账、账实一致的基础上编制会计报表。这标志着一个会计期间的会计核算工作程序已经结束，然后按照同样的程序开始下一会计期间的核算工作，周而复始地进行循环。本书的后面章节将对每一种会计核算方法进行详细介绍。

会计核算工作程序如图 1-4 所示。

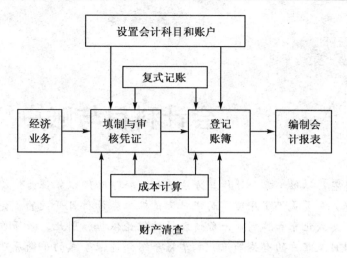

图 1-4 会计核算工作程序图

由于企业的规模不同、生产经营管理的要求不同，账务处理程序也有所不同，这将在第 8 章中做详细介绍。

■ **案例及思考**

一家业绩斐然的上市公司 2009 年 9 月 9 日中午发布公告称，当日收到证监会调查通知书，因公司涉嫌违反证券法律、法规，证监会决定立案调查。其中一个原因是，2007 年度该上市公司控股子公司主营业务收入为 725 066.15 万元，但该上市公司在 2007 年年度报告中披露其子公司的主营业务收入为 825 066.15 万元，合并报表后的主营业务收入为 732 855.58 万元，由此导致年度报告中披露的主营业务收入数据与实际数据不符，但该上市公司并未对上述重大差错予以及时更正公告。你认为该上市公司违反了哪些会计信息质量要求？

会计科目与账户

【**内容提要**】从第1章会计核算方法可知，登账必须以凭证为依据，编制记账凭证必须运用账户和复式记账原理，而账户又是根据会计科目开设的。会计方程式是设置会计科目、复式记账和编制资产负债表等的理论依据，因此，必须首先了解会计方程式、会计科目及账户的有关知识。本章将介绍会计恒等式的平衡原理、经济业务的类型及其规律性、会计科目及账户的设置及分类、账户的基本结构、账户与会计科目之间的区别与联系。

2.1　会计恒等式与经济业务

1. 会计恒等式

任何企业为了进行正常的经营活动，实现其经营目标，必须拥有一定数量和一定结构的资产，如现金、银行存款、设备、房屋、存货等。企业的任何资产都有一定的资金来源，其来源渠道不外乎有两个：一是由债权人提供（如向银行贷款、发行债券、赊购货物等）；二是由所有者提供（投资者投入资金及未分配利润等）。既然债权人和所有者为企业提供了资金，他们对企业资产肯定有要求权，这种要求权会计上称为"权益"。因此，企业的全部资产应当等于提供者对其资产的权益总和。资产表明了企业所拥有的经济资源数量和构成，权益则表明了企业经济资源的提供者及其要求权。从任何一个时点来看，一个企业的资产与权益之间在数量上具有平衡相等的关系，可用数学公式表示为：

$$资产 = 权益$$

由于权益由债权人的要求权和所有者的要求权两部分构成，其中债权人的要求权即"债权人权益"，通常称为负债；所有者的要求权称为"所有者权益"。所以，上述等式又可表示为：

$$资产 = 负债 + 所有者权益$$

上述等式会计上通常称为会计恒等式，又称为会计方程式或会计等式。

资产与权益之所以在数量上具有平衡相等的关系，是因为它们本身就是同一事物的两个方面。一方面从资产本身来考察，另一方面，从对资产所拥有的权利来考察，这是对同一事物从两个不同方面考察的结果。所以，有一定的权益，也必然有一定的资产；有一定的资产，也就必然有一定的权益。二者永远相互依存、相互对应，彼此相等。

资产 = 负债 + 所有者权益，是会计期初的会计恒等式。从表面上看，它只反映了会计要素中三个静态要素的关系，但实际上还概括了三个动态要素的变化。因为动态要素就体现在静态要素的变化之中。在会计期间内，企业由于开展经营活动而取得收入，收入的取得表现为资产（如现金、银行存款、应收账款等）的增加或负债的减少；同时企业为了获得收入需要支付费用，费用的发生表现为资产的减少或负债的增加。收入是权益的增加因素，费用是权益的减少因素。所以，企业在未结账前，会计恒等式便转化为：

$$资产 = 负债 + 所有者权益 + （收入 - 费用）$$

收入与费用的差额是利润（或亏损），所以，上述等式又可表示为：

$$资产 = 负债 + 所有者权益 + 利润 （ - 亏损）$$

会计期末，企业按规定程序对实现的利润进行分配（或弥补亏损）后，增加（或减少）了所有者权益。因此，企业结账后，会计恒等式又恢复到会计期初的形式，即：

$$资产 = 负债 + 所有者权益$$

在正常情况下，此时企业的资产应比会计期初的资产有所增加，表明企业的生产经营过程是有效的，使资产价值发生了增值。

综上所述，会计方程式不仅反映了静态要素的关系，而且反映了动态要素的变化；它是设置会计科目和账户、进行复式记账和编制会计报表的理论依据，也是正确、合理组织会计核算，发挥会计监督作用的重要基础；资产与权益是相互对应的，但这种对应是总体上的对应，而不是逐项的一一对应。例如，不能认为银行存款只对应于债权人权益，固定资产只对应于所有者权益。

2. 经济业务及其规律性

会计恒等式反映了会计要素之间的相互关系。企业在进行生产经营活动中，其会计要素不断发生变化。会计上把这种能用货币计量并能引起会计要素增减变化的经济事项，称为"经济业务"或"会计事项"。这些经济业务按其对会计要素的影响不同可分为两大类：一类是只涉及资产、负债和所有者权益的经济业务；另一类是涉及收入和费用的经济业务。

（1）只涉及资产、负债和所有者权益的经济业务

企业经常会发生各种各样的经济业务，如取得借款、材料的购进或领用、产品的生产、销售等，但从其对资产、负债和所有者权益的影响看，归纳起来不外乎有 9 种类型，无论发生什么类型的经济业务，对会计要素产生怎样的影响，都不会破坏会计恒等式两边的平衡关系。现分别以 9 种类型的经济业务为例，证实这一结论。

例如：EF 公司 20××年 6 月 30 日的资产负债表如表 2 - 1 所示。

表 2 – 1　资产负债表

编制单位：EF 公司　　　　　　　　　　20××年 6 月 30 日　　　　　　　　　　单位：元

资　　产	金　　额	负债和所有者权益	金　　额
银行存款	120 000	短期借款	60 000
存　　货	160 000	应付账款	40 000
固定资产	220 000	实收资本——甲	400 000
合　　计	500 000	合　　计	500 000

这是一张简单的资产负债表，此表说明 EF 公司的资产总额为 500 000 元，分别由银行存款 120 000 元、存货 160 000 元和固定资产 220 000 元构成；权益总额为 500 000 元，分别由短期借款 60 000 元，应付账款 40 000 元，实收资本 400 000 元构成。资产与负债和所有者权益保持平衡。

该公司 7 月份发生的经济业务如下。

【业务 1】乙公司向 EF 公司投资 100 000 元，款项已存入银行。

这是资产与所有者权益同增的业务。即经济业务的发生，引起资产与所有者权益同时增加。

这笔经济业务的发生，一方面引起资产中的银行存款增加 100 000 元，另一方面使所有者权益中的实收资本增加 100 000 元，会计恒等式左右双方同时等额增加，会计恒等式仍然保持平衡。

【业务 2】EF 公司从某企业购入材料 10 000 元，货款未付。

这是资产与负债同增的业务。即经济业务的发生，引起资产与负债同时增加。

这笔经济业务的发生，一方面引起资产中的存货增加 10 000 元，另一方面使负债中的应付账款增加 10 000 元，会计恒等式左右双方同时等额增加，会计恒等式仍然保持平衡。

【业务 3】EF 公司用银行存款 60 000 元归还短期借款。

这是资产与负债同减业务。即经济业务的发生，引起资产与负债同时减少。

这笔经济业务的发生，一方面引起资产中的银行存款减少 60 000 元，另一方面使负债中的短期借款减少 60 000 元，会计恒等式左右双方同时等额减少，会计恒等式仍然保持平衡。

【业务 4】按 EF 公司与乙公司所签订的协议，联营期已满，乙公司抽回投资 100 000 元。

这是资产与所有者权益同减的业务。即经济业务的发生引起资产与所有者权益同时减少。

这笔经济业务的发生，一方面引起资产中的银行存款减少 100 000 元，另一方面使所有者权益中的实收资本减少 100 000 元，会计恒等式左右双方同时等额减少，会计恒等式仍然保持平衡。

【业务 5】EF 公司购入材料 30 000 元，货款已用银行存款支付。

这是资产内部此增彼减的业务。即经济业务的发生，引起一项资产增加，另一项资产减少。

这笔经济业务的发生，引起同属于资产类的两个项目发生变化，存货增加 30 000 元，银行存款减少 30 000 元，这时，仅是会计恒等式左方资产内部的增减变动，且增减的金额相等，资产总额不变，所以会计恒等式并未变化，仍然保持平衡。

【业务 6】EF 公司借入短期借款 50 000 元，直接用以归还所欠材料款。

这是负债内部此增彼减的业务。即经济业务的发生，引起一项负债增加，另一项负债减少。

这笔经济业务的发生，引起同属于负债类的两个项目发生变化，短期借款增加 50 000 元，应付账款减少 50 000 元，这时，仅是会计恒等式右方负债内部的增减变动，且增减的金额相等，负债总额不变，所以会计恒等式并未变化，仍然保持平衡。

【业务 7】甲公司将对 EF 公司投资的 1/4 转让给丙公司。

这是所有者权益内部此增彼减的业务。即经济业务的发生，引起一项所有者权益增加，另一项所有者权益减少。

这笔经济业务的发生，引起同属于所有者权益中的实收资本内部发生变化，甲公司的投资减少 100 000 元，丙公司的投资增加 100 000 元，实收资本总额不变，所有者权益总额未发生变动，所以会计恒等式并未变化，仍然保持平衡。

【业务 8】EF 公司借入的短期借款 50 000 元，由甲公司代为偿还，并作为甲公司对企业的追加投资。

这是负债减少、所有者权益增加的业务。即经济业务的发生，引起一项负债减少，一项所有者权益增加。

这笔经济业务的发生，引起会计恒等式右边负债和所有者权益之间发生变化，负债中的短期借款减少 50 000 元，所有者权益中的实收资本增加 50 000 元，但负债和所有者权益总额不变，所以会计恒等式并未变化，仍然保持平衡。

【业务 9】根据双方协议，丙公司所欠货款 100 000 元，由 EF 公司偿还，已办理有关手续，作为丙公司对 EF 公司投资的减少，但 EF 公司尚未偿还负债。

这是负债增加、所有者权益减少的业务。即经济业务的发生，引起一项负债增加，一项所有者权益减少。

这笔经济业务的发生，引起会计恒等式右边负债和所有者权益之间发生变化，所有者权益中的实收资本减少 100 000 元，负债中的应付账款增加 100 000 元，但负债和所有者权益总额不变，所以会计恒等式并未变化，仍然保持平衡。

以上 9 笔经济业务引起 EF 公司资产、负债和所有者权益的增减变化及变化后的结果如表 2 - 2 所示。

表 2 – 2　资产负债表

编制单位：EF 公司　　　　　　　　　　20××年 7 月 31 日　　　　　　　　　　单位：元

资　　产	期初余额	变化情况		变化后的金额	负债和所有者权益	期初余额	变化情况		变化后的金额
		增加	减少				增加	减少	
银行存款	120 000	100 000	190 000	30 000	短期借款	60 000	50 000	110 000	0
存　货	160 000	40 000		200 000	应付账款	40 000	110 000	50 000	100 000
固定资产	220 000			220 000	实收资本—甲	400 000	50 000	100 000	350 000
					—乙		100 000	100 000	0
					—丙		100 000	100 000	0
合　计	500 000	140 000	190 000	450 000	合　计	500 000	410 000	460 000	450 000

以上分析表明：企业发生的只涉及资产、负债和所有者权益的经济业务，可归纳为 9 种类型，经济业务对会计恒等式的影响如表 2 – 3 所示。

表 2 – 3　经济业务对会计恒等式的影响

业务类型	资产　=　负债　+　所有者权益
①	＋　　　　　　　　＋
②	＋　　＋
③	－　　　　　　　　－
④	－　　－
⑤	＋ －
⑥	＋ －
⑦	＋ －
⑧	－　　＋
⑨	＋ －

　　凡发生只涉及资产、负债和所有者权益项目内部此增彼减的经济业务，如⑤、⑥、⑦、⑧、⑨类业务，不仅不会影响双方总额的平衡，而且原来的总额也不会发生变动；凡发生涉及资产与负债和所有者权益项目同增同减的经济业务，如①、②、③、④类业务，会使双方原来的总额发生变动，但变动的结果，双方总额仍然相等。由此可见，企业在生产经营活动中只涉及资产、负债和所有者权益的任何经济业务的发生，均不会破坏会计恒等式的平衡关系。

　　因为负债和所有者权益都属于权益，上述 9 类业务按其对资产和权益的影响可进一步归纳为 4 类。

- 资产与权益同增。（上述分类中的①、②）
- 资产与权益同减。（上述分类中的③、④）
- 资产内部此增彼减。（上述分类中的⑤）
- 权益内部此增彼减。（上述分类中的⑥、⑦、⑧、⑨）

以上 4 类经济业务对资产、权益的影响如表 2 - 4 所示。

表 2 - 4   4 类经济业务对资产、权益的影响

业务类型	资产 = 权益	
1	+	+
2	−	−
3	+ −	
4		+ −

（2）涉及收入与费用的经济业务

在企业的生产经营活动中，除了仅涉及资产、负债和所有者权益的经济业务外，还存在许多涉及收入和费用的经济业务。

企业进行生产经营活动的主要目的是为了获取利润。企业在一定的会计期间内所取得的收入大于所发生的费用，其差额即为利润，反之则为亏损。企业实现的利润归所有者享有，发生的亏损也要由所有者承担。因此，企业的利润实质上是所有者权益的增加，亏损则是所有者权益的减少。根据收入、费用和利润之间的关系，从理论上说，可将收入、费用直接作为所有者权益的增加或减少。但这样处理存在两个方面的问题：其一是企业在一定时期内涉及收入、费用的经济业务很多，若都将其作为所有者权益项目处理，会使所有者权益项目复杂化，不便于区分由于投资者投资引起的所有者权益变化和由于收入、费用所引起的所有者权益变化；其二是若都将其作为所有者权益项目处理，则企业在一定时期内的收入、费用和利润资料不能集中反映，而这些资料是会计信息使用者用于决策的重要信息。因此，为了清晰地反映收入、费用和利润的情况，必须对它们单独进行核算。

企业在某一会计期间取得收入和发生的费用，使会计恒等式变为：资产 = 负债 + 所有者权益 + （收入 − 费用），期末结账后，收入减费用后的利润（或亏损）额列入所有者权益中，会计恒等式又回到原来的形式：资产 = 负债 + 所有者权益。

举例说明收入、费用与会计恒等式的关系。

【例 2 - 1】EF 公司 20 × × 年 10 月初的资产、负债和所有者权益情况如下：

资　　产	=	负　　债	+	所有者权益
银行存款 180 000		应付账款 50 000		实收资本 550 000
存　　货 200 000				
固定资产 220 000				
合　　计 600 000	=	50 000	+	550 000

上式说明 EF 公司的资产总额为 600 000 元，分别由银行存款 180 000 元、存货 200 000 元和固定资产 220 000 元构成；权益总额为 600 000 元，分别由实收资本 550 000 元，应付账款 50 000 元构成。资产与负债和所有者权益保持平衡。

本月内 EF 公司发生的有关收入、费用的经济业务如下。

① 销售产品一批，货款 90 000 元已收到存入银行。

这笔业务的发生使企业主营业务收入增加 90 000 元，同时使企业资产中的银行存款增加 90 000 元，会计恒等式变为：

资 产	=	负 债	+	所有者权益
银行存款 270 000		应付账款 50 000		实收资本 550 000
存 货 200 000	+	收 入	–	费 用
固定资产 220 000		90 000		0
合 计 690 000	=	50 000 + 550 000	+	90 000

② 用银行存款支付销售产品的运输费用 5 000 元。

这笔业务的发生使企业营业费用增加 5 000 元，同时使企业资产中的银行存款减少 5 000 元，会计恒等式变为：

资 产	=	负 债	+	所有者权益
银行存款 265 000		应付账款 50 000		实收资本 550 000
存 货 200 000	+	收 入	–	费 用
固定资产 220 000		90 000		5 000
合 计 685 000	=	50 000 + 550 000	+	90 000 – 5 000

假设 EF 公司 10 月份只发生上述两笔经济业务，月末结账时计算出本月实现利润为 85 000 元（收入 90 000 元 – 费用 5 000 元），假设本期利润不进行其他分配，全部作为"未分配利润"计入所有者权益中。结账后，上述会计恒等式又变为：

资 产	=	负 债	+	所有者权益
银行存款 265 000		应付账款 50 000		实收资本 550 000
存 货 200 000				未分配利润 85 000
固定资产 220 000				
合 计 685 000	=			685 000

上例说明，企业在生产经营活动中涉及收入和费用的任何经济业务的发生均不会破坏会计恒等式的平衡关系。

综上所述，资产与负债和所有者权益之间的平衡关系是永恒的，任何经济业务的发生，都不会破坏这一平衡关系。掌握经济业务的规律性，才能更好地反映经济业务引起会计要素的增减变动及其结果。

2.2 会计科目

1. 会计科目及其设置意义

第 1 章已阐述，会计核算和监督的具体对象是会计要素。而会计科目就是根据会计恒等式的要求及会计要素的具体内容设置的，是对会计对象的具体内容进行分类核算的项目。

企业在生产经营过程中，会发生许多不同类型的经济业务，对于涉及同一会计要素的经济业务，也往往具有不同的内容，其管理要求也不同。所以，仅按会计要素分类还不能完整地、系统地、分类地对经济业务进行核算和监督，还必须对会计要素的具体内容进行科学的分类。会计恒等式反映了会计要素之间的关系，会计科目是按会计恒等式所反映的静态要素（资产、负债和所有者权益）和动态要素（收入、费用、利润）项目的具体内容设置的。每一类会计要素的具体项目既有共同点，也有不同点。例如，原材料和固定资产同属于资产，但它们的经济内容、周转方式和发挥的作用不同，前者是劳动对象，后者是劳动资料，因此对其增减变动情况，在会计上应分别设置"原材料"和"固定资产"科目进行核算和监督。又如，企业欠销货方货款和向银行借款同属于负债，但它们的经济内容不同，来源渠道不同，前者是在赊购或结算中形成的，而后者是向银行举债形成的，因此，应分别设置"应付账款"、"短期借款"、"长期借款"等科目进行核算和监督。

为了全面、系统、分类反映和监督经济业务的发生情况及由此引起各项会计要素的增减变动情况，以满足企业内部管理和外部用户对会计信息的需要，每个会计主体进行会计核算时必须首先设置会计科目。会计科目的设置在会计核算方法体系中占有很重要的地位，它是会计核算的基础，整个会计核算过程都离不开会计科目。通过设置会计科目，将纷繁复杂的经济业务加以科学归类，转变为有规律的经济信息，为填制会计凭证、设置和登记账簿、编制会计报表奠定基础，为信息使用者提供全面、统一的会计信息创造条件。

2. 设置会计科目的原则

设置会计科目是会计核算方法之一，为了更好地发挥会计的作用，使会计主体提供的会计信息口径一致，便于相互比较，易于理解，各会计主体对会计科目的设置一般应遵循以下原则。

① 具有适用性。设置会计科目的目的是为了对会计要素的具体内容进行分类，分门别类地核算和监督各项经济业务，以满足对内及对外提供会计信息的需要。

会计科目的设置必须适应会计核算对象的特点，即与各单位会计要素的特点相适应，符合本单位经济管理的要求，为加强内部经济管理提供必要资料。因此，必须根据各单位会计要素特点和经济管理的要求来确定应设置的会计科目。例如，制造企业是生产产品的单位，根据这一业务特点就必须设置核算和监督生产过程的会计科目，如"生产成本"、"制造费用"等。而商业企业的业务特点是进行商品购销，根据其业务特点应设置"商品进销差价"等会计科目。行政事业单位是完成国家赋予的特殊任务的单位，应根据其业务特点设置"拨入经费"、"经费支出"等会计科目。会计科目的设置还应考虑单位的规模大小和业务繁简。

会计科目的设置还必须能全面而概括地反映企业生产经营活动情况，满足对外提供信息的需要，应符合国家宏观经济管理的要求；符合与企业有经济利益关系的团体或个人了解企业财务状况和经营成果的要求。如为了反映企业的债务情况，应设置"应付债券"、"长期借款"、"短期借款"、"应交税费"等科目；为了反映投资者对企业的投资情况，可设置"实收资本"或"股本"科目。

② 统一性与灵活性相结合。即提供的资料既要能满足国家宏观经济管理的需要，便于

逐级汇总，又要考虑各单位经济活动的特点，做到统一性和灵活性相结合。为了宏观调控的需要，我国会计科目由财政部统一制定，对每个会计科目的名称、编号及核算内容作了统一规定，各单位可在统一会计科目的基础上，根据自身特点做必要的归并或增补。如对预付、预收账款业务不多的企业，可不单独设置"预付账款"和"预收账款"科目，可将其合并在"应收账款"和"应付账款"科目中进行核算。

③ 名称简单明了，内容确切，并保持相对稳定。

3. 会计科目的分类

为了正确使用会计科目，应对会计科目进行分类。会计科目的一般分类如下。

（1）按反映的经济内容分类

会计科目按反映的经济内容不同，可分为资产类科目、负债类科目、所有者权益类科目、损益类科目。有成本核算的工业企业中还有成本类科目，有特殊经济业务的企业，如金融企业中还有资产负债共同类账户。这种分类便于明确应当设置哪些会计科目来核算和监督经济活动，也便于取得编制会计报表所需的综合会计核算资料。此分类亦称为按会计报表要素分类。

（2）按反映经济业务的详细程度分类

会计科目按其反映经济业务的详细程度可分为总分类科目和明细分类科目。总分类科目是对经济业务进行总括分类的科目，又称为总账科目或一级科目。一级科目原则上由财政部统一制定。为了提供更加详细的指标，可在一级科目下设置若干个明细分类科目。明细分类科目是对总分类科目进一步分类的科目，又称为明细科目或细目。明细科目的设置除会计制度明文规定外，可根据经济管理的实际需要，由各单位自行决定。在实务中除极少数一级科目（如"应收票据"、"应付票据"等科目）不需设置明细科目外，大多都要设置明细科目。例如在"原材料"一级科目下面，应按其品种、规格设置明细科目。如果某一级科目所统驭的明细科目较多，可将相同性质的明细分类科目进行归类，增设二级科目。二级科目也称子目，是介于一级科目和明细科目之间的科目。例如在"原材料"一级科目下面，可按材料类别设置"原料及主要材料"、"辅助材料"、"燃料"等二级科目。这种分类是为了满足不同信息使用者对会计信息的不同需求。

现以"原材料"科目为例，用表 2 – 5 表示一级科目与明细科目之间的关系。

表 2 – 5 　 原材料一级科目与明细科目之间的关系

一级科目	明细分类科目	
（总分类科目）	二级科目（子目）	明细科目（细目）
原材料	原料及主要材料	元　钢
		碳　钢
	辅助材料	油　漆
		润滑油
	燃　料	汽　油
		烟　煤

（3）按与资产负债表的关系分类

会计科目按其与资产负债表的关系可分为表内科目和表外科目。表内科目又称为"基本科目"，是指包括在资产负债表内有关项目中的会计科目；表外科目又称为"备查科目"，是指不包括在资产负债表内有关项目中，而用补充资料或用表外项目方式反映的会计科目。常用的表外科目有租入固定资产、代管商品等。

（4）按反映资金运动的情况分类

会计科目按反映资金运动的情况可分为静态类科目和动态类科目。静态类科目包括资产类、负债类、所有者权益类科目，动态类科目包括损益类科目。

4. 会计科目表

财政部在 2006 年颁布的《企业会计准则》附录中列示了 156 个会计科目，如表 2－6 所示。

表 2－6　会计科目表

顺序	编号	会计科目名称	顺序	编号	会计科目名称
		一、资产类	28	1403	原材料
1	1001	库存现金	29	1404	材料成本差异
2	1002	银行存款	30	1405	库存商品
3	1003	存放中央银行款项	31	1406	发出商品
4	1011	存放同业	32	1407	商品进销差价
5	1012	其他货币资金	33	1408	委托加工物资
6	1021	结算备付金	34	1411	周转材料
7	1031	存出保证金	35	1421	消耗性生物资产
8	1101	交易性金融资产	36	1431	贵金属
9	1111	买入返售金融资产	37	1441	抵债资产
10	1121	应收票据	38	1451	损余物资
11	1122	应收账款	39	1461	融资租赁资产
12	1123	预付账款	40	1471	存货跌价准备
13	1131	应收股利	41	1501	持有至到期投资
14	1132	应收利息	42	1502	持有至到期投资减值准备
15	1201	应收代位追偿款	43	1503	可供出售金融资产
16	1211	应收分保账款	44	1511	长期股权投资
17	1212	应收分保合同准备金	45	1512	长期股权投资减值准备
18	1221	其他应收款	46	1521	投资性房地产
19	1231	坏账准备	47	1531	长期应收款
20	1301	贴现资产	48	1532	未实现融资收益
21	1302	拆出资金	49	1541	存出资本保证金
22	1303	贷款	50	1601	固定资产
23	1304	贷款损失准备	51	1602	累计折旧
24	1311	代理兑付证券	52	1603	固定资产减值准备
25	1321	代理业务资产	53	1604	在建工程
26	1401	材料采购	54	1605	工程物资
27	1402	在途物资	55	1606	固定资产清理

续表

顺序	编号	会计科目名称	顺序	编号	会计科目名称
56	1611	未担保余值	98	2611	保户储金
57	1621	生产性生物资产	99	2621	独立账户负债
58	1622	生产性生物资产累计折旧	100	2701	长期应付款
59	1623	公益性生物资产	101	2702	未确认融资费用
60	1631	油气资产	102	2711	专项应付款
61	1632	累计折耗	103	2801	预计负债
62	1701	无形资产	104	2901	递延所得税负债
63	1702	累计摊销			三、共同类
64	1703	无形资产减值准备	105	3001	清算资金往来
65	1711	商誉	106	3002	外汇买卖
66	1801	长期待摊费用	107	3101	衍生工具
67	1811	递延所得税资产	108	3201	套期工具
68	1821	独立账户资产	109	3202	被套期项目
69	1901	待处理财产损溢			四、所有者权益类
		二、负债类	110	4001	实收资本
70	2001	短期借款	111	4002	资本公积
71	2002	存入保证金	112	4101	盈余公积
72	2003	拆入资金	113	4102	一般风险准备
73	2004	向中央银行借款	114	4103	本年利润
74	2011	同业存放	115	4104	利润分配
75	2012	吸收存款	116	4201	库存股
76	2021	贴现负债			五、成本类
77	2101	交易性金融负债	117	5001	生产成本
78	2111	卖出回购金融资产款	118	5101	制造费用
79	2201	应付票据	119	5201	劳务成本
80	2202	应付账款	120	5301	研发支出
81	2203	预收账款	121	5401	工程施工
82	2211	应付职工薪酬	122	5402	工程结算
83	2221	应交税费	123	5403	机械作业
84	2231	应付利息			六、损益类
85	2232	应付股利	124	6001	主营业务收入
86	2241	其他应付款	125	6011	利息收入
87	2251	应付保户红利	126	6021	手续费收入
88	2261	应付分保账款	127	6031	保费收入
89	2311	代理买卖证券款	128	6041	租赁收入
90	2312	代理承销证券款	129	6051	其他业务收入
91	2313	代理兑付证券款	130	6061	汇兑损益
92	2314	代理业务负债	131	6101	公允价值变动损益
93	2401	递延收益	132	6111	投资收益
94	2501	长期借款	133	6201	摊回保险责任准备金
95	2502	应付债券	134	6202	摊回赔付支出
96	2601	未到期责任准备金	135	6203	摊回分保费用
97	2602	保险责任准备金	136	6301	营业外收入

续表

顺序	编号	会计科目名称	顺序	编号	会计科目名称
137	6401	主营业务成本	147	6541	分出保费
138	6402	其他业务支出	148	6542	分保费用
139	6403	营业税金及附加	149	6601	销售费用
140	6411	利息支出	150	6602	管理费用
141	6421	手续费支出	151	6603	财务费用
142	6501	提取未到期责任准备金	152	6604	勘探费用
143	6502	摄保责任准备金	153	6701	资产减值损失
144	6511	赔付支出	154	6711	营业外支出
145	6521	保户红利支出	155	6801	所得税费用
146	6531	退保金	156	6901	以前年度损益调整

为了适应会计电算化的需要，便于编制凭证、记账、查账，提高账务处理效率，应对每一个会计科目编一个代用符号，这个代用符号称为科目编号。会计科目的编号方法有多种，我国现行会计制度规定采用四位数的数字编号法。如 1001 库存现金、2202 应付账款、3101 衍生工具、4101 盈余公积、5001 生产成本、6603 财务费用等。每一编号的含义是：从左至右第一位数码表示会计科目的性质，如"1"表示资产类科目；"2"表示负债类科目；"3"表示共同类科目；"4"表示所有者权益类科目；"5"表示成本类科目；"6"表示损益类科目。其余数码表示会计科目的小类及其顺序号，在某些小类会计科目编号之间预留一定的空号，以便增补新的科目。这种编号方法具有清晰明了和灵活性强的优点。

2.3　账户

1. 账户的概念

账户是根据会计科目开设的，具有一定的结构，用来连续、分类、系统地记录各项经济业务的一种工具。前面曾提及简单的资产负债表，通过连续编制资产负债表可反映经济业务的发生对会计要素的影响结果。然而资产负债表是静态报表，它只能反映各会计要素项目某一时点的金额，即增减变动后的结果，没有也不可能反映会计要素变化过程。同时，用每天编制资产负债表的方式来记录各项经济业务的变化，既不经济，也不可能。而设置会计科目只是对会计对象的具体内容进行分类，规定每一类的名称，但它没有一定的结构，不能对经济业务进行连续、系统的记录，以形成有用的会计信息。因此，实务中必须运用设置账户这一会计核算的专门方法，每个单位都应根据所设置的会计科目开设相应账户。

设置账户是会计核算方法之一。通过账户的设置和登记，可核算和监督各项经济业务引起会计要素具体项目的增减变动过程及其结果，为企业日常管理提供完整资料并为编制会计报表提供依据。例如，为了了解企业产成品的收入、发出及库存情况，就必须根据规定的会计科目设置"库存商品"账户，通过"库存商品"账户的记录，就可以随时掌握企业产成品的增减变动及其库存情况，为企业的生产管理、销售管理等提供依据。

2. 账户的分类

账户是根据会计科目开设的，有一个科目就必须开设一个账户，所以账户数量较多。我国现行会计制度规定开设的账户有 85 个，在我国历史上，会计制度规定开设的账户数量多达 100 多个。且账户之间既有区别，又有内在联系，每一账户既有各自的核算内容，又相互联系构成一个完整的账户体系。因此，为了弄清每一账户性质和具体内容，揭示账户之间的共同规律，以便熟练地掌握和运用账户，应按一定标准对账户进行分类。账户分类标准一般有以下 4 种。

（1）按性质（或经济内容）分类

账户的性质即是账户的经济内容，是指账户核算、监督的会计要素项目的具体内容。账户按其性质不同主要分为资产类账户、负债类账户、所有者权益类账户、成本类账户、损益类账户五大类。其中，资产、负债和所有者权益类账户是根据资产、负债和所有者权益类科目设置的，成本、损益类账户是根据成本类、损益类的相应科目设置的。这是账户最基本的分类。通过这种分类，可以掌握每一账户的性质特征，明确账户间的区别，以便在经济业务发生时能迅速判断应使用的账户。

（2）按提供指标详细程度分类

账户按提供指标详细程度分为总分类账户和明细分类账户。总分类账户简称总账或一级账户，它是根据一级会计科目开设的，用来提供总括分类核算资料的账户。例如，"原材料"总账用来提供所有材料的增减变动及结存的总括核算指标，因此总分类账户只能用货币量度。明细分类账户简称明细账，它是根据明细科目开设的，用来提供详细具体核算资料的账户。例如，"甲材料"明细账用来提供甲种材料增减变动及结存的明细核算资料。明细分类账户除用货币量度外，有些账户还要用实物量度。如"原材料"、"产成品"等明细账，既要提供货币指标，又要提供实物数量指标。有些总分类账户所统驭的明细分类账户数量较多，可根据二级科目设置二级账户，二级账户是介于总分类账户和明细分类账户之间的账户。经济业务通过总分类账户进行的核算称为总分类核算，通过明细分类账户进行的核算称为明细分类核算。总分类账户与明细分类账户之间有密切联系，总分类账户对明细分类账户起统驭作用，明细分类账户对总分类账户起补充说明作用。对于发生的经济业务应按平行登记原则，分别在有关总分类账户及所属明细分类账户中进行登记，关于平行登记原则详见第 7 章。

（3）按与资产负债表的关系分类

按账户与资产负债表的关系分为表内账户与表外账户。表内账户用货币计量单位反映，表外账户可用货币计量单位反映，也可用其他计量单位反映。常用的表外账户有：租入固定资产、代管商品等。

（4）按用途和结构分类

账户按用途和结构可分为盘存账户、结算账户、资本账户、集合分配账户、成本计算账户、期间账户、财务成果账户、调整账户共 8 类账户，内容详见第 5 章。

3. 账户的基本结构

账户要起到分类核算和监督会计对象的作用，必须具备一定的结构。企业的经济业务引起各会计要素的变动，虽然错综复杂，但从数量上看，不外乎增加和减少两种情况。因此，账户的基本结构也应分为左方和右方两个基本部分。因此，用来分类记录经济业务的账户，其结构也相应分为两个基本部分，即左、右两方，用以分别反映各会计要素的增加额和减少额。每一方根据实际需要分为若干栏次，用以分类登记经济业务及其引起会计要素具体内容增减变动的情况和结果。账户的具体格式有多种多样，但任何一种账户格式的设计，一般都应包含以下内容：

① 账户名称（即会计科目）；

② 日期和凭证号数（说明登记账户的日期和依据）；

③ 摘要（简要说明经济业务的内容）；

④ 增加和减少的金额。

一般账户格式如表 2 - 7 所示。

表 2 - 7 　账户名称（会计科目）

日期	凭证号数	摘要	借方	贷方	借或贷	余额

为了便于说明，一般将上列账户的左右两方有关栏次省略，用简化的"丁"字式账户表示，如图 2 - 1 所示。

左方	账户名称（会计科目）	右方

图 2 - 1 　"丁"字式账户

账户中的记录金额可分为四项：期初余额、本期增加额、本期减少额和期末余额。本期增加额又称为本期增加发生额，是指一定时期（如月份、季度、半年度、年度）内账户所登记的增加金额合计；本期减少额又称为本期减少发生额，是指一定时期内账户所登记的减少金额合计；本期增加额和本期减少额相抵后的差额，与期初余初之和即称为本期的期末余额。本期的期末余额转入下期，即称为下期的期初余额。上述四项金额之间的关系，可用下列等式表示：

$$期末余额 = 期初余额 + 本期增加额 - 本期减少额$$

在账户左右两方中，一方登记增加金额，一方登记减少金额，究竟哪一方登记增加额，哪一方登记减少额，取决于记账方法和账户性质。账户的余额一般与记录的增加金额在同一方向。此问题将在第 3 章详细阐述。

4. 账户与会计科目的关系

账户与会计科目是两个既有联系又有区别的不同概念。两者的联系是：账户是根据会计科目开设的，会计科目名称就是账户名称。会计科目包括的经济业务内容也就是账户核算和监督的内容。

账户与会计科目的区别如下。

① 特征不同。会计科目只是会计要素的具体分类名称，具有静态特征。而账户不但能反映经济业务的具体类别，而且还能反映经济业务的增减变动过程及其结果，具有动态特征。

② 形式不同。会计科目没有具体结构，只是会计要素的具体分类名称，而账户既有名称，又有一定结构，而且不同性质的账户具有不同结构。

③ 作用不同。会计科目主要用于填制凭证和开设账户，但不能提供核算资料。而账户具有记录经济业务，提供连续、分类、系统的日常核算和监督资料并为编制会计报表提供依据的独特作用。

由此可见，会计科目与账户既有区别，又密切相关。设置会计科目和账户是会计核算的方法之一。

■ **案例及思考**

A 公司 2011 年 5 月 15 日以每股 20 元的价格购入 B 公司股票 100 000 股，管理层将其划分为交易性金融资产。5 月 31 日，A 公司继续持有该股票，B 公司股票收盘价为 22 元。你认为 A 公司是否应当调整该金融资产的账面价值？是否应当反映未实现的持有股票收益？为什么？

复 式 记 账

【内容提要】本章主要阐述借贷记账法的基本原理，包括借贷记账法的概念、理论基础、账户的结构、记账规则、账户的对应关系与会计分录和试算平衡，同时也举例说明借贷记账法的简单应用。

3.1 复式记账法

1. 记账方法

为了便于对会计要素进行核算和监督，除了设置会计科目并按其开设账户之外，还要用一定的记账方法将会计要素的增减变动登记在账户中，以便全面、系统地记录经济业务的内容，所以采用什么记账方法对会计核算显得非常重要。

所谓记账方法，就是根据一定的原理、记账符号、记账规则，采用一定的计量单位，利用文字和数字记录经济业务活动的一种专门方法。记账方法按登记账簿方式的不同，可分为单式记账法和复式记账法。

2. 记账方法的分类

（1）单式记账法

单式记账法指对发生的经济业务，只在一个账户中进行记录的记账方法。例如，用银行存款购买材料的业务发生后，只在账户中记录银行存款的付出业务，而对材料的收入业务，却不在账户中记录。单式记账法是一种比较独立、不完整的记账方法。它在选择单方面记账时，重点考虑的是现金、银行存款及债权债务方面发生的经济业务。因此，一般只设置"库存现金"、"银行存款"、"应收账款"、"应付账款"等账户，而没有一套完整的账户体系，账户之间也形不成相互对应的关系，所以不能全面、系统地反映经济业务的来龙去脉，也不便于检查账户记录的正确性。

（2）复式记账法

随着人类社会经济的发展和生产的需要，记账方法也经历了一个从单式记账到复式记账转化的过程。复式记账法，指对发生的每一项经济业务，都以相等的金额，在相互关联的两个或两个以上账户中进行记录的记账方法。例如，上述用银行存款购买材料的业务，按照复式记账法，则应以相等的金额，一方面在银行存款账户中记录银行存款的付出业务，另一方面在材料账户中记录材料收入业务。与单式记账法比较，复式记账法是以会计等式为依据建立的一种记账方法，其特点是：① 对于每一项经济业务，都在两个或两个以上相互关联的账户中进行记录，这样，将全部经济业务都相互关联地记入各有关账户，通过账户记录不仅可以全面、清晰地反映出经济业务的来龙去脉，还能够全面、系统地反映经济活动的过程和结果；② 由于每项经济业务发生后，都是以相等的金额在有关账户中进行记录，因而可据此进行试算平衡，以检查账户记录是否正确。

复式记账法一般由记账符号、会计科目、记账规则和试算平衡 4 个相互关联的部分组成。在我国，复式记账法由于以上 4 个组成部分的不同，形成了借贷记账法、增减记账法和收付记账法，而收付记账法又分为资金收付记账法、钱物收付记账法和现金收付记账法。其中借贷记账法是世界各国普遍采用的一种记账方法。目前，我国的企业和行政、事业单位采用的记账方法是复式记账法，主要是借贷记账法。这是因为借贷记账法经过数百年的实践，已被全世界的会计工作者普遍接受，是一种比较成熟、完善的记账方法。另外，从实务角度看，统一采用借贷记账法也便于企业间横向经济联系和与国际经济交流。

3.2　借贷记账法

1. 借贷记账法的概念

借贷记账法是以"借"、"贷"为记账符号，运用复式记账原理来反映会计要素增减变化的一种复式记账方法。

借贷记账法起源于 13 世纪的意大利。这个时期，商品经济有了发展，在商品交换中，为了适应商业和借贷资本经营者管理的需要，逐步形成了这种记账方法。"借"、"贷"两字的含义，最初是从借贷资本家的角度来解释的，借贷资本家以经营货币资金的借入和贷出为主要业务，对于借进的款项，记在贷主名下，表示自身的债务增加；对于贷出的款项，则记在借主名下，表示自身债权增加。这样，"借"、"贷"两字分别表示债权（应收款）、债务（应付款）的变化，随着商品经济的发展，经济活动的内容日趋复杂化，记录的经济业务也不再仅限于货币资金的借贷业务，而逐渐扩展到财产物资、经营损益和经营成本等的增减变化。这时为了求得记账一致，对于非货币资金借贷业务，也利用"借"、"贷"两字说明经济业务的变化情况，因此"借"、"贷"两字逐渐失去了原来的字面含义，转化为记账符号，变成会计上的专门术语。到 15 世纪，借贷记账法逐渐完备，被用来反映资本的存在形态和所有者权益的增减变化。所谓借贷记账法，是以"借"、"贷"二字作为记账符号，记录会计要素增减变动情况的复式记账法。"借"和"贷"两字为借贷记账法专用记账符号，其意义视账户的性质而异。

2. 借贷记账法的理论基础

15 世纪，资本主义国家的会计学者提出了借贷记账法的理论依据，即所谓"资产 = 负债 + 所有者权益"的平衡公式。根据这个理论确立了借贷的记账规则，使借贷记账法成为一种科学的记账方法，并为世界上许多国家广泛采用。"资产 = 负债 + 所有者权益"这个公式是借贷记账法的理论基础，在一个会计要素发生了增减变动时，另一个或两个会计要素必然随之发生增减变动，以维持平衡公式不被破坏。只有维持会计要素之间的平衡关系，在相关的账户中进行等额登记，才能保证记录经济业务的完整性。所以说，会计恒等式是借贷记账法的理论基础。

3. 借贷记账法下账户结构

借贷记账法以"借"、"贷"二字作为记账符号，分别表示会计要素的增减变化，但对不同类的账户其含义也不同。借贷记账法账户的基本结构是：每一个账户都分为"借方"和"贷方"，一般来说规定账户的左方为"借方"，账户的右方为"贷方"。对每一个账户来说，如果规定借方用来登记增加额，则贷方就用来登记减少额；反之亦然。对于不同性质的账户，"借"、"贷"的含义是不同的。

（1）资产类账户

资产类账户的结构是：账户的借方记录资产的增加额，贷方记录资产的减少额。在一个会计期间内（年、季、月），借方记录的合计数额称做借方发生额，贷方记录的合计数额称做贷方发生额，在每一会计期间的期末将借贷发生额相比较，其差额称做期末余额。资产类账户的期末余额一般在借方。例如"库存现金"账户，从银行提取现金，现金增加，记录在"库存现金"账户的借方；用现金购买办公用品，现金减少，记录在"库存现金"账户的贷方。"库存现金"账户借方记录的增加额要大于（至少等于）贷方记录的减少额，所以有借方余额（或无余额），借方期末余额转到下一期就成为借方期初余额。用公式可表示为：

$$期末余额 = 期初余额 + 借方本期发生额 - 贷方本期发生额$$

账户结构如图 3 - 1 所示。

借方	资产类账户	贷方
期初余额 ＊＊＊＊		
（1）增加额 ＊＊＊	（1）减少额 ＊＊＊	
（2）增加额 ＊＊＊	（2）减少额 ＊＊＊	
本期发生额合计 ＊＊＊＊	本期发生额合计 ＊＊＊＊	
期末余额 ＊＊＊＊		

图 3 - 1　资产类账户结构

（2）负债和所有者权益类账户

由会计恒等式（资产 = 负债 + 所有者权益）决定，负债和所有者权益类账户的结构与资产类账户正好相反，其贷方记录负债和所有者权益的增加额；借方记录负债和所有者权益的减少额，期末余额一般应在贷方。例如"短期借款"账户，企业从外部取得借款时，借款数额增加，记录在"短期借款"的贷方；企业偿还取得的短期借款，短期借款减少，记入"短期借款"账户的借方，期末余额在贷方，表示实际的借款数额。用公式可表示为：

$$期末余额 = 期初余额 + 贷方本期发生额 - 借方本期发生额$$

账户结构如图 3-2 所示。

借方	负债和所有者权益类账户	贷方
		期初余额　＊＊＊＊
（1）减少额　＊＊＊＊		（1）增加额　＊＊＊＊
（2）减少额　＊＊＊＊		（2）增加额　＊＊＊＊
本期发生额合计　＊＊＊＊		本期发生额合计　＊＊＊＊
		期末余额　＊＊＊＊

图 3-2　负债和所有者权益类账户结构

（3）损益类账户结构

损益类账户可以分为收入类账户和费用类账户。企业在其经营过程中不断地取得销售收入，而为了获得这些销售收入，又不断地发生各种成本费用。销售收入是企业在生产、经营过程中销售产品所形成的经济利益的流入。成本费用是企业为了获得收入所发生的经济资源耗费。收入类账户结构与负债类账户相似，贷方登记收入的增加，借方登记收入的减少，由于期末所有收入转入本年利润账户，所以收入类账户无期末余额。费用类账户与资产类账户相似，借方登记费用的增加，贷方登记费用的减少，由于期末所有费用转入本年利润账户，所以费用类账户无期末余额。如图 3-3 和图 3-4 所示。

借方	费用类账户	贷方
（1）增加额　＊＊＊		（1）减少额　＊＊＊
（2）增加额　＊＊＊		（2）减少额　＊＊＊
本期发生额合计　＊＊＊＊		本期发生额合计　＊＊＊＊

图 3-3　费用类账户结构

借方	收入类账户	贷方
（1）减少额　＊＊＊＊		（1）增加额　＊＊＊＊
（2）减少额　＊＊＊＊		（2）增加额　＊＊＊＊
本期发生额合计　＊＊＊＊		本期发生额合计　＊＊＊＊

图 3-4　收入类账户结构

（4）成本类账户

成本类账户主要是"生产成本"和"制造费用"，其结构与资产类账户相似，账户的借方记录成本的增加额，贷方记录成本的减少额。在一个会计期间内（年、季、月），借方记录的合计数额称做借方发生额，贷方记录的合计数额称做贷方发生额，在每一会计期间的期末将借贷发生额相比较，其差额称做期末余额，"生产成本"账户期末余额表示期末在产品生产成本，"制造费用"账户一般无期末余额。其结构如图3－5所示。

借方	成本类账户	贷方
期初余额 ＊＊		
（1）增加额 ＊＊	（1）减少额 ＊＊	
（2）增加额 ＊＊	（2）减少额 ＊＊	
本期发生额合计 ＊＊	本期发生额合计 ＊＊	
期末余额 ＊＊		

图3－5 成本类账户结构

4. 记账规则

借贷记账法的记账规则可以用一句话概括："有借必有贷，借贷必相等"。借贷记账法的记账规则是根据以下两方面来确定的：第一，根据复式记账的原理，对任何一项经济业务都必须以相等的金额，在两个或两个以上相互联系的账户中进行登记；第二，对每一项经济业务都应当作借贷相反的记录。具体地说，如果在一个账户中记借方，必须同时在另一个或几个账户中记贷方；或者在一个账户中记贷方，必须同时在另一个或几个账户中记借方。记入借方的总额与记入贷方的总额必须相等。

在实际运用借贷记账法的记账规则去登记经济业务时，一般要按以下步骤进行：

① 需要分析经济业务的内容，确定它引起哪些账户发生变化及这些账户的性质；

② 确定这些账户变化的金额是增加还是减少；

③ 根据账户的性质及变动方向确定借贷方向。

如第2章所介绍，经济业务虽然千差万别，错综复杂，但其引起会计要素增减变动却不外乎9种类型。现在，我们仍以这9种类型的变化为例，来说明怎样运用借贷记账法记账。

（1）引起资产和所有者权益项目同时以相等的金额增加经济事项

【例3－1】昊辰公司2006年1月9日获得外商投入的资本，现金200 000元，存入银行。

这项经济业务的发生，一方面使资产增加，另一方面又使所有者权益等额增加，对于资产"银行存款"的增加，应该在"银行存款"账户的借方记200 000元，同时对于所有者权益"实收资本"的增加，应该在"实收资本"账户的贷方记200 000元。这项经济业务在账户中登记的结果如图3－6所示。

图 3-6 例 3-1 的经济业务在账户中登记的结果

（2）引起资产和负债项目同时以相等金额减少经济事项

【例 3-2】1 月 10 日以银行存款 10 000 元归还短期借款。

这项经济业务的发生，一方面使资产"银行存款"减少了 10 000 元，另一方面又使负债"短期借款"这一项目也减少了 10 000 元，这样，这一项经济业务就涉及了"银行存款"和"短期借款"两个账户，对于资产"银行存款"的减少，应在"银行存款"账户的贷方记录 10 000 元，对于负债"短期借款"这一项目的减少，应在"短期借款"账户的借方记录 10 000 元，这项经济业务在账户中登记的结果如图 3-7 所示。

图 3-7 例 3-2 的经济业务在账户中登记的结果

（3）引起资产项目内部一个项目增加，另一个项目减少经济事项

【例 3-3】2 月 11 日用银行存款 15 000 元购入原材料，材料验收入库。

这项经济业务的发生，一方面使企业的"原材料"这一资产项目增加了 15 000 元，另一方面又使资产"银行存款"这一项目减少了 15 000 元。这样，这一项经济业务就涉及了"银行存款"和"原材料"两个账户，对于资产"银行存款"账户的减少，应在"银行存款"账户的贷方记录 15 000 元，对于资产"原材料"这一项目的增加，应在"原材料"账户的借方记录 15 000 元。这项经济业务在账户中登记的结果如图 3-8 所示。

图 3-8 例 3-3 的经济业务在账户中登记的结果

（4）引起负债项目内部，以相等金额，一个项目增加，另一个项目减少的经济事项

【例 3-4】5 月 12 日向银行借入短期借款直接归还前欠购料款 50 000 元。

这项经济业务的发生，一方面使企业的"短期借款"这一负债项目增加了 50 000 元，另一方面又使企业的"应付账款"也相应减少了 50 000 元。这样，这项经济业务的发生就涉及了"短期借款"和"应付账款"两个负债类账户，对于负债"应付账款"这一项目的减少，应在"应付账款"账户的借方记录 50 000 元，对于负债"短期借款"这一项目的增加，应在"短期借款"账户的贷方记录 50 000 元。这项经济业务在账户中登记的结果如图 3 - 9 所示。

图 3 - 9 例 3 - 4 的经济业务在账户中登记的结果

（5）引起资产项目和负债项目同时以相等金额增加的经济事项

【例 3 - 5】6 月 2 日从某工厂购入原材料一批，价值 50 000 元，货款尚未支付。

这项经济业务的发生，一方面使企业的"原材料"这一资产项目增加了 50 000 元，另一方面又使企业的"应付账款"这一负债项目增加了 50 000 元。这样，这一项经济业务的发生就涉及了"原材料"和"应付账款"两个账户，对于资产"原材料"这一项目的增加，应在"原材料"账户的借方记录 50 000 元，对于负债"应付账款"这一项目的增加，应在"应付账款"账户的贷方记录 50 000 元，这项经济业务在账户中登记的结果如图3 - 10 所示。

图 3 - 10 例 3 - 5 的经济业务在账户中登记的结果

（6）引起负债项目减少，所有者权益项目增加的经济事项

【例 3 - 6】3 月 24 日某企业代替昊辰公司偿还短期借款 10 000 元，根据协议，此款项作为该企业对昊辰公司的追加投资。

这项经济业务的发生，一方面"短期借款"这一负债项目减少了 10 000 元，同时，另一方面又使企业的"实收资本"这一所有者权益项目增加了 10 000 元。这样，这一项经济业务就涉及了"短期借款"和"实收资本"这两个账户，对于负债"短期借款"这一项目的减少，应在"短期借款"账户的借方记录 10 000 元；对于所有者权益"实收资本"这一项目的增加，应在"实收资本"账户的贷方记录 10 000 元，这项经济业务在账户中登记的结果如图 3 - 11 所示。

图 3 - 11 例 3 - 6 的经济业务在账户中登记的结果

（7）引起所有者权益项目减少，负债项目增加的经济事项

【例3-7】某工厂5月25日委托昊辰公司代其偿还短期借款20 000元，根据协议，此款项作为某工厂对昊辰公司投资的减少。

这项经济业务的发生，一方面使"实收资本"这一所有者权益项目减少20 000元。同时，另一方面又使"短期借款"这一负债项目增加了20 000元。对于"实收资本"这一项目的减少，应在"实收资本"账户的借方记录20 000元，对于"短期借款"这一项目的增加，应在"短期借款"账户的贷方记录20 000元。这项经济业务在账户中登记的结果如图3-12所示。

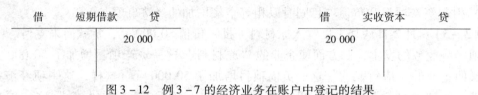

图3-12　例3-7的经济业务在账户中登记的结果

（8）引起所有者权益和资产同时以相等金额减少的经济事项

【例3-8】5月31日某投资者从昊辰公司抽回投资100 000元，由昊辰公司以银行存款支付。

这项经济业务的发生，一方面使"实收资本"这一所有者权益项目减少了100 000元，另一方面又使"银行存款"这一资产项目也减少了100 000元。这样，这一项经济业务的发生就涉及了"实收资本"和"银行存款"这两个账户，对于所有者权益"实收资本"这一项目的减少，应在"实收资本"账户的借方记录100 000元，同时，对于资产"银行存款"的减少，应在"银行存款"账户的贷方记录100 000元。这项经济业务在账户中登记的结果如图3-13所示。

图3-13　例3-8的经济业务在账户中登记的结果

（9）引起所有者权益项目内部，以相等金额，一个项目增加，另一个项目减少的经济事项

【例3-9】6月6日昊辰公司将资本公积50 000元转增资本。

这项经济业务的发生，一方面使资本公积这一所有者权益项目减少了50 000元，另一方面又使实收资本这一所有者权益项目增加了50 000元。这样，这一项经济业务就涉及了"资本公积"和"实收资本"这两个账户，对于所有者权益"资本公积"这一项目的减少，应在"资本公积"账户的借方记录50 000元，对于所有者权益"实收资本"这一项目的增加，应在贷方记录50 000元，这项经济业务在账户中登记的结果如图3-14所示。

借	资本公积	贷		借	实收资本	贷
50 000					50 000	

图 3-14　例 3-9 的经济业务在账户中登记的结果

总之，由于经济事项的发生引起资金的变化虽然有 9 种不同类型，但任何一项经济业务，不论其只是涉及资产、负债和所有者权益一方面账户，还是同时涉及资产、负债和所有者权益两方面的账户，都必须记入一个账户的借方和另一个账户的贷方，并且记入借方和贷方的数额必须相等，因此，我们可以将借贷记账法的记账规则概括为"有借必有贷，借贷必相等"。在实际工作中，有些经济业务比较复杂，需要记入一个账户的借方和记入几个账户的贷方，或记入一个账户的贷方和记入几个账户的借方。

5. 账户对应关系与会计分录

（1）账户对应关系的概念

用借贷记账法在账户中登记经济业务后，有关账户之间就形成一种相互对照的关系，即一个账户的借方与另一个账户的贷方相互对照，或者一个（或几个）账户的借方与几个（或一个）账户的贷方相互对照。账户之间的这种相互对应关系，称为账户对应关系，存在着对应关系的账户称为对应账户。根据这两个账户之间的对应关系，便可以了解这笔经济业务的来龙去脉。

（2）会计分录的定义、种类

企业在经济业务发生以后，为了便于记账工作的进行和有利于核算工作的正确性，在把经济业务记入账户之前，应先根据经济业务的内容确定涉及的对应账户名称、应借、应贷的方向及其金额，据此编制会计分录。所谓会计分录，是用来标明经济业务应借、应贷账户及其金额的记录。在实际工作中，会计分录体现在所编制的记账凭证上。会计分录也是登记账户的主要依据，会计分录的正确与否，直接影响到账户的记录，乃至影响到会计信息的质量。

会计分录根据经济业务所涉及对应账户的多少，又可分为简单会计分录和复合会计分录。简单会计分录是指一项经济业务只涉及两个对应账户，即"一借一贷"的会计分录。复合会计分录，指经济业务发生后，需要应用两个以上的账户，即"一贷多借"或"一借多贷"记录其相互联系的多种经济因素的数量变化情况的分录。为了使借贷对应清晰，一般不宜编制多借多贷的分录。但是，一个复合会计分录可以分解为几个简单会计分录。

现对前述 9 个例题的经济业务以会计分录的形式列示如下。

【例 3-1】借：银行存款　　　　　　　　　200 000

　　　　　　贷：实收资本　　　　　　　　　　200 000

【例 3-2】借：短期借款　　　　　　　　　10 000

　　　　　　贷：银行存款　　　　　　　　　　10 000

【例3-3】借：原材料　　　　　　　　15 000

　　　　　　贷：银行存款　　　　　　　　　15 000

【例3-4】借：应付账款　　　　　　　　50 000

　　　　　　贷：短期借款　　　　　　　　　50 000

【例3-5】借：原材料　　　　　　　　50 000

　　　　　　贷：应付账款　　　　　　　　　50 000

【例3-6】借：短期借款　　　　　　　10 000

　　　　　　贷：实收资本　　　　　　　　　10 000

【例3-7】借：实收资本　　　　　　　20 000

　　　　　　贷：短期借款　　　　　　　　　20 000

【例3-8】借：实收资本　　　　　　100 000

　　　　　　贷：银行存款　　　　　　　　　100 000

【例3-9】借：资本公积　　　　　　　50 000

　　　　　　贷：实收资本　　　　　　　　　50 000

6. 试算平衡

运用借贷记账法在账户中记录经济业务的过程中，可能会发生这样或那样的错误，因此，必须建立一套科学的检验错误的方法，以便及时改正错误。这种方法就是根据"资产＝负债＋所有者权益"的平衡关系，通过计算和比较，检查账户记录的正确性、完整性，这个方法称为试算平衡。

借贷记账法的试算平衡有账户发生额试算平衡法和账户余额试算平衡法两种。前者是根据借贷记账法的记账规则来确定的，后者是根据资产等于权益（负债与所有者权益）的平衡关系原理来确定的。由于借贷记账法以资产等于负债加所有者权益这一会计基本等式为依据，按照"有借必有贷，借贷必相等"的记账规则记账，这就保证了为每一项经济业务所编会计分录的借贷两方发生额必然相等；在一定时期内（如1个月），所有账户的借方发生额合计与贷方发生额合计分别是每一项经济业务的会计分录借方发生额与贷方发生额的积累，所以二者必然保持平衡。所有账户的借方期末余额合计数与贷方期末余额合计数，又是以一定的累计发生额为基础计算的结果，因此，它们二者也必然是相等的。

（1）账户发生额试算平衡

账户发生额试算平衡是用来检查本期每一个或全部账户的借贷发生额是否相等的方法，其计算公式为：

$$\text{全部账户借方本期发生额合计} = \text{全部账户贷方本期发生额合计}$$

在逐笔过账的情况下，各项经济业务的会计分录全部登记入账之后，可以根据各类账户的本期发生额编制"本期发生额试算平衡表"（见表3-1），进行定期的试算平衡，即采用"先入账后平衡"的方法。

表 3 – 1　账户本期发生额试算平衡表

账户名称	本期发生额	
（会计科目）	借　　方	贷　　方
库 存 现 金	1 000	
银 行 存 款	110 000	10 000
原 材 料	2 000	1 000
短 期 借 款	5 000	2 000
应 付 账 款	2 000	7 000
应 交 税 费	3 000	6 000
实 收 资 本	10 000	107 000
合　　计	133 000	133 000

（2）账户余额试算平衡

账户余额试算平衡法是用来检查所有账户的借方期末余额合计和贷方期末余额合计是否相等的方法。其计算公式为：

$$\frac{全部账户借方}{期末余额合计} = \frac{全部账户贷方}{期末余额合计}$$

账户余额试算平衡表如表 3 – 2 所示。

表 3 – 2　账户余额试算平衡表

账户名称	期末余额	
（会计科目）	借　　方	贷　　方
库 存 现 金	1 000	
银 行 存 款	100 000	
原 材 料	5 000	
短 期 借 款		3 000
应 付 账 款		3 000
应 交 税 费		2 000
实 收 资 本		98 000
合　　计	106 000	106 000

上述总分类账户本期发生额试算平衡表和总分类账户余额试算平衡表，可以合并为一张试算平衡表，既进行总分类账户本期发生额试算平衡，又进行总分类账户余额试算平衡。这种合并的试算平衡表见 3.3 节。

需要指出的是，试算平衡表只是通过借贷金额是否平衡来检查账户记录是否正确，如果借贷不平衡，可以肯定账户记录或计算有错误。如果借贷平衡，可以大体上推断总分类账的记录是正确的，但不能绝对肯定记账没有错误。

总结：借贷记账法是目前世界各国普遍采用的复式记账方法，其特点可以概述如下。

① 在设置账户时，除了按会计要素设置资产、负债、所有者权益、收入、费用、利润等账户外，还可以设置一些共同性账户，如"其他往来"、"内部往来"等账户，共同性账户根据它的余额来确定其性质，若为借方余额，就是资产类账户；若为贷方余额，便为负债类账户。

② 账户的增减数额。账户的借方登记资产和成本费用的增加数，以及负债、所有者权益和收入的减少数，账户的贷方登记负债、所有者权益和收入的增加数，以及资产和成本费用的减少数（或转销数）。

③ 任何一笔经济业务都至少要在两个账户中进行登记。一笔完整的记录，要求记入一个或几个账户的借方，同时记入另一个或几个账户的贷方。记入借方的数额同记入贷方的数额必须相等。简言之，"有借必有贷，借贷必相等"。

④ 可以进行试算平衡，就是根据"资产＝负债＋所有者权益"的平衡关系，按照记账规则的要求，通过汇总、计算和比较，来检查账户记录的正确性、完整性。

3.3　借贷记账法举例

1. 资料

（1）假如昊辰公司 2006 年 12 月 31 日总账账户的结余额如下：

库存现金	500	短期借款	20 000
银行存款	50 000	应付账款	5 000
应收账款	5 000	实收资本	1 052 000
其他应收款	500		
原材料	10 000		
生产成本	5 000		
库存商品	6 000		
固定资产	1 000 000		
合计	1 077 000	合计	1 077 000

（2）2007 年 1 月份该厂发生下列经济业务：

① 从银行提取现金 600 元，补充库存；

② 用银行存款 20 000 元购买材料，材料已验收入库；

③ 收到外商投入不需安装的生产机器设备一台，价值 10 000 元；

④ 用银行存款 1 000 元支付广告费；

⑤ 向银行借款 20 000 元，款项收到，存入银行；

⑥ 银行通知收到某单位购货欠款 3 000 元；

⑦ 用现金 100 元购买管理部门办公用品；

⑧ 生产车间领用料 20 000 元，用于产品生产；

⑨ 从银行借入短期借款 5 000 元，直接归还购料欠款；

⑩ 用银行存款直接发放职工工资 15 000 元；

⑪ 本月工资支出 15 000 元，列入生产费用；

⑫ 职工李某借支差旅费 500 元，以现金支付；

⑬ 李某回厂报销 400 元，余额 100 元交回现金；

⑭ 产品完工入库，结转实际成本 30 000 元；

⑮ 销售产品一批，货款 50 000 元，尚未收到；

⑯ 转销上项已售产品成本 20 000 元；

⑰ 结转本月应交各项产品各种销售税金 2 000 元；

⑱ 用银行存款支付本月管理部门用电费 1 000 元；

⑲ 结转收入和费用类账户并计算利润总额；

⑳ 按利润总额的 30% 计算并结转应交所得税。

2. 要求

（1）根据借贷记账法，编制会计分录。

① 借：库存现金　　　　　　　　　　　600
　　　贷：银行存款　　　　　　　　　　　　600

② 借：原材料　　　　　　　　　　　20 000
　　　贷：银行存款　　　　　　　　　　　20 000

③ 借：固定资产　　　　　　　　　　10 000
　　　贷：实收资本　　　　　　　　　　　10 000

④ 借：销售费用　　　　　　　　　　　1 000
　　　贷：银行存款　　　　　　　　　　　　1 000

⑤ 借：银行存款　　　　　　　　　　20 000
　　　贷：短期借款　　　　　　　　　　　20 000

⑥ 借：银行存款　　　　　　　　　　　3 000
　　　贷：应收账款　　　　　　　　　　　　3 000

⑦ 借：管理费用　　　　　　　　　　　100
　　　贷：库存现金　　　　　　　　　　　　100

⑧ 借：生产成本　　　　　　　　　　20 000
　　　贷：原材料　　　　　　　　　　　　20 000

⑨ 借：应付账款　　　　　　　　　　　5 000
　　　贷：短期借款　　　　　　　　　　　　5 000

⑩ 借：应付职工薪酬　　　　　　　　15 000
　　　贷：银行存款　　　　　　　　　　　15 000

⑪ 借：生产成本　　　　　　　　　　15 000

	贷：应付职工薪酬	15 000	
⑫ 借：其他应收款		500	
	贷：库存现金		500
⑬ 借：管理费用		400	
	库存现金		100	
	贷：其他应收款		500

⑫ 借：其他应收款　　　　　　　　500
　　　贷：库存现金　　　　　　　　　　　500
⑬ 借：管理费用　　　　　　　　　400
　　　库存现金　　　　　　　　　　100
　　　贷：其他应收款　　　　　　　　　　500
⑭ 借：库存商品　　　　　　　　30 000
　　　贷：生产成本　　　　　　　　　30 000
⑮ 借：应收账款　　　　　　　　50 000
　　　贷：主营业务收入　　　　　　　50 000
⑯ 借：主营业务成本　　　　　　20 000
　　　贷：库存商品　　　　　　　　　20 000
⑰ 借：营业税金及附加　　　　　　2 000
　　　贷：应交税费　　　　　　　　　　2 000
⑱ 借：管理费用　　　　　　　　　1 000
　　　贷：银行存款　　　　　　　　　　1 000
⑲ 借：主营业务收入　　　　　　50 000
　　　贷：本年利润　　　　　　　　　50 000
　　借：本年利润　　　　　　　　24 500
　　　贷：主营业务成本　　　　　　　20 000
　　　　　营业税金及附加　　　　　　2 000
　　　　　管理费用　　　　　　　　　1 500
　　　　　销售费用　　　　　　　　　1 000
⑳ 借：所得税费用　　　　　　　　7 650
　　　贷：应交税费　　　　　　　　　　7 650
　　借：本年利润　　　　　　　　　7 650
　　　贷：所得税费用　　　　　　　　　7 650

（2）根据会计分录登记总分类账。

借方		库存现金		贷方
期初余额	500			
	600		100	
	100		500	
本期发生额	700	本期发生额	600	
期末余额	600			

借方		银行存款	贷方	
期初余额	50 000			1 000
	20 000			20 000
	3 000			600
				15 000
				1 000
本期发生额	23 000	本期发生额		37 600
期末余额	35 400			

借方		原材料	贷方	
期初余额	10 000			
	20 000			20 000
本期发生额	20 000	本期发生额		20 000
期末余额	10 000			

借方		生产成本	贷方	
期初余额	5 000			
	20 000			30 000
	15 000			
本期发生额	35 000	本期发生额		30 000
期末余额	10 000			

借方		库存商品	贷方	
期初余额	6 000			
	30 000			20 000
本期发生额	30 000	本期发生额		20 000
期末余额	16 000			

借方		应收账款	贷方	
期初余额	5 000			
				3 000
本期发生额	50 000	本期发生额		3 000
期末余额	52 000			

借方		其他应收款		贷方	
期初余额	500				
	500				500
本期发生额	500		本期发生额		500
期末余额	500				

借方		固定资产		贷方	
期初余额	1 000 000				
	10 000				
本期发生额	10 000		本期发生额		0
期末余额	1 010 000				

借方		短期借款		贷方	
			期初余额		20 000
					20 000
					5 000
本期发生额	0		本期发生额		25 000
			期末余额		45 000

借方		应付账款		贷方	
			期初余额		5 000
	5 000				
本期发生额	5 000		本期发生额		0
			期末余额		0

借方		应付职工薪酬		贷方	
	15 000				15 000
本期发生额	15 000		本期发生额		15 000

借方		应交税费		贷方	
					2 000
					7 650
本期发生额	0		本期发生额		9 650
			期末余额		9 650

借方		实收资本		贷方
		期初余额		1 052 000
				10 000
本期发生额	0	本期发生额		10 000
		期末余额		1 062 000

借方		主营业务收入		贷方
	50 000			50 000
本期发生额	50 000	本期发生额		50 000

借方		主营业务成本		贷方
	20 000			20 000
本期发生额	20 000	本期发生额		20 000

借方		营业税金及附加		贷方
	2 000			2 000
本期发生额	2 000	本期发生额		2 000

借方		销售费用		贷方
	1 000			1 000
本期发生额	1 000	本期发生额		1 000

借方		管理费用		贷方
	1 000			1 500
	500			
本期发生额	1 500	本期发生额		1 500

借方		所得税费用		贷方
	7 650			7 650
本期发生额	7 650	本期发生额		7 650

借方		本年利润		贷方
	24 500			50 000
	7 650			
本期发生额	32 150	本期发生额		50 000
		期末余额		17 850

（3）根据各总分类账户发生额进行试算平衡，编制总分类账户本期发生额试算平衡表（见表3－3）。

表3－3　总分类账户本期发生额试算平衡表

账户名称	借　方	贷　方
库存现金	700	600
银行存款	23 000	37 600
应收账款	50 000	3 000
其他应收款	500	500
原材料	20 000	20 000
库存商品	30 000	20 000
固定资产	10 000	0
短期借款	0	25 000
应付账款	5 000	0
应付职工薪酬	15 000	15 000
应交税费	0	9 650
实收资本	0	10 000
生产成本	35 000	30 000
主营业务收入	50 000	50 000
主营业务成本	20 000	20 000
营业税金及附加	2 000	2 000
本年利润	32 150	50 000
销售费用	1 000	1 000
管理费用	1 500	1 500
所得税费用	7 650	7 650
合　计	303 500	303 500

总分类账户余额试算平衡如表3－4所示。

表3－4　总分类账户余额试算平衡表

资　产		负债和所有者权益	
库存现金	600	实收资本	1 062 000
银行存款	35 400	短期借款	45 000
应收账款	52 000	应付账款	0
其他应收款	500	应交税费	9 650
原材料	10 000	本年利润	17 850

续表

资 产		负债和所有者权益	
库存商品	16 000		
固定资产	1 010 000		
生产成本	10 000		
合　　计	1 134 500	合　　计	1 134 500

第4章

企业基本业务的核算

【**内容提要**】任何一个企业或单位，要想进行生产经营，完成其各自所负担的生产经营任务，就需要有一定数量的财产物资，这些财产物资是以各种形态存在于企业的经济资源，它们从各种不同渠道进入企业以后，参与供应、生产、销售等各个过程。由于种种原因，企业的一部分资产会脱离企业的生产经营过程，从而退出企业。会计就是要从价值上全面体现企业的供应、生产和销售的生产经营过程，即要核算和监督企业资金筹集、使用及退出等经济业务。

4.1 资金筹集的核算

1. 资金筹集的内容

在企业设立之初，它赖以周转的资金的筹集，不外乎有两个渠道：一是接受投资者投入资本；二是利用举债形式，向债权人筹措借款，即利用负债的形式筹集资金。

首先，设立企业必须有法定的资本金。企业筹集的资本金分为国家资本金、法人资本金、个人资本金及外商资本金，这些资本金分别是由企业接受国家、其他单位或个人投入而形成的。这些资本金可以是一次或者分期筹集的。一次筹集的，应从营业执照签发之日起 6 个月内筹足；分期筹集的，最后一期出资应当在营业执照签发之日起 3 年内缴清，并且第一次投资者出资不得低于总筹集的 15%，还应在营业执照签发之日起 3 个月内缴清。

投资人投入企业的资本，可以是货币资金，也可以是存货；可以是固定资产，也可以是无形资产。企业在筹资过程中，吸收投资者的除土地使用权以外的无形资产的出资比例不得超过注册资本的 20%，特殊情况的，不得超过 30%。

此外，企业在筹集资本金的过程中，投资者实际缴付的出资额超出其资本金的差额；接受捐赠的资产；法定资产重估增值，以及资本汇率折算差额按照法定的程序可以转增资本；随着生产经营，企业形成的盈余公积。这部分积累也可以按照法定程序转增资本。

其次，企业为筹集资金须向银行或其他金融机构取得各种借款，形成企业负债的一部分。短期借款的偿还期限短，筹集的目的是要满足生产经营的需要；长期借款的筹集目的主要是要扩大生产经营规模。

2. 筹资业务及账户设置

为了核算和监督投资人对企业的投资、企业取得各类借款、企业接受捐赠、转增资本等经济业务，需要设置和运用"银行存款"、"库存现金"、"固定资产"、"实收资本"、"累计折旧"、"无形资产"、"资本公积"、"盈余公积"、"短期借款"、"长期借款"等有关账户。

（1）"银行存款"账户

"银行存款"账户属于资产类的账户，它用来核算企业存入银行和其他金融机构的各种存款，包括人民币存款和外币存款。该账户的借方登记企业存入的款项，贷方登记企业提取或支付的款项，期末余额一般在借方，表示企业存款的结余额。企业的银行存款应按开户银行、存款种类及货币种类开设明细账，进行明细分类核算。

（2）"库存现金"账户

"库存现金"账户属于资产类的账户，它用来核算企业的库存现金。该账户的借方登记收到的现金，贷方登记支出的现金，期末余额一般在借方，表示企业现金存数。有外币现金的企业，应分别以人民币、各种外币设置"现金日记账"进行明细核算。

（3）"固定资产"账户

"固定资产"账户属于资产类的账户，它用来核算企业所有固定资产的原值。该账户的借方用来登记企业增加的各项固定资产的原值，这些固定资产增加的渠道主要有企业购入、自行建造完成、其他单位投资转入、盘盈、接受捐赠等，贷方用来登记企业由于出售、报废、毁损、投资转出及盘亏等原因而减少的固定资产原值，期末余额一般在借方，表示期末固定资产的原值。企业一般应设置"固定资产登记簿"和"固定资产卡片"，按固定资产类别、使用部门和每项固定资产进行明细核算。

（4）"累计折旧"账户

"累计折旧"账户属于资产类的账户，它用来核算企业所有固定资产的累计折旧。该账户的贷方登记企业按月计提的固定资产折旧，借方登记由于投资、调出、盘亏、毁损、出售等原因减少固定资产时，转销的累计已提折旧额。本账户只进行总分类核算，不进行明细分类核算。需要查明某项固定资产的已提折旧，可以根据固定资产卡片上所记载的该项固定资产原价、折旧率和实际使用年数等资料进行计算。

（5）"无形资产"账户

"无形资产"账户属于资产类的账户，它用来核算企业的专利权、非专利技术、商标权、著作权、土地使用权等各种无形资产的价值。该账户的借方登记企业购入或自行创造并按法律程序申请取得的各种无形资产的价值，贷方登记企业以无形资产向外投资、向外转让的无形资产价值，期末余额一般在借方，表示企业各种无形资产的价值。本账户应按无形资产类别设置明细账。

（6）"实收资本"账户

"实收资本"账户属于所有者权益类的账户，它用来核算企业实际收到投资人投入的资本。该账户的贷方登记企业收到投资人投入的现金、实物和无形资产，以及企业按规定将资本公积金、盈余公积金转增的资本，借方登记实收资本的减少；期末余额一般在贷方，表示期末实收资本的余额。企业实收资本应按照投资人设置明细账，进行明细核算。

（7）"资本公积"账户

"资本公积"账户属于所有者权益类的账户，它用来核算企业取得的资本公积金。该账户贷方登记企业接受捐赠的资产价值、投资人缴付的出资额大于注册资本而产生的差额和法定资产重估增值，借方登记企业按规定以资本公积金转增的资本，期末余额一般在贷方，表示期末资本公积金的结余。该账户按资本公积金形成的类别进行明细核算。

（8）"盈余公积"账户

"盈余公积"账户属于所有者权益类的账户，它用来核算企业从利润中提取的盈余公积金。该账户的贷方登记企业按规定从税后利润中提取的盈余公积金，借方登记按规定用盈余公积金弥补的亏损和以盈余公积金转增的资本，期末余额一般在贷方，表示期末提取的盈余公积结余。该账户按提取公积金的目的分别设置明细账。

（9）"短期借款"账户

"短期借款"账户属于负债类账户，它用来核算企业向银行或其他金融机构借入的期限在一年以内的各种借款。该账户的贷方登记企业借入的各种短期借款的本金，借方登记企业已偿还的借款的本金，期末余额一般在贷方，表示期末尚未偿还的短期借款。"短期借款"应按债权人户名和借款种类分别进行明细分类核算。

（10）"长期借款"账户

"长期借款"账户属于负债类账户，它用来核算企业向银行或其他金融机构借入的期限在一年以上的各种借款。该账户的贷方登记企业借入款项的本息，借方登记企业已偿还本息，借款期末余额一般在贷方，表示期末尚未偿还的本息，"长期借款"应按借款单位和借款种类分别进行明细分类核算。

（11）"财务费用"账户

"财务费用"账户属于成本费用类账户，它用来核算企业为筹集生产经营资金而发生的各项费用，如利息净支出、汇兑净损益及银行或其他金融机构的手续费用等。该账户的借方登记会计期间内企业发生的各种财务费用，贷方登记当期发生的应冲减财务费用的利息收入、汇兑损益和期末结转到"本年利润"账户中的本期发生的财务费用。期末结转后，本账户一般没有余额。该账户应按费用项目设置明细分类账，进行明细分类核算。

（12）"在建工程"账户

"在建工程"账户属于资产类的账户，它用来核算在建工程的实际成本，包括固定资产新建工程、改扩建工程、大修理工程等所发生的实际支出。该账户的借方登记在建工程实际发生的成本费用，贷方登记完工验收工程转出的成本，余额一般在借方，表示尚未完工的在建工程的实际成本。"在建工程"按工程项目设置明细科目，为工程准备的物资单设"工程物资"明细账户，进行明细分类核算。

3. 主要业务核算

下面我们以润达工厂 20××年 12 月发生的经济业务为例，说明在企业资金筹集、使用及退出的各个过程中，主要经济业务的核算程序及会计处理方法。

假设润达工厂属于制造企业，主要生产 A、B 两种产品。20××年 11 月 30 日企业主要账户的期末余额如下：

生产成本	31 000	其他应付款	3 000
库存现金	4 200	实收资本	4 850 000
银行存款	210 000	短期借款	80 000
应收账款	5 000	应付账款	5 000
其他应收款	1 500	应交税费	13 700
原材料	160 000	利润分配	30 000
库存商品	10 000	应付职工薪酬	6 000
固定资产	4 560 000	盈余公积	10 000
无形资产	30 000	资本公积	14 000
	5 011 700		5 011 700

（1）投入资本的核算

企业所有者投入的资本，可能是货币资金，也可能是原材料；可能是有形资产，也可能是无形资产。

【例 4－1】企业收到投资人投入货币资金 50 000 元；以原材料投入 20 000 元；投入专利技术一项，评估价值 40 000 元。

这项经济业务的发生，一方面使企业的实收资本增加了 110 000 元，另一方面使企业的银行存款、原材料、无形资产分别增加了 50 000 元、20 000 元和 40 000 元。这项业务涉及"实收资本"、"银行存款"、"原材料"和"无形资产"4 个账户。会计分录为：

　　借：银行存款　　　　　　　　50 000
　　　　原材料　　　　　　　　　20 000
　　　　无形资产　　　　　　　　40 000
　　　　贷：实收资本　　　　　　　　110 000

【例 4－2】企业收到投资人投入旧的机器设备一台，评估价 40 000 元，原价 60 000 元，已提折旧 25 000 元。

投入的机器设备属于固定资产，应按原始价值入账记增加，即实际收到的资本的双方的评估价，这项经济业务涉及"固定资产"、"实收资本"两个账户。会计分录为：

　　借：固定资产　　　　　　　　40 000
　　　　贷：实收资本　　　　　　　　40 000

（2）转增资本的核算

企业的资本公积金和盈余公积金按照一定的程序可以转增资本。

【例4-3】根据规定，企业将资本公积金4 000元和盈余公积金2 000元转做资本金。

这项经济业务的发生，一方面使企业的实收资本增加了6 000元，另一方面使企业的资本公积金和盈余公积金分别减少了4 000元和2 000元。这项业务涉及"实收资本"、"资本公积"和"盈余公积"3个账户。会计分录为：

借：资本公积　　　　　　　　　　4 000

　　盈余公积　　　　　　　　　　2 000

　　贷：实收资本　　　　　　　　　　　　6 000

投入及转增资本的总分类核算，如图4-1所示。

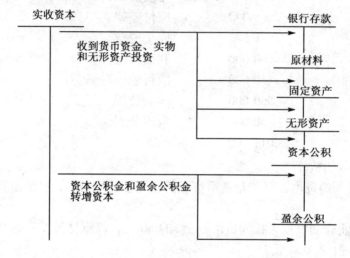

图4-1　投入及转增资本的总分类核算

（3）银行借款的核算

企业的资产除了来自于投入资本以外，另外一个主要来源就是负债，而负债的一部分就是借款。根据借款时间的长短，银行借款分为短期借款和长期借款。

【例4-4】企业借入经营性周转资金15 000元，月利息为1 000元。

这项经济业务的发生，一方面使企业的银行存款和短期借款分别增加15 000元，另一方面由于短期借款利息实行按月按季结算的办法，所以企业财务费用和应付利息同时增加1 000元。这项业务涉及"银行存款"、"短期借款"、"财务费用"、"应付利息"4个账户。会计分录为：

借：银行存款　　　　　　　　　　15 000

　　贷：短期借款　　　　　　　　　　　　15 000

借：财务费用　　　　　　　　　　1 000

　　贷：应付利息　　　　　　　　　　　　1 000

【例4-5】企业为了兴建厂房于12月1日向银行取得长期借款300 000元，存入银行，当日投入厂房兴建工程。借款利率为月息10‰。

这项经济业务的发生，使银行存款与长期借款同时增加 300 000 元，兴建厂房时又使在建工程增加 300 000 元，银行存款减少 300 000 元，借款利息的计算又会增加长期借款和在建工程 3 000 元。会计分录为：

借款时，记：

借：银行存款　　　　　　　　300 000

　　贷：长期借款　　　　　　　　　300 000

投入工程时，记：

借：在建工程　　　　　　　　300 000

　　贷：银行存款　　　　　　　　　300 000

计算本月应负担的利息时，记：

借：在建工程　　　　　　　　　3 000

　　贷：长期借款　　　　　　　　　　3 000

若取得的长期借款直接用于购买不需要安装的固定资产，则记：

借：固定资产　　　　　　　　300 000

　　贷：长期借款　　　　　　　　　300 000

借：财务费用　　　　　　　　　3 000

　　贷：长期借款　　　　　　　　　　3 000

银行借款的总分类核算，如图 4 - 2 所示。

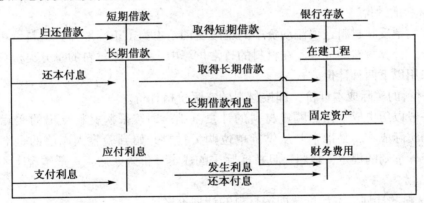

图 4 - 2　银行借款的总分类核算

4.2　采购过程核算及成本计算

1. 材料采购及其分类计价

（1）材料采购业务

企业为保证生产经营业务的正常进行，必须采购和储备一定数量的材料物资。材料储备不足，生产需要的物资得不到保证；材料储备过多，就会造成资金的积压，影响企业的效益。工业企业在供应过程中的主产经济业务是购进材料。在采购材料过程中，企业要与供应单位或其他单位办理款项的结算，以支付采购材料的货款和运输费、装卸费等各种采购费用。运达企业的材料应由仓库验收并保管，以备生产车间和管理部门领用。当企业所购进的材料验收入库，或是虽然材料未到但已为该项材料支付了货款，即企业拥有了该材料的所有权，材料即可被视为企业的资产加以确认。当生产车间或管理部门领用材料时，该项材料被作为一项费用加以确认，期末全部库存材料作为资产负债表中的一项流动资产而得以确认。企业购进材料未付款，可视做企业的一项负债加以确认。

（2）材料分类

以工业企业为例，生产用材料按其在生产中的用途不同分为以下几大类。

① 原料及主要材料：指经过加工能够构成产品主要实体的各种材料。

② 辅助材料：直接用于生产，有助于生产进行或便于生产进行，单独不能构成产品主要实体的各种材料，如润滑油、油漆等。

③ 外购半成品（外购件）：是指从外单位采购的半成品。

④ 修理用品备件（备品备件）：为本企业修理企业机器设备、运输工具所专用的各种零配件，如轴承、齿轮等。

⑤ 包装材料：为出售产品而储备的包装物，如绳、纸、铁丝、铁皮等各种包装材料。

⑥ 燃料：为本企业生产经营储备的燃料，包括固体、液体、气体燃料等。

（3）材料的计价

为了如实地反映材料这项流动资产的增减变动，也为了正确地计算材料费用，必须对材料进行计价，计算材料的成本。在材料的日常核算中，对入库材料的总分类核算和明细分类核算，可采用以下两种计价方式。

① 按材料的实际成本计价，即按材料的实际价格计价。

材料一般以历史成本作为购进材料的计量基础，即按采购材料支出的实际采购成本计价。材料的实际成本，是指企业从供货单位购买材料开始到验收入库前的全部实际成本支出。根据会计准则的规定，材料一旦按实际采购成本计价入账后，一般情况下不再调整其账面价值。

② 按材料的计划成本计价，即按材料的计划价格计价。

材料的计划价格，是指企业材料供应计划中规定的单价。它是由企业根据各种材料的规定买价及供应地点远近等因素，按照组成材料实际成本的各项支出，在年度开始前预先计算确定的并列入企业的材料价格目录，又称目录价格。

2. 采购业务的账户设置

为了概括地反映企业采购过程中材料的收、发、结存情况及采购费用情况，企业应该设置"原材料"、"材料采购"、"应付账款"、"预付账款"、"银行存款"、"库存现金"、"材料成本差异"等账户。

（1）"原材料"账户

"原材料"账户属于资产类账户，它用来核算企业库存的各种材料，包括原料及主要材料、辅助材料、外购半成品（外购件）、修理用备件（备品备件）、包装材料、燃料等的实际成本或计划成本。该账户的借方登记购入并已验收入库的原材料的实际成本或计划成本，贷方登记发出原材料的实际或计划成本。期末余额一般在借方，表示期末库存材料的实际成本或计划成本。"原材料"应按照材料的保管地点（仓库）、材料的类别、品种和规格设置材料明细账（或材料卡片），进行明细分类核算。

（2）"材料采购"账户

"材料采购"账户属于资产类的账户，它用来核算企业购入材料的采购成本。该账户的借方登记外购材料的实际成本，以及在计划成本核算下实际成本小于计划成本节约数，贷方登记经验收入库的材料的实际成本或计划成本，以及在计划成本核算下实际成本大于计划成本的超支数。余额一般在借方，表示已经收到发票账单付款或已开出商业承兑汇票，但尚未到达或尚未验收入库的在途材料的实际成本。该账户可按照材料品种设置明细账，进行明细分类核算。

（3）"材料成本差异"账户

"材料成本差异"账户属于资产类的账户，它用来核算企业各种材料的实际成本与计划成本的差异。该账户的借方用来登记实际成本大于计划成本的超支数，贷方用来登记实际成本小于计划成本的节约数以及发出材料应分摊的成本差异（实际成本大于计划成本的差异，用蓝字分摊；实际成本小于计划成本的差异，用红字分摊）。

（4）"应付账款"账户

"应付账款"账户属于负债类账户，它核算企业因购买材料、物资和接受劳务供应等应付给供应单位的款项。贷方登记由于购买材料等发生的应付未付供应单位的款项，借方登记偿付供应单位的欠款。余额为应付未付供应单位的欠款。应付账款应按照供应单位的户名设置明细账，进行明细分类核算。

（5）"预付账款"账户

"预付账款"账户属于资产类的账户，它是用来核算企业因购买材料或接受劳务供应预付给供应单位发生结算债权增减变动情况的账户。该账户借方登记预付给供应单位的款项，贷方登记收到提供的产品或劳务，冲销预付的款项，月末借方余额表示尚未收到产品或劳务而预付给供应单位的款项。为了具体核算企业与不同供应单位预付款项的结算情况，应按照供应单位名称分别开设明细分类账户，进行明细分类核算。

3. 采购业务的核算

1）材料按实际成本核算

【例 4-6】某企业向东方厂购买甲料 60 t，每吨不含税的价格是 500 元，材料已经验收入库，货款尚未支付。这项经济业务的发生，一方面使材料增加 30 000 元，并按价款 17% 计付增值税，另一方面使应付账款增加了 35 100 元。这项业务涉及"原材料"、"应交税费"和

"应付账款"3个账户。会计分录为：

借：原材料——甲料　　　　　　　　30 000

　　应交税费——应交增值税　　　　 5 100

　　贷：应付账款　　　　　　　　　　　　　35 100

【例4-7】某企业向前进工厂购买乙料40 t，每吨不含税价格300元，材料已验收入库，货款已由银行存款支付。

这项业务的发生，一方面使材料增加了12 000元，并按价款17%计付增值税；另一方面使银行存款减少了14 040元。这项业务涉及"原材料""应交税费"和"银行存款"3个账户。会计分录为：

借：原材料——乙料　　　　　　　　12 000

　　应交税费——应交增值税　　　　 2 040

　　贷：银行存款　　　　　　　　　　　　　14 040

此外，如果企业货款已付，但材料尚未验收入库时，企业可以采用"在途物资"账户核算，也可以通过"材料采购"账户核算。

材料按实际成本核算的总分类核算，如图4-3所示。

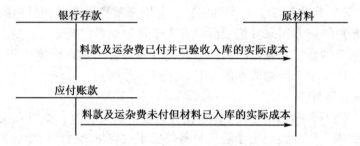

图4-3　材料按实际成本核算的总分类核算

采购材料无论是按实际成本核算还是按计划成本核算，在发出材料的时候都需要计算发出成本。在按实际成本核算的情况下，企业购入的同一种材料，由于供应地点有远有近，供应时间有先有后，以及买价和运杂费等的不同，从而使得其实际成本各批并不完全相同。也就是说，同一种材料分几次购入，可能会出现几种不同的单价。这样发出材料和库存材料按哪个单价计算其实际成本呢？当前主要采取分批认定法、先进先出法、加权平均法等方法。

（1）分批认定法

分批认定法或称分批实际成本法，是对每批发出的存货和期末存货，以该存货的实际单位成本和该存货的数量确定其价值。存货的实际单位成本依该存货的购入发票、购货合同、生产成本记录为依据。

采用分批认定法确定发出存货和期末存货价值的计算公式为：

$$发出存货价值 = 发出存货数量 \times 该存货实际单位成本$$

期末存货价值 = 期末存货数量 × 该存货实际单位成本

采用这种方法必须按收入存货的批次设置明细账，对存货进行详细记录。入库存货，必须附有标签，以便识别。

（2）先进先出法

先进先出法是以先购进的存货先发出为前提，即对每次发出的存货，按结存存货最先购入的单价计算，若发出数量超过最先购入的那批存货的结存量时，超过部分按其次购入的那批存货的单价计算。现举例如表 4 - 1 所示。

表 4 - 1　存货明细账（先进先出法）

日期 2006 年		凭证	摘要	收入			发出			结存		
月	日			数量	单价	金额	数量	单价	金额	数量	单价	金额
9	1		结存							15	50	750
	3		购入	10	54	540				15	50	750
										10	54	540
	11		发出				15	50	750			
							5	54	270	5	54	270
	15		购入	25	52	1 300				5	54	270
										25	52	1 300
	21		发出				5	54	270			
							13	52	676	12	52	624
	30		结存							12	52	624

根据表 4 - 1 的资料可得：

9 月 11 发出的 20 t 存货，应按两种单价计算。其中 15 t 按月初结存的单价（50 元）计算，5 t 按 3 日购入的单价（54 元）计算：

$$50 \times 15 + 54 \times 5 = 1 020（元）$$

9 月 21 日发出的 18 t 存货，13 t 按 15 日购入的单价（52 元）计算：也应按两种单价计算。其中 5 t 按 3 日购入的单价计算，13 t 按 15 日购入的单价计算。

$$54 \times 5 + 52 \times 13 = 946（元）$$

9 月 30 日结存的 12 t，应按最后一批即 15 日购入的单价计算：

$$52 \times 12 = 624（元）$$

采用这种方法的优点是：期末存货的价值接近于现实成本。

（3）加权平均法

加权平均法也称为每月一次平均法。采用这种方法，对月份内每次发出的存货，先不计价，在月底将该种存货月初库存总成本和本月购入的总成本之和，除以月初库存总量和本月购入总量之和，求出该种存货每月的平均单价。据此作为发出和库存存货的计价依据。计算公式为：

$$加权平均单价 = \frac{月初库存金额 + 每次购入金额}{月初库存数量 + 每次购入数量}$$

$$每次发出金额 = 每次发出数量 \times 加权平均单价$$

现举例如表4-2所示。

表4-2 存货明细表（加权平均法）

日期2006年		凭证	摘要	收　入			发　出			结　存		
月	日			数量	单价	金额	数量	单价	金额	数量	单价	金额
9	1		结存							15	50	750
	3		购入	10	54	540				25		1 290
	11		发出				20			5		
	15		购入	25	52	1 300				30		
	21		发出				18			12		
	30		结存							12	51.8	621.6

根据表4-2的资料，该存货9月份的加权平均单价为：

$$加权平均单价 = \frac{750 + 540 + 1\ 300}{15 + 10 + 25} = 51.8（元）$$

则：

9月11日发出存货的实际成本 = 51.8 × 20 = 1 036（元）

9月21日发出存货的实际成本 = 51.8 × 18 = 932.4（元）

9月30日库存存货的实际成本 = 51.8 × 12 = 621.6（元）

采用加权平均法计算出来的存货成本比较均衡，但在一定程度上偏离了现实成本。而且不能随时掌握存货成本，加大了期末工作量。

2）材料按计划成本核算

材料按计划成本核算，是指凡属于同一品种、规格的材料，不论购入时间的先后，购入批次的多少，实际成本的高低，日常收入、发出、结存材料，一律按事先确定的计划单价核算。材料计划单价的确定应尽可能接近实际。计划单价除有特殊情况以外，在年度内一般不做变动。

仍以例4-6来说明，若甲料计划成本为每吨550元，则会计分录如下。

借：材料采购——甲料　　　　　　30 000
　　应交税费——应交增值税　　　 5 100
　　　贷：应付账款　　　　　　　　　　35 100
借：原材料——甲料　　　　　　　33 000
　　　贷：材料采购——甲料　　　　　　33 000

仍以例4－7来说明，若乙料计划成本为每吨280元，则会计分录为：

借：材料采购——乙料　　　　　　12 000
　　应交税费——应交增值税　　　 2 040
　　　贷：银行存款　　　　　　　　　　14 040
借：原材料——乙料　　　　　　　11 200
　　　贷：材料采购——乙料　　　　　　11 200

【例4－8】月末结转本月购入材料的成本差异2 200元（甲料节约3 000元，乙料超支800元）。会计分录为：

借：材料采购　　　　　　　　　　 2 200
　　　贷：材料成本差异　　　　　　　　 2 200

【例4－9】以银行存款预付某厂购料定金7 000元。

这项经济业务的发生，一方面使企业预付账款增加了7 000元，另一方面使银行存款减少了7 000元。这项业务涉及"预付账款"和"银行存款"两个账户。会计分录为：

借：预付账款　　　　　　　　　　 7 000
　　　贷：银行存款　　　　　　　　　　 7 000

若当月供货方提供了10 000元的材料，并按价款17%计付增值税余款以银行存款支付，则：

借：材料采购　　　　　　　　　　10 000
　　应交税费——应交增值税　　　 1 700
　　　贷：预付账款　　　　　　　　　　 7 000
　　　　　银行存款　　　　　　　　　　 4 700

若当月供货方提供了5000元的材料，余款以支票退回，则：

借：材料采购　　　　　　　　　　 5 000
　　应交税费——应交增值税　　　　 850
　　银行存款　　　　　　　　　　 1 150
　　　贷：预付账款　　　　　　　　　　 7 000

为了简化核算手续，在实际工作中，一般不是入库一种材料就结转一次计划成本，计算一次料差，而是平时将购入材料的实际成本随时记入"材料采购"账户，再定期（一般是月底）根据收料单汇总当月入库材料的计划成本和计算料差，集中一次转账。材料按计划成本核算的总分类核算，如图4－4所示。

材料按计划成本核算，是为了简化材料日常核算工作所采取的一种手段，并不能代替实

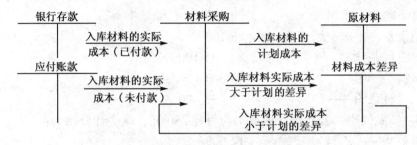

图 4 - 4　材料按计划成本核算的总分类核算

际成本。月底，必须把材料计划成本还原成实际成本。

　　通过上面的介绍我们可以看出，由于计价方式的不同，在材料采购业务核算中，会计科目和账户的设置，核算程序和核算方法，以及账务的处理也有所不同。在日常核算中，究竟采用哪种计价方式，由企业自行确定。一般来说，材料品种繁多的企业，可采用计划成本进行日常核算；对于某些品种不多的但占产品成本比重较大的原材料或主要材料，也可以单独采用实际成本进行核算；规模较小、材料品种简单、采购业务不多的企业，也可以全部采用实际成本进行材料的日常核算。

4. 材料采购成本的计算

　　在采购业务中，企业要与供应单位或其他有关单位办理款项的结算，支付采购材料的货款、运输费、装卸费等采购费用。这些费用具体到采购的材料上，就构成了材料的采购成本。材料采购成本的计算，就是把企业在供应过程中发生的全部实际支出，按照材料的名称或类别归集和分配，通过计算得出它们的采购总成本和单位成本。按照现行的规定，存货采购成本要由下列项目组成：

- 购买价款；
- 关税和其他税费；
- 运输费；
- 装卸费；
- 保险费；
- 其他可归属于存货采购成本的费用。

　　其中，第一项买价可以直接计入各种材料的采购成本；后面五项凡能分清的，可直接计入各种材料的采购成本，不能分清的，可以按照材料的重量或买价等比例，分摊计入各种材料的采购成本。非正常消耗的直接材料、直接人工和制造费用，仓储费用和不能归属于存货达到目前场所和状态的其他支出不计入存货成本，确认为当期损益。

　　若例 4 - 6、例 4 - 7 采购甲、乙两种材料一共发生运费 1 000 元，装卸搬运费 300 元，以银行存款支付。如表 4 - 3 所示。

表4-3 采购甲、乙两种材料的费用情况

名称	重量	单价	买价	运费	装卸搬运费
甲料	60 t	500 元	30 000 元	1 000 元	300 元
乙料	40 t	300 元	12 000 元		
合计	100 t		42 000 元	1 000 元	300 元

根据资料，可将材料买价直接计入甲、乙两种材料的采购成本。而运费和装卸搬运费属于共同费用，这里我们按材料重量比例分配，分别计入两种材料的采购成本。具体步骤是如下。

（1）求分配率

$$分配率 = 需分摊的费用 / 参与分配的各种材料的重量之和$$

$$运费分配率 = 1\ 000 / (60 + 40) = 10 （元/t）$$

$$装卸搬运费分配率 = 300 / (60 + 40) = 3 （元/t）$$

（2）求分配额

$$甲料应分配的运费：10 \times 60 = 600 （元）$$

$$乙料应分配的运费：10 \times 40 = 400 （元）$$

$$甲料应分配的装卸搬运费：3 \times 60 = 180 （元）$$

$$乙料应分配的装卸搬运费：3 \times 40 = 120 （元）$$

（3）编制会计分录（以计划成本核算为例）

借：材料采购——甲料　　　　780

　　材料采购——乙料　　　　520

　　贷：银行存款　　　　　　　　1 300

做了上笔分录以后，例4-8 材料成本差异的结转分录也相应变动（甲料计划成本33 000 元，采购成本30 780 元，节约2 220 元，乙料计划成本11 200 元，采购成本12 520 元，超支1 320 元，总节约900 元）。

（4）计算材料的采购总成本和单位成本

将上列两种材料的买价、分配运费及装卸运费记入有关的"材料采购"明细账。如表4-4和表4-5所示。

表4-4 总账名称：材料采购　　　　　　　　　　明细账：甲料

20××年		凭证号码	摘要	借方				贷方
月	日			买价	运费	装卸搬运费	合计	
		略	购入买价	30 000			30 000	
			运费		600		600	
			装卸搬运费			180	180	
			结转采购成本					30 780
			发生额合计	30 000	600	180	30 780	30 780

表 4 – 5　总账名称：材料采购　　　　　　　　　　　　明细账：乙料

| 20××年 | | 凭证号码 | 摘要 | 借方 | | | | 贷方 |
月	日			买价	运费	装卸搬运费	合计	
		略	购入买价	12 000			12 000	
			运　费		400		400	
			装卸搬运费			120	120	
			结转采购成本					12 520
			发生额合计	12 000	400	120	12 520	12 520

根据"材料采购"明细账资料，编制材料采购成本计算表，计算甲、乙两种材料的实际总成本和单位成本。如表 4 – 6 所示。

表 4 – 6　材料采购成本计算表　　　　　　　　　　　　　　　单位：元

成本项目	甲料（60）		乙料（40）	
	总成本	单位成本	总成本	单位成本
买价	30 000	500	12 000	300
运费	600	10	400	10
装卸搬运费	180	3	120	3
采购成本	30 780	513	12 520	313

4.3　生产过程核算及成本计算

1. 生产业务

生产过程是制造企业（工业企业）经营过程中的中心环节，主要任务是生产出满足社会需要的产品。而生产本身就是一种消费行为，这就是说，要生产出产品，就必须有耗费，这些耗费具体表现为：为生产产品而耗费的劳动对象（原材料、燃料、动力）的价值；参加生产过程的劳动资料（固定资产）的磨损价值；支付给职工的工资和车间范围内耗费的物资及开支的费用等。因此可以说，生产费用就是用货币表现的企业在生产过程中的各种耗费。

企业生产费用分为直接费用和间接费用两部分。直接费用是企业为生产产品所发生的直接材料、直接工资和其他直接费用。这些费用发生时，直接计入产品的制造成本；间接费用是企业为生产产品所发生的间接材料、间接工资和其他间接费用。这些费用应按照一定的比例分配计入制造成本。

必须指出，产品制造成本不包括企业行政管理部门所发生的各种管理费用。企业行政管理部门为组织和管理生产经营活动所发生的管理费用，应直接计入当期损益，即从当期收入中直接扣除。另外，企业为筹集生产经营资金等所发生的财务费用（如利息支出、汇兑损失、支付金融机构的手续费等），同管理费用处理方式一样，直接计入当期损益，冲减当期收入，不再计入产品的制造成本。企业的管理费用、财务费用及销售产品的销售费用，称为期间费用，这些费用都不计入产品制造成本，直接冲减当期损益。

企业生产费用与期间费用的关系是：

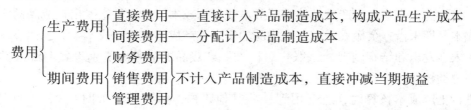

对于企业的生产费用而言，不论其发生在何处，无论是直接还是间接的，最终都要归集、分配到一定种类的产品中去。因此，生产费用的发生、归集和分配是生产过程核算的主要对象。

2. 生产业务核算的账户设置

为了反映和监督生产费用的发生、归集、分配，确定产品的生产成本，需要设置和运用的账户有："生产成本"、"制造费用"、"应付职工薪酬"、"库存商品"。

（1）"生产成本"账户

"生产成本"账户属于成本费用类账户，它用来核算企业进行工业性生产，包括生产各种产品（库存商品、自制半成品等）、自制材料、自制工具、自制设备等所发生的各项生产费用。

企业发生的各项生产费用，应按成本核算对象和成本项目分别归集。属于原材料、燃料、动力、工资及福利费等直接费用的，直接计入生产成本，其他间接费用先在"制造费用"账户汇集，月份终了，再按一定的分配标准分配计入有关的产品成本。

"生产成本"账户的借方登记月份内发生的各项直接生产费用及分配的其他间接费用，贷方登记结转的已经生产完成并已验收入库的产成品，以及入库的自制半成品的实际成本。期末余额在借方，反映尚未加工完成的各项在产品的成本。生产成本应按照成本核算对象进行明细分类核算。

（2）"制造费用"账户

"制造费用"账户属于成本费用类账户，它用来核算企业各个车间为组织和管理生产所发生的各项费用，包括工资和职工福利费、折旧费、修理费、办公费、水电费、物料消耗、劳动保护费等。借方登记月份内发生的制造费用，贷方登记月末按企业成本核算办法的规定，分配计入有关的成本核算对象的制造费用。本账户期末通常无余额。制造费用应按照不同的车间、部门进行明细分类核算。

（3）"应付职工薪酬"账户

"应付职工薪酬"账户属于负债类账户，它用来核算企业应付职工的薪酬总额。贷方登记月份内实际发生的应付职工的薪酬数，借方登记实际发放的薪酬数；月末如果实际的薪酬数与应付的薪酬数一致，该账户无余额；如果实际发放的薪酬数大于应付薪酬数，该账户为借方余额；如果实际发放的薪酬数小于应付薪酬数，该账户为贷方余额。该账户按工资、职工福利、工会经费等进行明细核算。

（4）"库存商品"账户

"库存商品"账户属于资产类的账户，它用来核算企业库存各种产品成本的增减变化及其结余情况。借方登记完工入库产成品的实际成本或计划成本，贷方登记发出产成品的实际成本或计划成本。期末借方余额表示库存产成品的实际生产成本或计划成本。为具体核算各种产成品的收入、发出和结存情况，该账户可以按照产成品的品种或类别设置明细分类账户，进行明细分类核算。

在实际进行生产成本核算时，还会用到一些其他账户，如"累计折旧"、"其他应付款"、"其他应收款"等账户。

3. 生产业务核算

生产业务核算，主要是通过对产品的生产费用，包括材料、工资、固定资产折旧、动力耗费及其他费用的归集和分配，为计算产品的总成本与单位成本提供必要的资料。

这里仍以润达工厂的生产业务为例，来说明生产过程核算的内容和方法。

1）材料费用的核算

材料费用是构成产品成本的主要内容，在产品成本中，材料消耗通常占很大比重。不断降低材料消耗，是降低产品成本和扩大企业积累的一个重要途径。

领用材料核算的一般程序是：企业的生产车间、班组或管理部门，用"领料单"（用料单）向仓库办理领料手续；月底，财会部门对接收的领料单进行分类整理，按材料品名或用料方向汇总分类，编制"材料支出汇总表"，根据"材料支出汇总表"编制转账凭证，记入各有关账户。

对于各种产品分别领用的材料，应根据领料单汇总，直接计入各产品的成本。如果一种材料为几种产品共同耗用，就需要用适当的分配办法，将材料费用在各种产品之间进行分配。

【例4－10】假设根据润达工厂12月份材料消耗的有关资料，按材料的品名、用料方向汇总分类编制"材料支出汇总表"。如表4－7所示。

表4－7　材料支出汇总表

应借总账科目	订单号、产品名称及费用名称	计划成本	料差 5%	实际成本
生产成本	"A"产品	10 000	500	9 500
	"B"产品	6 000	300	5 700
	小计	16 000	800	15 200
制造费用	燃料修理	1 500	75	1 425
	用备件	800	40	760
	小计	2 300	115	2 185
	合计	18 300	915	17 385

应该指出的是，表 4 - 7 是按计划成本核算材料的前提下做出的，月底应将所耗用的材料的计划成本调整为实际成本，使生产费用符合实际，这一步骤即为转销已耗用材料应负担的价格差异。表中方框数字为红字，表示减项。

发出材料应负担的成本差异，可按当月的成本差异率计算，也可按上月的差异率计算。计算方法一经确定，不得任意变动。当月差异率的计算公式如下：

$$本月材料成本差异率 = \frac{月初结存材料的成本差异 + 本月收入材料的成本差异}{月初结存材料的计划成本 + 本月收入材料的计划成本} \times 100\%$$

调整的原则是：材料用在哪里，料差分摊到哪里。

$$料差分摊额 = 耗用材料计划成本 \times 料差分摊率$$

用料差分摊额即可将耗用材料的计划成本调整为实际成本：

$$耗用材料的实际成本 = 耗用材料计划成本 \pm 料差分摊额$$

假设该厂月初"原材料"账户的余额为借方余额 82 500 元（计划成本），"材料成本差异"账户的余额为贷方余额 5 500 元。本月购入材料的计划成本为 17 500 元，购料成本差异为超支 500 元。

$$料差分摊率 = \frac{-5\ 500 + 500}{82\ 500 + 17\ 500} \times 100\% = -5\%$$

根据表 4 - 7 中第 3 栏（计划成本）和第 4 栏（料差）编制领用材料和分摊料差的会计分录：

A 借：生产成本——A 产品　　　10 000
　　　　　　　　——B 产品　　　　6 000
　　制造费用　　　　　　　　　2 300
　　贷：原材料　　　　　　　　　　　18 300
B 借：生产成本——A 产品　　　　500
　　　　　　　　——B 产品　　　　300
　　制造费用　　　　　　　　　115
　　贷：材料成本差异　　　　　　　　915

将上述会计分录记入有关用料账户，计划成本就被还原为实际成本。

通过上述介绍，可以将领用材料的总分类核算的图示，归纳如图 4 - 5 所示。

2）工资费用的核算

工资是国民收入的分配形式，是构成产品成本的一个重要因素。正确计算工资，对贯彻社会主义分配原则，监督工资基金的合理使用，以及正确计算产品成本都有重要意义。

财会部门对于结算出来的应付工资总额，要按工资支出的用途进行分配，以便计入产品成本。对于生产工人的工资如果能够根据有关的工时和产量记录，明确划分出应属某一产品负担的，就可直接计入该产品的成本；不能明确划分的，通常以产品的生产工时统计资料为

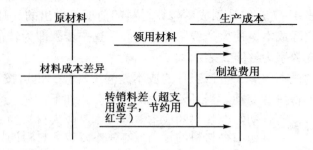

图 4-5　领用材料的总分类核算

依据，按照各种产品实际消耗的工时比例，在有关产品之间进行分配。

至于生产车间的技术人员、管理服务人员的工资，应先列入"制造费用"账户，然后再按一定的标准，分别摊入各种产品的成本。

根据国家现行有关法令规定，企业除了发给职工的工资以外，还要按工资总额的一定百分比提取职工福利费，作为职工集体福利事业的支出，并直接计入成本费用。

【例 4-11】润达工厂本月生产 A、B 两种产品发生的工资费用及工时情况是：A、B 两种产品共耗用工时为 12 000 h，其中 A 产品为 8 000 h，B 产品为 4 000 h，全月直接生产工人工资为 9 000 元，车间工程技术及管理服务人员工资为 2 000 元。

按工时分配 A、B 两种产品各自耗用的人工费为：

小时工资分配率 = 生产工人工资总额/各产品生产工时总额 ×100%

= 9 000/12 000 ×100% = 75%

A 产品应分配工资 = 8 000 ×75% = 6 000（元）

B 产品应分配工资 = 4 000 ×75% = 3 000（元）

为了分配工资费用和提取职工福利基金，月末，财会部门可编制"工资支出汇总表"，如表 4-8 所示。

表 4-8　工资支出汇总表

应借总账科目	订单号、产品名称及费用名称	工时	工资	职工福利基金（14%）
生产成本	"A"产品	8 000	6 000	840
	"B"产品	4 000	3 000	420
	小计	12 000	9 000	1 260
制造费用			2 000	280
	合计	12 000	11 000	1 540

根据表 4-8 第 4 栏数字，编制会计分录如下：

借：生产成本——A 产品　　　　　6 000

　　　　——B 产品　　　　3 000
　　制造费用　　　　　　2 000
　　　贷：应付职工薪酬——工资　　　11 000

这笔分录表示由于生产工人和车间管理人员的劳动，一方面使产品成本增加，另一方面使企业应付给职工的工资增加。同样道理，根据表 4 - 8 第 5 栏数字，编制会计分录如下：

　　借：生产成本——A 产品　　　840
　　　　——B 产品　　　　420
　　制造费用　　　　　　280
　　　贷：应付职工薪酬——福利费　　　1 540

发放职工工资时，现金或银行存款减少，应付工资减少，编制会计分录为：

　　借：应付职工薪酬——工资　　　11 000
　　　贷：库存现金（或银行存款）　　　11 000

在实际计提、发放工资费用时，还有可能发生一些扣款或代扣款项。在这里，可以把工资费用的总分类核算归纳如图 4 - 6 所示。

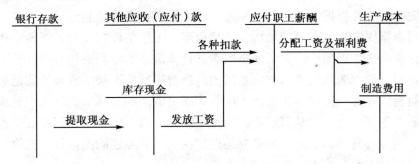

图 4 - 6　工资费用的总分类核算

3）固定资产折旧费的核算

为了产出合格的产品，除了要投入原材料和人力以外，还要使劳动对象和劳动者有机结合起来，而在这其中起着主要作用的是固定资产。产品成本中的材料成本即原物资采购成本，人力成本即工资费用，而固定资产的使用成本即固定资产的折旧。

固定资产在投入生产过程后，它可以在较长的时期内多次参加产品的生产过程，并始终保持其原有的实物形态。它的价值逐渐地、部分地转入产品的生产成本，这个过程即折旧。

固定资产折旧，应该符合固定资产的磨损情况。固定资产磨损，包括有形磨损（由于使用和自然力作用造成的物质上的磨损）和无形磨损（由于社会生产率的提高和技术进步等原因造成的现有固定资产在价值上的损失——发生贬值或提前报废）。正确计算折旧，应该把有形磨损和无形磨损都考虑在内。

正确计算折旧，不仅是正确反映固定资产净值的问题，也是正确计算产品成本和固定资产的成本分配问题。

（1）折旧的计算

固定资产在其全部使用期限内的应计总额（应分摊的成本总额）可以用如下公式表示：

某项固定资产的应计折旧总额＝固定资产原值－（预计残值－预计清理费用）

从严格意义上讲，固定资产的折旧就是采用一定的方法，将固定资产的应计折旧总额在固定资产的使用期限内进行分摊。不同的分摊方式，就形成了不同的折旧方法。也就是说，固定资产的各种折旧方法的本质区别就在于应计折旧总额在固定资产的使用期限内的分摊方式不同。由此可见，在计算固定资产折旧时，主要的影响因素包括：固定资产的原始成本、固定资产预计使用期限、固定资产预计残值、固定资产清理费用。

常用的折旧计算方法有：年限平均法、工作量法、双倍余额递减法和年数总和法。

① 年限平均法。年限平均法又称直线法，是国内外最常用的一种折旧方法。这种方法假定固定资产的服务潜力的衰减只取决于固定资产的使用时间，而不是使用程度，也就是说，固定资产从投入生产到报废时为止，如果正常使用，其生产能力基本不变，在每一个单位时间内，其丧失并转移的价值是一个平均值，即由固定资本损耗而引起的价值转移，是按固定资本的平均寿命计算的。

采用年限平均法计提折旧，仍然要考虑上述 4 个影响折旧额的因素。固定资产使用年限的长短，应当根据固定资产本身的结构、负荷程度、工作条件等有形损耗因素和因技术进步等无形损耗因素事先加以预计。为了使折旧额的计算接近实际和更加合理，还要估计到固定资产报废清理时所取得的残值收入和应支付的清理费用两个因素。残余价值是指经过拆除清理后残留的材料、零件、废料等价值，不应作为固定资产的转移价值计入产品成本。在计算折旧额时，需要事先估计，并从固定资产原价中减去。清理费用是指固定资产报废清理时所发生的拆除、搬运等费用，它是一种必要的追加耗费，应当连同固定资产原价，一并作为使用期的生产费用计入产品成本，由产品成本负担。

年限平均法计算的固定资产的应计折旧总额可以均衡地摊配于使用期内的各个会计期间。其计算公式为：

$$年折旧额 = \frac{固定资产原值 - （预计残值 - 预计清理费用）}{预计使用年限}$$

$$月折旧额 = \frac{年折旧额}{12}$$

在实际工作中折旧额的计算可以直接利用折旧率算出，即：

$$年折旧额 = 固定资产原值 \times 年折旧率$$

固定资产折旧率，是指一定期间内固定资产折旧额和原价之间的比率，以反映固定资产在单位时间内的损耗程度。固定资产折旧率有个别折旧率、分类折旧率和综合折旧率之分。目前，我们采用的有分类折旧率和综合折旧率。

② 工作量法。工作量法是假定固定资产的服务潜力随着固定资产所生产的产品数量的增加而减少的。其计算公式为：

$$单位工作量折旧额 = \frac{固定资产原值 - 预计净残值}{预计总产量}$$

某期折旧额 = 该期实际产量 × 单位产量折旧额

如果上式中用固定资产的工作时数代替产量计算折旧，则称为工作时数法。

③ 双倍余额递减法。双倍余额递减法是一种加速折旧方法。各种加速折旧法都是在固定资产的使用早期多提折旧，在后期少提折旧。双倍余额递减法是在不考虑固定资产残值的情况下，用年限平均法折旧率的 2 倍乘以固定资产的期初账面价值，作为该期的固定资产折旧额。其计算公式为：

某年折旧额 = 该年年初固定资产账面价值 × 双倍年限平均折旧率

其中：

双倍年限平均折旧率 = 2 × 1/预计使用年限 × 100%

例如，一台机器原始成本 250 000 元，预计残值为原值的 1%，预计使用寿命为 5 年，用双倍余额递减法计算各年折旧额。

年折旧率 = 2 × 1/5 × 100% = 40%

第 1 年：折旧额 = 250 000 × 40% = 100 000 （元）

年末账面余额 = 250 000 - 100 000 = 150 000 （元）

第 2 年：折旧额 = 150 000 × 40% = 60 000 （元）

年末账面余额 = 150 000 - 60 000 = 90 000 （元）

第 3 年：折旧额 = 90 000 × 40% = 36 000 （元）

年末账面余额 = 90 000 - 36 000 = 54 000 （元）

使用双倍余额递减法时，应注意不能多提折旧额，也不能少提折旧额。为此，当下述条件成立时，应该改用年限平均法计提折旧：

$$\frac{固定资产原值 - 预计净残值}{剩余使用年限} > 该年按双倍余额递减法计算的折旧额$$

本例中，由于第 4 年按双倍余额递减法计算的折旧额小于改用直线法计算的折旧额，即：

54 000 × 40% < （54 000 - 2 500）/2，即 21 600 < 25 750

为保证提足折旧额，从第 4 年起改用年限平均法，第 4 年、第 5 年折旧均为 25 750 元，第 5 年末余额为 54 000 - 25 750 - 25 750 = 2 500 元，即为预计残值。

④ 年数总和法。年数总和法是用固定资产的原始成本减去残值后的净额乘以某年固定资产尚可使用的年数占年数总和的比重，计算该年折旧额的一种加速折旧法。年数总和是指各年固定资产尚可使用年数之和。例如，5 年的年数总和 = 1 + 2 + 3 + 4 + 5 = 15。年折旧额的计算公式为：

年折旧额 = （成本 - 残值）× 尚可使用年数/年数总和

仍以前例，用年数总和法计算折旧额。

第 1 年：折旧额 =（250 000 – 2 500）× 5/15 = 82 500（元）

第 2 年：折旧额 =（250 000 – 2 500）× 4/15 = 66 000（元）

第 3 年：折旧额 =（250 000 – 2 500）× 3/15 = 49 500（元）

第 4 年：折旧额 =（250 000 – 2 500）× 2/15 = 33 000（元）

第 5 年：折旧额 =（250 000 – 2 500）× 1/15 = 16 500（元）

五年累计折旧额 = 82 500 + 66 000 + 49 500 + 33 000 + 16 500 = 247 500（元）

第 5 年末余额为 250 000 – 247 500 = 2 500（元），即为预计残值。

（2）折旧的核算

固定资产可以长期为企业带来效益，直到报废而不改变其原有的实物形态，其成本是通过计提折旧的方式逐次分摊计入各会计期间的。根据固定资产的这一特点，为了使"固定资产"账户能按固定资产的原始价值反映其增减变动和结存情况，并便于计算和反映固定资产的折余价值，就需要专门开设一个能够用来反映固定资产的损耗价值（即固定资产折旧额）的账户，这个账户就是"累计折旧"账户。这个账户我们在前面已经介绍过它的用途和结构。用"固定资产"账户的借方余额减去"累计折旧"账户的贷方余额，即为现有固定资产的折余价值（净值）。可见，"累计折旧"账户是为调整"固定资产"账户的实际余额而开设的备抵账户。

按月计提固定资产折旧，记作当月费用的增加，应借记有关费用账户。产品生产用固定资产的折旧费用，应记入"制造费用"账户，企业管理部门固定资产的折旧费用，应记入"管理费用"账户。

【例 4 – 12】月末，企业按规定应计固定资产折旧额为 2 005 元，其中生产用固定资产应负担 1 500 元，车间管理部门用固定资产应负担 505 元。

这项经济业务发生，一方面使固定资产的价值减少 2 005 元，另一方面使制造费用增加了 2 005 元。这项业务涉及"累计折旧"与"制造费用"两个账户。固定资产价值减少应记入"累计折旧"账户的贷方；制造费用增加，应记入"制造费用"账户的借方。会计分录为：

借：制造费用　　　　　　　　　　2 005

　　贷：累计折旧　　　　　　　　　　　2 005

固定资产的总分类核算，如图 4 – 7 所示。

图 4 – 7　固定资产的总分类核算

4）外购动力的核算

要想使生产运转起来，企业在生产过程中还要有动力的支持，如生产用电、蒸汽、水、压缩空气等，以及照明用电、取暖用蒸汽等，而耗费的这些动力，大部分需要外购。因此动力耗费也是生产费用的组成部分，也要计入产品成本。

对于生产使用的动力，如能明确划归某种产品负担的就直接计入该产品成本；如属多种产品共同负担的，则按各产品耗用的动力小时分摊费用。

$$动力小时分配率 = 需分摊的费用总额/各产品动力小时 \times 100\%$$

为了核算和监督外购动力费用的发生和支付情况，必须设置和运用"其他应付款"账户。"其他应付款"账户属于负债类的账户，用来核算其他应付款的发生和偿还情况，贷方登记其他应付款的增加，借方登记其他应付款的减少，期末余额一般在贷方，表示尚未偿还的款项。

【例 4 - 13】润达工厂 12 月生产用电 3 000 元，生产车间照明用电 600 元。

根据车间统计的各产品耗用动力工作小时，编制"动力分配表"，如表 4 - 9 所示。

表 4 - 9　动力分配表

用途	产品名称	动力小时	动力小时百分比	电耗
生产成本	"A"产品	900	200%	1 800
	"B"产品	600		1 200
	小计	1 500		3 000
制造费用				600
	合计			3 600

这项经济业务的发生，一方面使生产成本和制造费用分别增加 3 000 元和 600 元，另一方面使企业应付供电单位的款项增加 3 600 元。生产成本和制造费用增加，应记入"生产成本"和"制造费用"账户的借方；其他应付款增加，应记入"其他应付款"账户的贷方。会计分录如下：

```
借：生产成本——A 产品        1 800
            ——B 产品        1 200
     制造费用                  600
  贷：其他应付款                    3 600
```

支付电费时，会计分录如下：

```
借：其他应付款              3 600
  贷：银行存款                    3 600
```

外购动力总分类核算，如图 4 - 8 所示。

5）其他生产费用的核算

企业的生产耗费，除了材料费、工资费、折旧费及动力费外，还有一些其他费用，如办公费、修理费、差旅费、市区交通费及劳动保护费等。这些费用通常都是在发生时以银行存款、现金直接支付或通过"其他应收款"和"其他应付款"账户转记。生产车间发生的，列入"制造费用"有关明细账户，月底和其他间接费用一起，按规定分配标准，列入各产

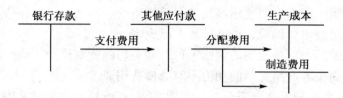

图 4 - 8   外购动力总分类核算

品的成本。

【例 4 - 14】本月企业应负担车间人员保险费 280 元，月末以银行存款支付。

这项经济业务发生，一方面使制造费用增加 280 元，一方面使其他应付款增加 280 元，月底支付时使其他应付款减少 280 元，同时也使银行存款减少 280 元。这项业务涉及"制造费用"、"其他应付款"和"银行存款"3 个账户。制造费用增加，应记入"制造费用"账户的借方；其他应付款增加，应记入"其他应付款"账户贷方；银行存款减少，应记入"银行存款"账户的贷方。会计分录为：

借：制造费用　　　　　　　　　280

　　贷：其他应付款　　　　　　　　　　　280

借：其他应付款　　　　　　　　　280

　　贷：银行存款　　　　　　　　　　　　280

【例 4 - 15】车间业务人员出差，借支差旅费 500 元，以现金支付。

这项经济业务的发生，涉及"其他应收款"账户，这个账户是属于资产性质的账户。它用来核算企业应向其他单位或个人收取的款项。借方登记发生的应收未收款，贷方登记收回的款项。期末余额一般在借方，反映仍未收回的应收款。本账户应按对方单位或个人设置明细分类账，进行明细分类核算。

业务员出差支差旅费，并不表示费用的发生，只表示个人借款增加，会计分录为：

借：其他应收款　　　　　　　　　500

　　贷：库存现金　　　　　　　　　　　　500

【例 4 - 16】企业以银行存款支付车间厂房修理费 300 元。

这项经济业务的发生，一方面使制造费用增加 300 元，另一方面使银行存款减少 300 元。这项业务涉及"制造费用"和"银行存款"两个账户。制造费用增加，应记入"制造费用"账户借方；银行存款减少，应记入"银行存款"账户贷方。会计分录为：

借：制造费用　　　　　　　　　300

　　贷：银行存款　　　　　　　　　　　　300

【例 4 - 17】以现金支付本月应负担机器设备中修费用 300 元。

这项经济业务的发生，一方面使制造费用增加 300 元，另一方面使库存现金减少 300 元。这项业务涉及"制造费用"和"库存现金"两个账户。制造费用增加，应记入"制造费用"账户借方；库存现金的减少，应记入"库存现金"账户贷方。会计分录为：

借：制造费用　　　　　　　　　　　300
　　　贷：库存现金　　　　　　　　　　　　　300

【例 4 – 18】以现金 150 元购买车间办公用品。

这项经济业务的发生，一方面使制造费用增加 150 元，另一方面使现金减少 150 元。这项业务涉及"制造费用"和"库存现金"两个账户。制造费用增加，应记入"制造费用"账户借方；现金减少，应记入"库存现金"账户贷方。会计分录为：

　　借：制造费用　　　　　　　　　　　150
　　　贷：库存现金　　　　　　　　　　　　　150

其他支出的总分类核算，如图 4 – 9 所示。

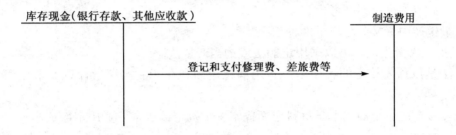

图 4 – 9　其他支出的总分类核算

6）分配制造费用

① 求分配率：

$$制造费用分配率 = 制造费用总额 / 生产工人工时（或工资）\times 100\%$$

② 求分配额：

$$各产品应分摊的制造费用 = 各产品生产工人工时（或工资）数 \times 分配率$$

【例 4 – 19】根据制造费用总额和生产工人工资比例，求出各产品应分摊的制造费用，编制"制造费用分配明细表"。如表 4 – 10 所示。

表 4 – 10　制造费用分配明细表

产品名称	生产工人工资	分配率	分配额
"A"产品	6 000		5 400
"B"产品	3 000	90%	2 700
	9 000		8 100 *

* 8 100 元制造费用为前面各例中发生的制造费用的合计。

　　根据上表第 4 栏数字，编制会计分录如下：

　　借：生产成本——A 产品　　　　　　5 400
　　　　　　——B 产品　　　　　　2 700
　　　贷：制造费用　　　　　　　　　　　8 100

7）月底结转完工产品成本

通过以上核算，所有直接生产费用和间接生产费用均已记入"生产成本"账户和有关的"产品成本计算单"（生产明细账）。下一步，就是把这些费用在完工产品和未完工产品之间进行划分，以求得本期产品和在产品的成本。

一般步骤是：先确定在产品成本，再计算入库产成品的成本。

（1）在产品成本

凡是有在产品的情况下，一律要在产成品和在产品之间分配生产费用，计算在产品成本。在产品成本计算范围和产成品相同，计算方法可以根据不同的产品采用不同的方法。

在简单生产中，由于生产周期短，生产过程连续不断，通常没有或只有很少的在产品。因此，在产品成本可以不必考虑。

在复杂生产中，又分为以下两种情况。

① 大批和大量生产，可以采用定额法或约当产量法。

定额法是以预先核定的各项生产费用消耗定额和在产品实存量计算期末在产品的定额成本。

$$在产品定额成本 = 材料定额成本 + 工资定额成本 + 费用定额成本$$

其中：

材料定额成本 = 在产品数量 × 单位材料消耗量 × 材料计划单价

工资定额成本 = 在产品数量 × 单位工时消耗量 × 每工时定额工资

费用定额成本 = 在产品数量 × 单位工时消耗量 × 每工时定额费用

例如，某工厂本月生产某产品80件，生产费用合计36 000元，月底80件产品中有40件全部完工，另40件尚未完工。在产品每件材料消耗定额为40 kg，计划单价4.5元/kg，单位工时定额40 h，定额工资0.35元/h，定额费用0.2元/h。

按定额法计算，40件在产品的定额成本为：

$$材料 = 40 \times 40 \times 4.5 = 7\ 200（元）$$

$$工资 = 40 \times 40 \times 0.35 = 560（元）$$

$$费用 = 40 \times 40 \times 0.2 = 320（元）$$

$$在产品定额成本 = 7\ 200 + 560 + 320 = 8\ 080（元）$$

约当产量法是按在产品完工程度，折合成"约当产量"，完工产品数量和"约当产量"的比例来分配全部生产费用以分别确定产成品和在产品的成本。"约当产量"是指未完工产品相当于完工产品的数量。

$$在产品成本 = \frac{生产费用}{实际产量 + 约当产量} \times 约当产量$$

仍依上例，假设该产品的未完工40件产品的完工程度为25%，按约当产量法，计算在产品成本。

$$约当产量 = 40 \times 25\% = 10（件）$$

$$在产品成本 = \frac{36\,000}{40+10} \times 10 = 7\,200 （元）$$

② 单件和小批生产——由于它是以每个订单或每批产品作为成本计算对象，成本计算单上汇集的生产费用，就是未完产品的成本。

（2）产成品成本

本月完工产品的成本 = 本月发生的生产费用 + 月初在产品成本 − 月末在产品成本

产品完工入库表明生产阶段占用的资金随着生产过程的结束其产成品转入储备的成品之中。

【例 4 − 20】润达工厂生产的 A、B 两种产品中，A 产品全部完工，B 产品尚未完工。财会部门根据完工产品"入库单"编制转账凭证，结转完工产品的实际成本。会计分录为：

借：库存商品——A 产品　　　　　23 540

　　贷：生产成本——A 产品　　　　　23 540

生产成本和制造费用明细账见表 4 − 11、表 4 − 12 和表 4 − 13。

表 4 − 11　生产成本明细账

产品名称：A 产品

20××年		凭证编号	摘要	借方							贷方
				材料	料差	工资	福利费	动力	制造费用	合计	
			耗用材料	10 000						10 000	
			结转料差		500					500	
			分配工资			6 000				6 000	
			计提福利费				840			840	
			分配动力费					1 800		1 800	
			分配制造费用						5 400	5 400	
			结转成本								23 540
10	31		本日发生额	10 000	500	6 000	840	1 800	5 400	23 540	23 540
10	31		月末余额								

表 4 − 12　生产成本明细账

产品名称：B 产品

20××年		凭证编号	摘要	借方							贷方
				材料	料差	工资	福利费	动力	制造费用	合计	
			耗用材料	6 000						6 000	
			结转料差		300					300	
			分配工资			3 000				3 000	
			计提福利费				420			420	
			分配动力费					1 200		1 200	
			分配制造费用						2 700	2 700	
10	31		本日发生额	6 000	300	3 000	420	1 200	2 700	13 020	
10	31		月末余额							13 020	

表 4 – 13　制造费用明细账

20××年 10月	凭证编号	摘　要	材料	料差	工资	福利费	折旧	动力	保险	修理	办公费	其他	合计
	转①	耗用材料	2 300										2 300
	转②	分摊料差		115									115
	转③	分配工资			2 000								2 000
	转④	计提福利费				280							280
	转⑤	计提折旧					2 005						2 005
	转⑥	电力支出						600					600
	转⑦	保险费							280				280
	转⑧	修理费								300			300
	转⑫	办公费、交通费									150		150
		合　计	2 300	115	2 000	280	2 005	600	280	600	150		8 100

产成品完工入库的总分类核算，如图 4 – 10 所示。

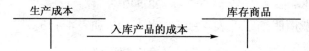

图 4 – 10　产成品完工入库的总分类核算

生产成本的总分类核算，如图 4 – 11 所示。

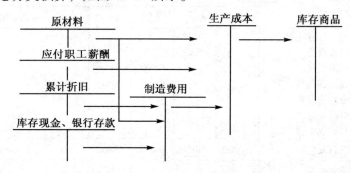

图 4 – 11　生产成本的总分类核算

4. 产品生产成本的计算

产品成本是企业生产一定种类和数量产品所耗费的各种生产费用总和，是补偿价值的货币表现。

产品生产成本的计算，就是把企业生产过程中发生的各种费用支出，按照一定的对象（生产的产品）进行归集和分配，以计算确定各对象的总成本和单位成本。

1）组织成本计算的原则

（1）正确计算成本，为管理提供决策依据

（2）正确划分各种费用界限

① 正确划分计入产品成本与不计入产品成本的费用界限；

② 正确划分各个月份的费用界限；

③ 正确划分各种产品的费用界限；

④ 正确划分完工产品与在产品的费用界限。

（3）确定成本计算期

成本计算期是指每间隔多长时间计算一次成本。

由于费用和成本是随同生产经营过程的各个阶段而发生和逐步积累形成的，因此从理论上说，成本计算期应当同产品的生产周期一致。但在确定成本计算时，还必须考虑企业生产技术和生产组织的特点及分期考核经营成果的要求。

（4）确定成本项目

成本项目是指各种费用按其经济用途的分类。

对企业生产费用进行分类有不同的标志。

① 按生产费用的经济用途进行分类，称为"成本项目"。包括：原材料、燃料和动力、工资、福利基金、废品损失和制造费用。因为成本只是一个总的价值指标，而节约与浪费是可以相互抵消的。分类列出成本项目，有利于了解成本的构成，明确成本责任。

② 按生产费用的经济性质进行分类，称为"费用要素"。包括：外购材料、外购燃料、外购动力、工资、计提的职工福利费、折旧费、计提的大修理费用、利息支出、税金和其他支出。

③ 按生产费用计入产品成本的方式分类，分为"直接费用"和"间接费用"。

④ 按生产费用与产品产量的关系分类，分为"可变费用"和"固定费用"。

2）成本计算方法

产品成本是在生产过程中形成的，生产组织和生产工艺过程不同的产品，应该采用不同的成本计算方法。计算产品成本是为了管理成本，对于不同的产品，也应该采用不同的成本计算方法。

产品成本计算方法可分为品种法、分批法和分步法 3 种。

① 按照产品的品种（不分批、不分步）计算产品成本。这种以产品品种作为成本计算对象的产品成本计算方法，称为品种法。它适用于大量大批生产。

② 按照产品的批别（分批，不分步）计算产品成本。这种以产品批别为成本计算对象的产品成本计算方法，称为分批法。它适用于小批单件生产。

③ 按照产品的生产步骤（分步，不分批）计算产品成本。这种以产品生产步骤为成本计算对象的产品成本计算方法，称为分步法。它适用于大量大批生产。

这里，我们仍依前例，使用品种法进行产品成本计算。

假设 A 产品共计 50 件，根据前面 A 产品成本明细账所记完工产品（产成品）的成本和产量资料，编制产品成本汇总表，如表 4 - 14 所示。

表 4 - 14　产品成本汇总表

A 产品

产品名称	产量	成本	原材料	工资及福利	动力费用	制造费用	成本合计
A 产品	50 件	总成本	9 500	6 840	1 800	5 400	23 540
		单位成本	190	136.8	36	108	470.8

4.4　销售过程核算及成本计算

1. 商品销售业务的核算

销售过程是企业生产经营过程的最后阶段，在销售过程中，生产过程制造完工并将合乎规定的产品按照合同规定的条件送交订货单位或对外销售，收取货款，实现产品的价值和形成销售收入。销售收入是企业按产品的销售数量和销售价格计算的销售货款。这样，产品价值和使用价值得到实现，同时，企业为取得一定数量的销售收入，必须付出相应数量的产品。为制造这些销售产品而耗费的材料、人工费等，称为产品的销售成本。此外，企业为销售产品还要消耗一些包装费、运输费、广告费等。这些耗费与产品销售有关，构成销售费用。销售费用要由本期的销售收入补偿。企业取得销售收入以后，应按照国家税法规定的税率和实现的销售收入计算主营业务税金。月末，企业还要计算并结转与销售收入相对应的成本费用、税金及附加，借以确定销售结果（利润或亏损）。销售过程的主要经济业务是发出产品时支付包装、运输、广告等费用；结算销售货款；计算销售税金。

销售过程核算的主要任务是：正确地计算主营业务收入、主营业务成本、营业税金及附加，确定销售的成果（利润或亏损）；反映和监督企业销售计划的完成情况及往来账款的结算情况。

2. 销售业务核算的账户设置

企业为了核算主营业务，反映主营业务收入，主营业务成本和主营业务利润及款项结算情况，需设置和运用"主营业务收入"、"主营业务成本"、"应交税费"、"应收账款"、"应收票据"、"预收账款"及"营业税金及附加"、"销售费用"等账户。

（1）"主营业务收入"账户

"主营业务收入"账户属于收入类账户。它用来核算企业在销售商品、提供劳务及让渡资产使用权等日常活动中所产生的营业收入，可根据企业营业执照上规定的主要业务范围加以确定。贷方登记企业实现的主营业务收入，借方登记月末结转"本年利润"的主营业务收入。结转后没有期末余额。本科目应按照主营业务的种类设置明细科目。

（2）"主营业务成本"账户

"主营业务成本"账户属于成本费用类账户。它用来核算企业因销售商品、提供劳务及让渡资产使用权等日常活动而发生的实际成本。借方登记月末结转的主营业务成本，贷方登记月末结转"本年利润"的主营业务成本。结转后没有期末余额。本科目应按主营业务的种类设置明细，进行明细分类核算。

（3）"营业税金及附加"账户

"营业税金及附加"账户属于成本费用类账户。它用来核算企业日常活动应负担的税金及附加，包括营业税、消费税、资源税、城市维护建设税、土地增值税、教育费附加等。借方登记月末按规定计算的应负担的主营业务税金及附加，贷方登记月末结转"本年利润"营业税金及附加。结转后没有期末余额。

（4）"销售费用"账户

"销售费用"账户属于成本费用类账户。它用来核算企业销售商品过程中发生的费用，包括运输费、装卸费、包装费、保险费、展览费和广告费，以及为销售本企业商品而专设的销售机构的职工工资、福利费、业务费等经营费用。借方登记发生的销售费用，贷方登记月末结转"本年利润"的销售费用。结转后没有期末余额。销售费用应按费用项目设置明细账，进行明细核算。

（5）"应交税费"账户

"应交税费"账户属于负债类账户。它用来核算企业按规定应交纳的各种税费，如增值税、营业税、所得税等。贷方登记月末按规定计算本月应交纳的各种税费，借方登记企业交纳的各种税金。期末借方余额为多交税费，贷方余额为未交税费。

（6）"应收账款"账户

"应收账款"账户属于资产类账户。它用来核算因销售产品、材料、提供劳务等业务，应向购货单位收取的款项。借方登记企业经营收入发生的应收账款，贷方登记收到的账款。余额为应收未收的账款。应收账款应按照不同的购货单位或接受劳务的单位设置明细账，进行明细分类核算。

（7）"应收票据"账户

"应收票据"账户属于资产类账户。它用来核算企业采用商业汇票结算方式取得债权收取的商业汇票。借方登记收到承兑的商业汇票，贷方登记到期承兑的票据款。期末余额为尚未承兑的商业汇票。

（8）"预收账款"账户

"预收账款"账户属于负债类账户。它用来核算企业按照合同规定向购货单位预收的货款。贷方登记预收购货单位的款项，借方登记销售实现时冲销的预收款项，期末贷方余额表示企业预收购货单位的款项。"预收账款"账户可按购货单位设置明细账户，进行明细核算。

3. 产品销售的核算

（1）收入的确认

收入确认的内容包括：确认收入的同时，也要确认资产的增加和负债的减少。如企业出售产品时，所取得的款项可作为净增资产，或是为免除应付债款而减少负债。企业产生收入的结果会给企业带来货币的增加，其他资产的增加，或负债的减少，总之，收入的确认应该是它能形成企业经济利益的增加且收入能够可靠地加以计量。销售商品的收入，应当在下列条件均能满足时予以确认：

① 企业已将商品所有权上的主要风险和报酬转移给购货方；

② 企业既没有保留通常与所有权相联系的继续管理权，也没有对已售出的商品实施有

效控制；

③ 收入的金额能够可靠计量；

④ 相关经济利益很可能流入企业；

⑤ 相关的已发生的或将发生的成本能可靠计量。

具体说来，有以下几种情况：

① 企业在产品已经发出，产品的所有权已由卖方转移给买方，同时收到货款或者取得收取货款的凭据时，确认销售收入的实现；

② 在交款提货的情况下，如果销售货款已经收到，只要账单和提货单已经交给买方，不论商品是否发出，都应作为销售收入的实现；

③ 采用分期收款方式销售产品时，以合同约定的价款收取日期作为企业销售收入的实现日期；

④ 委托其他单位代销的产品，应在代销产品已经发出，并收到代销单位的代销清单以后，才能作为主营业务收入的实现；

⑤ 采用托收承付结算方式销售产品，在发出商品和办妥托收手续后，由于商品已经发出，商品的所有权已经转移给买方，并且取得了收取货款的证明，也表明企业销售收入的实现；

⑥ 企业为其他单位加工制造大型机器设备、船舶、提供劳务等持续时间在一年以上时，应该按照这些加工设备等的完工进度或者实际完成的工作量确认销售收入的实现；

⑦ 企业出口销售产品，当陆路运输已取得承运货物收据或铁路运单，海运已取得出口装船提单，空运已取得空运单等手续后，即可确定出口销售产品收入的实现。

正确确认销售收入，实质上是正确确定销售收入的会计期间问题。

收入的计量要以实际的或预期的货币流入为基础，同时考虑收入的抵减项目，以净收入为入账金额。

（2）销售收入的核算

【例4-21】润达工厂本月向某厂销售 A 产品 50 件，每件售价 300 元，货款 15 000 元已收到并存入银行。

这项经济业务的发生，一方面使银行存款增加了 17 550 元，另一方面使主营业务收入增加了 15 000 元，并按收入的 17% 计收增值税。这项经济业务涉及"银行存款"、"应交税费"和"主营业务收入"3 个账户。会计分录为：

借：银行存款 17 550

　　贷：主营业务收入 15 000

　　　　应交税费——应交增值税 2 550

【例4-22】润达工厂本月向另一工厂销售 A 产品 30 件，每件售价 300 元，货款尚未收到。

这项经济业务的发生，一方面使应收账款增加了 10 530 元，另一方面使主营业务收入增加了 9 000 元，并按收入的 17% 计收增值税。这项经济业务涉及 "应收账款"、"应交税费" 和 "主营业务收入" 3 个账户。会计分录为：

借：应收账款　　　　　　　　　　10 530
　　贷：主营业务收入　　　　　　　　　9 000
　　　　应交税费——应交增值税　　　　1 530

【例 4 - 23】润达工厂按合同规定预收甲工厂货款 3 000 元，并存入银行。

这项经济业务的发生，一方面使银行存款增加了 3 000 元，另一方面使预收账款增加 3 000 元。这项经济业务涉及 "银行存款" 和 "预收账款" 两个账户，会计分录为：

借：银行存款　　　　　　　　　　3 000
　　贷：预收账款　　　　　　　　　　　3 000

【例 4 - 24】润达工厂向甲厂销售 A 产品 20 件，每件 300 元，货款为 6 000 元，其中 3 000 元为预收账款，尾款 4 020 元收到后存入银行。

这项经济业务的发生，一方面使主营业务收入增加了 6 000 元，并按 17% 计收增值税。另一方面使银行存款增加了 4 020 元，冲减预收账款 3 000 元。这项经济业务涉及 "银行存款"、"应交税费" "预收账款" 和 "主营业务收入" 4 个账户。会计分录为：

借：银行存款　　　　　　　　　　4 020
　　预收账款　　　　　　　　　　3 000
　　贷：主营业务收入　　　　　　　　　6 000
　　　　应交税费——应交增值税　　　　1 020

【例 4 - 25】润达工厂发出 B 产品，共计售价 5 000 元，增值税率 17% 收到购货方商业汇票一张。

这项经济业务发生，一方面使企业销售收入增加 5 000 元，并按 17% 计收增值税；另一方面使应收票据增加 5 850 元。这项经济业务涉及 "主营业务收入"、"应交税费" 和 "应收票据" 3 个账户。收到商业汇票，记入 "应收票据" 账户的借方；销售收入增加，记入 "主营业务收入" 账户的贷方。会计分录为：

借：应收票据　　　　　　　　　　5 850
　　贷：主营业务收入　　　　　　　　　5 000
　　　　应交税费——应交增值税　　　　　850

（3）销售费用的核算

销售费用是企业在销售商品中发生的与主营业务有关的费用。它包括：专设销售机构的各项经费，由企业负担的运输费、装卸费、包装费、保险费、委托代销手续费、广告费、展览费、租赁费（不含融资租赁费）和销售服务费，销售部门人员工资、职工福利费、差旅费、办公费、折旧费、修理费、物料消耗、低值易耗品摊销及其他经费。根据权责发生制的原则，本期发生的销售费用应由本期实现的主营业务收入来补偿。在发生时，先通过 "销售费用" 账户进行归集，再于月末转入 "本年利润" 账户。

【例 4-26】以银行存款支付销售 A 产品的广告费用 2 500 元。

这项经济业务的发生，一方面使企业银行存款减少了 2 500 元，另一方面使企业广告宣传费增加 2 500 元，这项经济业务涉及"银行存款"和"销售费用"两个账户。会计分录为：

借：销售费用　　　　　　　　　　2 500
　　贷：银行存款　　　　　　　　　　2 500

（4）结转已销售产品成本

销售产品的过程中，一方面要取得销售收入，另一方面要售出产成品。也就是说，取得销售收入是以出让产成品所有权为代价的。主营业务成本的结转，就是产品所包含的价值由成品储备环节转移到销售环节的过程。

对已实现销售的产品成本，应从"库存商品"账户的贷方转入"主营业务成本"账户的借方，表示库存产成品的减少和主营业务成本的增加。

库存商品的收、发、结存，可以采用实际成本核算，也可以采用计划成本核算。在采用计划成本核算情况下，库存商品的增减变动采用计划成本核算，产品实际成本与计划成本的差额作为产品成本差异处理。在采用实际成本核算的情况下，确定发出产成品单位成本的方法很多，如发出材料一样，有先进先出法，加权平均法等。

【例 4-27】结转本月销售产品成本 20 000 元。

这项经济业务发生，一方面使库存商品减少 20 000 元，另一方面使销售产品的成本增加 20 000 元。这项经济业务涉及"主营业务成本"和"库存商品"两个账户。主营业务成本增加借记"主营业务成本"；库存商品减少贷记"库存商品"账户。会计分录为：

借：主营业务成本　　　　　　　20 000
　　贷：库存商品　　　　　　　　　20 000

（5）营业税金的计算

企业销售产品实现了收入，就应该按照国家的规定交纳税金。营业税金及附加是企业由于销售产品或提供劳务等，按营业收入和税务机关规定的税率计算的应交税金。

营业税金及附加的计算公式为：

$$营业税金及附加 = 营业收入 \times 税率$$

【例 4-28】月末，企业按营业收入的 3% 税率计算应交营业税金及附加 1 050 元，即 $(15\ 000 + 9\ 000 + 6\ 000 + 5\ 000) \times 3\%$。

这项经济业务发生，一方面使企业营业收入中抵减的税金增加，另一方面计算出的税金尚未交纳之前，形成企业的一项流动负债，使企业的负债增加。这项业务涉及"营业税金及附加"和"应交税费"两个账户。营业税金增加，应计入"营业税金及附加"账户的借方；应交未交税金的增加，应记入"应交税费"账户的贷方。会计分录为：

借：营业税金及附加　　　　　　1 050
　　贷：应交税费　　　　　　　　　1 050

产品销售业务的总分类核算，如图4-12所示。

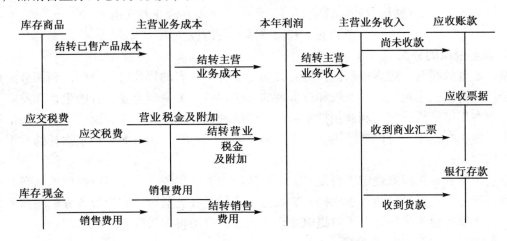

图 4 - 12 产品销售业务的总分类核算

4.5 财务成果的核算

1. 财务成果的构成

财务成果是指企业一定期间内所取得的经营成果——利润或亏损，它是综合反映企业各个方面工作质量的一个重要指标。正确核算企业财务成果，对考核企业经营成果，评价企业工作成绩，监督企业利润分配具有重要意义。

企业的财务成果是由企业一定期间的各种经营收入与各项经营支出相抵后所形成的。

经营收入，是指企业在生产经营过程中所取得的各项收入，包括主营业务收入、其他业务收入及营业外收入。其他业务收入，是指企业除产品销售收入外的其他销售收入或业务收入，包括材料销售、代购代销、包装物出租、运输等非工业性劳务收入。营业外收入，是指那些与企业生产经营无直接关系的各项收入，包括固定资产盘盈、处置固定资产净收益、非货币性交易收益、出售无形资产收益、罚款净收入等。

经营支出，是指企业在生产经营过程中发生的各项支出，包括主营业务成本、销售费用、管理费用、财务费用、其他业务成本及营业外支出，如材料销售、包装物出租、运输等非工业性劳务发生的相关成本费用，以及相关税金及附加等。营业外支出，是指企业发生的与企业生产经营无直接关系的各项支出，如固定资产盘亏、处置固定资产损失、出售无形资产损失、非常损失、债务重组损失、计提的固定资产减值准备、计提的无形资产减值准备、计提的在建工程减值准备、罚款支出、捐赠支出等。

财务成果的具体表现是利润和亏损，它的具体计算公式为：

营业利润 = 营业收入 - 营业成本 - 营业税金及附加 - 销售费用 - 管理费用 -

财务费用－资产减值损失＋公允价值变动收益＋投资收益

利润总额＝营业利润＋营业外收入－营业外支出

净利润＝利润总额－所得税费用

2. 财务成果的分配

企业实现的利润，应当按照国家的有关规定或各投资者的协议进行分配。利润分配是否合理合法，直接关系到国家的税收和投资者的合法权益，关系到企业自身的生存和发展。

企业本年度可供分配的利润包括本年度实现的利润和以前年度末分配的利润。如果本年度发生亏损，在 5 年内可以延续用下一年度的税前利润弥补。超过 5 年仍未弥补的亏损，用税后利润弥补。

企业年度利润按国家规定进行调整后，应依法交纳所得税。交纳所得税后的利润，按以下顺序进行分配：弥补以前年度亏损；提取盈余公积金和公益金；向投资者分配利润。并规定，以前年度亏损未弥补完，不得提取盈余公积金，也不得向投资者分配利润。

3. 财务成果核算的账户设置

为了正确反映利润的形成和分配情况，需要设置和运用"主营业务收入"、"其他业务收入"、"销售费用"、"营业税金及附加"、"主营业务成本"、"营业外收入"、"管理费用"、"财务费用"、"其他业务成本"、"营业外支出"、"所得税费用"、"本年利润"和"利润分配"等账户。

（1）"其他业务收入"账户

"其他业务收入"账户属于收入类账户。它用来核算企业除主营业务收入以外的其他销售收入或业务收入。贷方登记本月实现的其他业务收入，借方登记月末结转"本年利润"的其他业务收入，结转后没有余额。其他业务收入应按照其他业务的种类设置明细账，进行明细分类核算。

（2）"营业外收入"账户

"营业外收入"账户属于收入类账户。它用来核算企业发生的与企业生产经营无直接关系的各项收入。贷方登记企业发生的各项营业外收入，借方登记月末结转"本年利润"的营业外收入，结转后没有余额。营业外收入应按照收入种类设置明细账，进行明细核算。

（3）"其他业务成本"账户

"其他业务成本"账户属于成本费用类账户。它用来核算企业除主营业务成本以外的其他销售成本或业务成本。借方登记发生的其他业务支出，贷方登记月末结转"本年利润"的其他业务支出，结转后没有余额。其他业务支出应按照业务的种类设置明细账，进行明细分类核算。

（4）"营业外支出"账户

"营业外支出"账户属于成本费用类账户。它用来核算企业发生的与企业生产经营无直接关系的各项支出。借方登记发生的营业外支出，贷方登记月末结转"本年利润"的营业外支出，结转后没有余额。营业外支出应按照费用项目设置明细账，进行明细分类核算。

（5）"所得税费用"账户

"所得税费用"账户属于成本费用类账户。它用来核算企业按照规定从当期损益中扣除的所得税。借方登记按纳税所得额计算的应交所得税；贷方登记期末应结转"本年利润"的所得税，期末结转后本账户无余额。

（6）"本年利润"账户

"本年利润"账户属于所有者权益类账户。它用来核算企业在本年内实现的利润（或亏损）总额。贷方登记月末结转的经营收入，借方登记月末结转的经营支出。年度终了，将本年收入和支出相抵后结转本年实现的利润总额（或亏损总额）。年度终了无余额。

（7）"利润分配"账户

"利润分配"账户属于所有者权益类账户。它用来核算企业利润的分配（或亏损的弥补）和历年分配（或弥补）后结存余额。借方登记企业按规定计算提取的盈余公积金，按规定计算出应付给投资者的利润，贷方登记企业用盈余公积金弥补以前亏损以及收到有关部门拨入的补亏和补贴款。年度终了，全年实现的利润总额记入贷方（亏损总额记入借方），余额为历年积存的未分配利润（或未弥补亏损）。

4. 财务成果的核算

1）利润形成的核算

前面已经介绍了主营业务收入的核算，主营业务收入是利润形成的主要来源。主营业务收入的核算过程参看例 4–21、例 4–22、例 4–24、例 4–25。此外还有其他业务收入和营业外收入等来源，例题如下。

【例 4–29】润达工厂对外销售转产后剩余原材料一批，价款 2 000 元，已存入银行。

由于销售原材料不是企业主要的经营业务，所以这笔销售收入可作为其他业务收入处理。

这项经济业务发生，一方面使企业银行存款增加 2 000 元，另一方面使其他业务收入增加 2 000 元。这项业务涉及"银行存款"和"其他业务收入"两个账户。银行存款增加，应记入"银行存款"账户的借方；其他业务收入的增加，应记入"其他业务收入"账户的贷方。会计分录为：

借：银行存款　　　　　　　　　　2 000

　　贷：其他业务收入　　　　　　　　2 000

【例 4–30】上述原材料的实际成本 1 100 元，结转已销售这批材料成本。

这项经济业务发生，一方面使企业原材料减少 1 100 元，另一方面使其他业务成本增加 1 100 元。这项业务涉及"原材料"和"其他业务成本"两个账户。原材料减少，应记入"原材料"账户的贷方；其他业务成本增加，应记入"其他业务成本"账户的借方。会计分录为：

借：其他业务成本　　　　　　　　1 100

　　贷：原材料　　　　　　　　　　　1 100

【例 4–31】没收租用包装物押金 3 000 元。

借：其他应付款　　　　　　　　　3 000

贷：营业外收入	3 000

【例4-32】企业以现金支付违法经营罚款2 500元。

这项经济业务发生，一方面使企业现金减少2 500元，另一方面使与企业生产经营无直接关系的营业外支出增加2 500元。这项业务涉及"库存现金"和"营业外支出"两个账户。现金减少，应记入"库存现金"账户的贷方；营业外支出增加，应记入"营业外支出"账户的借方。会计分录为：

借：营业外支出	2 500
贷：库存现金	2 500

在企业生产经营过程中，还要发生一些不能直接归属于某一特定产品成本的费用，包括管理费用、财务费用和销售费用。这些费用作为期间费用不计入产品的生产成本，直接体现为当期损益，对于财务费用和销售费用我们在4.2节和4.4节已经介绍过。所谓管理费用，是指企业的董事会和行政管理部门在企业的经营管理中发生的或者应由企业统一负担的公司经费（包括行政管理部门职工工资、修理费、物料消耗、低值易耗品摊销、办公费和差旅费），工会经费、职工教育经费、劳动保险费、待业保险费、董事会费、聘请中介机构费、咨询费、诉讼费、排污费、土地使用费、矿产资源补偿费、技术转让费、研究与开发费、无形资产摊销费、业务招待费、坏账损失、存货盘亏、毁损和报废（减盘盈）计提的坏账准备和存货跌价准备等。

在企业的供应、生产和销售的各个环节中，都会发生管理费用。为了核算管理费用，企业应设置"管理费用"这个账户。

【例4-33】本月摊销无形资产350元。

这项经济业务的发生，一方面使累计摊销减少350元，另一方面使企业管理费用增加350元，这笔业务涉及"累计摊销"和"管理费用"两个账户。会计分录为：

借：管理费用	350
贷：累计摊销	350

【例4-34】月末润达工厂按25%的税率计算本月应交所得税2 875元。即

$[(15\,000+9\,000+6\,000+5\,000+2\,000+3\,000)-(20\,000+1\,050+1\,100+2\,500+2\,500+350+1\,000)]\times25\%$。

这项业务涉及"所得税费用"和"应交税费"两个账户。企业计算出应交所得税，反映应交所得税的增加，应记入"所得税费用"账户的借方；计算出来的所得税，在未交以前，形成了企业的一项流动负债，应记入"应交税费"账户的贷方。会计分录为：

借：所得税费用	2 875
贷：应交税费	2 875

【例4-35】月末，将本月各项收入、费用、成本分别转入"本年利润"账户。

根据上述销售业务，本月营业收入为40 000元，包括主营业务收入35 000元、其他业务收入2 000元和营业外收入3 000元、销售费用2 500元、营业税金及附加1 050元、管理费用350元、财务费用1 000元、其他业务成本1 100元，营业外支出2 500元、所得税2 875元。

这项业务涉及"主营业务收入"、"销售费用"、"主营业务成本"、"其他业务收入"、"财务费用"、"所得税费用"和"本年利润"账户。收入的转移（减少）记入有关收入账户的借方，利润的增加，记在"本年利润"账户的贷方；月末费用的转移（减少）记在有关成本、费用账户的贷方，利润的抵减，记在"本年利润"账户的借方。会计分录为：

借：主营业务收入　　　　　　　　35 000
　　其他业务收入　　　　　　　　 2 000
　　营业外收入　　　　　　　　　 3 000
　　贷：本年利润　　　　　　　　　　　 40 000
借：本年利润　　　　　　　　　　31 375
　　贷：主营业务成本　　　　　　　　　 20 000
　　　　销售费用　　　　　　　　　　　 2 500
　　　　营业税金及附加　　　　　　　　 1 050
　　　　管理费用　　　　　　　　　　　 350
　　　　财务费用　　　　　　　　　　　 1 000
　　　　其他业务成本　　　　　　　　　 1 100
　　　　营业外支出　　　　　　　　　　 2 500
　　　　所得税费用　　　　　　　　　　 2 875

2）利润分配的核算

企业利润分配，意味着"本年利润"这项所有者权益的减少，本应借记"本年利润"账户，直接冲减利润，但是为了使"本年利润"账户既能反映企业实现利润原始数额，又能反映企业未分配利润余额，才专门设置了"利润分配"账户用以反映企业已分配利润总额。该账户借方登记发生的利润分配，贷方平时一般不作登记，因此该账户的期末余额一般为借方余额，表示截至期末企业累计已分配的利润总额。平时通过"本年利润"账户贷方余额与"利润分配"_账户借方余额相比较来求得未分配利润余额。年末，企业将全年实现的利润总额从"本年利润"账户转入"利润分配"账户中。

【例 4 - 36】年终，企业结转利润净额。

年度终了，企业应将"本年利润"账户贷方的收入总额同借方的支出总额进行比较，计算出本年实现的利润总额。然后转入"利润分配"账户。

润达工厂的利润净额为：

利润净额 = （35 000 + 2 000 + 3 000）- （20 000 - 2 500 - 1 050 - 350 - 1 000 - 1 100 - 2 500 - 2 875）= 8 625（元）

这项业务涉及"本年利润"和"利润分配"两个账户。本年利润减少，应记入"本年利润"账户的借方；利润分配（未分配利润）增加，应记入"利润分配"账户的贷方。会计分录为：

借：本年利润　　　　　　　　　　8 625

贷：利润分配　　　　　　　　　　　　8 625

【例4-37】 月末，企业按净利润的10%提取法定盈余公积金。

　　法定盈余公积金，应按可分配利润和扣除所得税后差额的一定比例计算提取。根据上例税后利润8 625元，计提盈余公积金为862.5（即8 625×10%）元。

　　这项业务涉及"利润分配"和"盈余公积"两个账户。企业计算提取的法定盈余公积金，作为分配利润的增加，应记入"利润分配"账户的借方；盈余公积金增加，应记入"盈余公积"账户的贷方。会计分录为：

　　借：利润分配　　　　　　　　　　　862.5
　　　　贷：盈余公积　　　　　　　　　　862.5

【例4-38】 企业根据规定向股东分派股利2 000元。

　　这项经济业务发生，一方面使企业的利润分配增加2 000元，另一方面反映应付给股东的股利增加2 000元。这项业务涉及"利润分配"和"应付股利"两个账户。

　　"应付股利"账户属于负债类账户。它用来核算应付给股东的股利，贷方反映应付股利的增加，借方反映应付股利的减少，余额在贷方，反映应付股利的累计数。

　　企业分给股东股利的增加，应记入"利润分配"账户的借方；应付股利的增加，应记入"应付股利"账户贷方。会计分录为：

　　借：利润分配　　　　　　　　　　2 000
　　　　贷：应付股利　　　　　　　　　2 000

　　企业财务成果的总分类核算，如图4-13和图4-14所示。

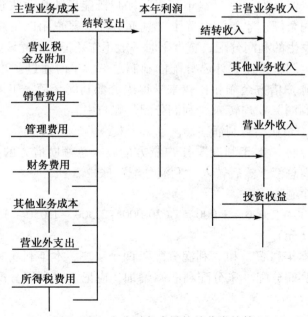

图4-13　企业财务成果的总分类核算1

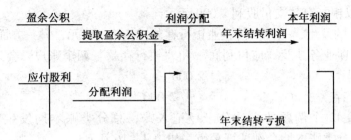

图 4 - 14 企业财务成果的总分类核算 2

4.6 资金退出企业的核算

由于某些原因，参与企业生产经营的资金有一部分要退出企业。如企业要按规定及时上缴税金，以保证国家的财政收入；调出不需用的固定资产；按信贷纪律如期归还银行借款；向投资者分配利润等。

【例 4 - 39】企业以银行存款支付利息 1 000 元。

这项经济业务发生，一方面使企业银行存款减少 1 000 元，另一方面使应支付的利息减少 1 000 元。这项业务涉及"银行存款"和"应付利息"两个账户。应付利息减少，应记入"应付利息"账户的借方；银行存款减少，应记入"银行存款"账户的贷方。会计分录为：

借：应付利息　　　　　　　　　1 000
　　贷：银行存款　　　　　　　　　1 000

【例 4 - 40】企业以银行存款上交所得税 2 875 元。

这项经济业务发生，一方面使企业银行存款减少 2 875 元，另一方面使应交纳的税金减少 2 875 元。这项业务涉及"银行存款"和"应交税费"两个账户。应交税费减少，应记入"应交税费"账户的借方；银行存款减少，应记入"银行存款"账户的贷方。会计分录为：

借：应交税费　　　　　　　　　2 875
　　贷：银行存款　　　　　　　　　2 875

【例 4 - 41】企业以银行存款归还短期借款 15 000 元。

这项经济业务发生，一方面使企业银行存款减少 15 000 元，另一方面使企业短期借款减少 15 000 元。这项业务涉及"短期借款"和"银行存款"两个账户。短期借款减少，应记入"短期借款"账户的借方；银行存款减少，应记入"银行存款"账户的贷方。会计分录为：

借：短期借款　　　　　　　　　15 000
　　贷：银行存款　　　　　　　　　15 000

【例4－42】 以银行存款支付股利2 000元。

这项经济业务的发生，一方面使企业银行存款减少2 000元，另一方面使企业应付利润减少2 000元。这项业务涉及"应付利润"和"银行存款"两个账户。会计分录为：

借：应付股利   2 000

     贷：银行存款   2 000

下面，将本章42个例题的会计分录登记入账，总分类账本期发生额试算平衡表如表4－15所示，总分类账本期余额试算平衡表如表4－16所示。

借方	库存现金		贷方
期初余额	4 200		
		(15)	500
		(17)	300
		(18)	150
		(32)	2 500
本期发生额	0	本期发生额	3 450
期末余额	750		

借方	银行存款		贷方
期初余额	210 000		
(1)	50 000	(7)	14 040
(4)	15 000	(9)	7 000
(5)	300 000	(13)	3 600
(21)	17 550	(14)	280
(23)	3 000	(16)	300
(24)	4 020	(26)	2 500
(29)	2 000	(39)	1 000
		(40)	2 875
		(41)	15 000
		(42)	2 000
本期发生额	391 570	本期发生额	48 595
期末余额	552 975		

借方	应收账款		贷方
期初余额	5 000		
(22)	10 530		
本期发生额	10 530	本期发生额	0
期末余额	15 530		

借方		其他应收款		贷方
期初余额	1 500			
(15)	500			
本期发生额	500	本期发生额		0
期末余额	2 000			

借方		原材料		贷方
期初余额	160 000			
(1)	20 000	(10)		18 300
(6)	33 000	(30)		1 100
(7)	11 200			
本期发生额	64 200	本期发生额		19 400
期末余额	204 800			

借方		库存商品		贷方
期初余额	10 000			
(20)	23 540	(27)		20 000
本期发生额	23 540	本期发生额		20 000
期末余额	13 540			

借方		固定资产		贷方
期初余额	4 560 000			
(2)	40 000			
本期发生额	40 000	本期发生额		0
期末余额	4 600 000			

借方		无形资产		贷方
期初余额	30 000			
(1)	40 000			
本期发生额	40 000	本期发生额		0
期末余额	70 000			

		累计摊销		
		(33)		350
本期发生额	0	本期发生额		350
		期末余额		350

借方		累计折旧	贷方
		（12）	2 005
本期发生额	0	本期发生额	2 005
		期末余额	2 005

借方		短期借款	贷方
		期初余额	80 000
（40）	15 000	（4）	15 000
本期发生额	15 000	本期发生额	15 000
		期末余额	80 000

借方		财务费用	贷方
（4）	1 000	（35）	1 000
本期发生额	1 000	本期发生额	1 000

借方		应付利息	贷方
（39）	1 000	（4）	1 000
本期发生额	1 000	本期发生额	1 000

借方		长期借款	贷方
		（5）	300 000
本期发生额	0	本期发生额	300 000
		期末余额	300 000

借方		生产成本	贷方
期初余额	31 000		
（10）	16 000	（20）	23 540
（10）	800		
（11）	9 000		
（11）	1 260		
（13）	3 000		
（19）	8 100		
本期发生额	36 560	本期发生额	23 540
期末余额	44 020		

借方		实收资本	贷方
		期初余额	4 850 000
		（1）	110 000
		（2）	40 000
		（3）	6 000
本期发生额	0	本期发生额	156 000
		期末余额	5 006 000

借方		应付账款	贷方
		期初余额	5 000
		（6）	35 100
本期发生额	0	本期发生额	35 100
		期末余额	40 100

借方		应收票据	贷方
（25）	5 850		
本期发生额	5 850	本期发生额	0
期末余额	5 850		

借方		应交税费	贷方
		期初余额	13 700
（6）	5 100	（21）	2 550
（7）	2 040	（22）	1 530
（39）	2 875	（24）	1 020
		（25）	850
		（28）	1 050
		（34）	2 875
本期发生额	10 015	本期发生额	9 875
		期末余额	13 560

借方		应付职工薪酬	贷方
		期初余额	6 000
		（11）	12 540
本期发生额	0	本期发生额	12 540
		期末余额	18 540

借方		盈余公积	贷方
		期初余额	10 000
(3)	2 000	(37)	862.50
本期发生额	2 000	本期发生额	862.50
		期末余额	8 862.50

借方		资本公积	贷方
		期初余额	14 000
(3)	4 000		
本期发生额	4 000	本期发生额	0
		期末余额	10 000

借方		主营业务成本	贷方
(27)	20 000	(35)	20 000
本期发生额	20 000	本期发生额	20 000

借方		销售费用	贷方
(26)	2 500	(35)	2 500
本期发生额	2 500	本期发生额	2 500

借方		营业税金及附加	贷方
(28)	1 050	(35)	1 050
本期发生额	1 050	本期发生额	1 050

借方		材料采购	贷方
(6)	30 000	(6)	33 000
(7)	12 000	(7)	11 200
(8)	2 200		
本期发生额	44 200	本期发生额	44 200

借方		材料成本差异	贷方
		(8)	2 200
		(10)	915
本期发生额	0	本期发生额	1 285
		期末余额	1 285

借方	预付账款		贷方
（9）	7 000		
本期发生额	7 000	本期发生额	0
期末余额	7 000		

借方	制造费用		贷方
（10）	2 300	（19）	8 100
（10）	115		
（11）	2 000		
（11）	280		
（12）	2 005		
（13）	600		
（14）	280		
（16）	300		
（17）	300		
（18）	150		
本期发生额	8 100	本期发生额	8 100

借方	主营业务收入		贷方
（35）	35 000	（21）	15 000
		（22）	9 000
		（24）	6 000
		（25）	5 000
本期发生额	35 000	本期发生额	35 000

借方	预收账款		贷方
（24）	3 000	（23）	3 000
本期发生额	3 000	本期发生额	3 000

借方	其他业务收入		贷方
（35）	2 000	（29）	2 000
本期发生额	2 000	本期发生额	2 000

借方		其他业务成本	贷方	
(30)	1 100	(35)		1 100
本期发生额	1 100	本期发生额		1 100

借方		管理费用	贷方	
(33)	350	(35)		350
本期发生额	350	本期发生额		350

借方		营业外收入	贷方	
(35)	3 000	(31)		3 000
本期发生额	3 000	本期发生额		3 000

借方		营业外支出	贷方	
(32)	2 500	(35)		2 500
本期发生额	2 500	本期发生额		2 500

借方		其他应付款	贷方	
		期初余额		3 000
(13)	3 600	(13)		3 600
(14)	280	(14)		280
(31)	3 000			
本期发生额	6 880	本期发生额		3 880
		期末余额		0

借方		所得税费用	贷方	
(34)	2 875	(35)		2 875
本期发生额	2 875	本期发生额		2 875

借方		应付股利	贷方	
(41)	2 000	(38)		2 000
本期发生额	2 000	本期发生额		2 000

借方		本年利润	贷方	
(35)	31 375	(35)		40 000
(36)	8 625			
本期发生额	40 000	本期发生额		40 000

借方		利润分配	贷方	
		期初余额	30 000	
(37)	862.50	(36)	8 625	
(38)	2 000			
本期发生额	2 862.50	本期发生额	8 625	
		期末余额	35 762.50	

表 4 – 15　本期发生额试算平衡表

会计科目	借方	贷方
库存现金	/	3 450
银行存款	391 570	48 595
交易性金融资产	/	/
应收账款	10 530	/
应收票据	5 850	/
其他应收款	500	/
材料采购	44 200	44 200
原 材 料	64 200	19 400
生产成本	36 560	23 540
制造费用	8 100	8 100
库存商品	23 540	20 000
财务费用	1 000	1 000
管理费用	350	350
固定资产	40 000	/
预付账款	7 000	/
材料成本差异	/	1 285
无形资产	40 000	/
累计摊销	/	350
累计折旧	/	2 005
主营业务成本	20 000	20 000
销售费用	2 500	2 500
营业税金及附加	1 050	1 050
其他业务成本	1 100	1 100
营业外支出	2 500	2 500
所得税费用	2 875	2 875
利润分配	2 862.5	8625
短期借款	15 000	15 000
应付利息	1 000	1 000
应付账款	/	35 100
应付票据	/	/
预收账款	3 000	3 000

会计科目	借方	贷方
其他应付款	6 880	3 880
应付职工薪酬	/	12 540
应交税费	10 015	9 875
应付股利	2 000	2 000
长期借款	/	300 000
应付债券	/	/
实收资本	/	156 000
资本公积	4 000	/
盈余公积	2 000	862.5
本年利润	40 000	40 000
主营业务收入	35 000	35 000
其他业务收入	2 000	2 000
营业外收入	3 000	3 000
合　计	830 182.5	830 182.5

表 4 - 16　总分类账本期余额试算平衡表

会计科目	资产（借方余额）	负债和所有者权益（贷方余额）
库存现金	750	/
银行存款	552 975	/
应收票据	5 850	/
应收账款	15 530	/
其他应收款	2 000	/
预付账款	7 000	/
原材料	204 800	/
库存商品	13 540	/
固定资产	4 600 000	/
累计折旧	/	2 005
无形资产	70 000	/
累计摊销	/	350
生产成本	44 020	/
短期借款	/	80 000
长期借款	/	300 000
实收资本	/	5 006 000
应付账款	/	40 100
应交税费	/	13 560

续表

会计科目	资产（借方余额）	负债和所有者权益（贷方余额）
应付职工薪酬	/	18 540
盈余公积	/	8 862.5
资本公积	/	10 000
利润分配	/	35 762.5
材料成本差异	/	1 285
合　计	5 516 465	5 516 465

■ 案例及思考

1. 光明股份有限公司是增值税一般纳税人，增值税税率为 17%。原材料按实际成本进行日常核算。该公司 12 月 1 日总分类账户余额资料如表 4 - 17 所示。

表 4 - 17　光明公司总分类账户余额资料

科目名称	借方余额	科目名称	贷方余额
库存现金	1 000	短期借款	200 000
银行存款	1 300 000	应付账款	602 600
应收账款	1 000 000	应付福利费	120 000
预付账款	200 000	应交税费	26 000
原材料	1 500 000	预提费用	3 000
库存商品	2 550 000	长期借款	2 500 000
固定资产	7 900 000	股本	10 000 000
累计折旧	-650 000	盈余公积	200 000
		利润分配	149 400
合计	13 801 000	合计	13 801 000

假设在 12 月份该公司发生以下业务。

（1）开出转账发票支付之前所欠材料款 300 000 元。

（2）购入一批原材料，买价 100 000 元，增值税 17 000 元，材料已验收入库，材料款用银行存款支付。

（3）收到材料一批，买价 150 000 元，增值税 25 500 元，货款已经预付，材料已验收入库。

（4）销售商品一批，售价 500 000 元，增值税 85 000 元，商品已发出，货款尚未收到，该批商品成本 250 000 元。

（5）销售商品一批，售价 600 000 元，增值税 102 000 元，商品已发出，货款银行已收妥，该批商品成本 360 000 元。

（6）本月仓库共发出原材料 780 000 元，用于生产产品。

（7）计提本月应付职工薪酬 450 000 元，其中生产工人工资 325 000 元，生产车间管理人员工资 100 000 元，行政管理部门人员工资 25 000 元。

（8）按工资总额的 14% 计提本月福利费 63 000 元，其中生产工人福利费 45 500 元，车间管理人员福利费 14 000 元，行政管理部门人员工资 3 500 元。

（9）开出现金支票提现 450 000 元，准备发放工资。

（10）以现金发放工资 450 000 元。

（11）收到银行通知，收回应收账款 500 000 元。

（12）开出转账支票支付产品展览费和广告费各 10 000 元。

（13）计提本月固定资产折旧 100 000 元，其中生产车间 80 000 元，行政管理部门 20 000 元。

（14）以银行存款支付本月生产车间办公、水电等费用 95 000 元。

（15）计提应由本月负担的借款利息 11 000 元，其中短期借款利息 1 000 元，长期借款利息 10 000 元，该长期借款的利息为每年支付一次。

（16）以银行存款归还短期借款本金 200 000 元，利息 2 667 元，利息已计提。

（17）本期生产的产品全部完工验收入库，结转制造费用，计算并将结转本期完工产品成本，没有期初在产品。

（18）结转本期商品销售成本 610 000 元。

（19）计算本月所得税费用，所得税率为 25%，并将所得税转入"本年利润"账户。

（20）结转本月损益（含所得税费用）。

（21）按税后利润的 10% 分别计提法定盈余公积金和任意盈余公积金。

（22）结转本年利润。

要求：根据上述资料编制会计分录并分析该公司在各个环节的价值流转过程。

2. 天兰公司设有一个基本生产车间，生产和销售甲、乙两种产品。201×年 12 月份发生以下经济业务。

（1）公司收到投资 6 000 000 元，其中货币资金 3 000 000 元，大型设备（含税价）3 000 000 元，相应款项已存入银行，设备不需要安装已交付使用。

（2）公司从银行取得为期 6 个月的借款 500 000 元，款项已收到。

（3）公司收到 3 年期的建设工程借款 2 500 000 元，已存入银行。

（4）公司购入 A 材料 10 000 千克，单价 10 元，买价 100 000 元，增值税 17 000 元；B 材料 5 000 千克，单价 6 元，买价 30 000 元，增值税 5 100 元。用一张面值 35 100 元、期限为 2 个月的商业承兑汇票支付，其余款项用银行存款支付，材料尚未运达企业。

（5）用银行存款支付材料运费 1 500 元（按材料重量进行分摊）。

（6）收到（4）中全部采购材料，按实际成本入库。

（7）公司财务部门收到仓库转来的"发出材料汇总表"，如表 4-18 所示。

表4-18 发出材料汇总表

品名 领用单位	A 材料		B 材料		合计金额/元
	数量/千克	金额/元	数量/千克	金额/元	
产品生产领用—甲产品	6 000	66 000	3 000	21 000	87 000
产品生产领用—乙产品	5 000	55 000			55 000
生产车间领用	500	5 500			5 500
行政管理部门领用	1 000	11 000			11 000
合计	12 500	137 500	3 000	21 000	158 500

（8）计提本月应付职工薪酬1 000 000元，其中生产甲产品工人公司500 000元，生产乙产品工人工资400 000元，车间管理人员工资60 000元，行政管理人员工资40 000元。

（9）公司从银行提取现金发放本月工资1 000 000元。

（10）计提本月固定资产折旧30 000元，其中生产用固定资产折旧额25 000元，行政管理部门固定资产折旧额5 000元。

（11）开出银行现金支票5 000元购买办公用品，其中行政管理部门用办公用品4 400元，车间管理部门600元。

（12）用银行存款支付广告费28 000元。

（13）结转本月发生的制造费用。

（14）本月完工甲产品1 000件，无月末在产品；乙产品全部为月末在产品，无完工产品。结转本月完工甲产品的制造成本。

（15）公司向华天公司销售甲产品100件，售价为400 000元，增值税68 000元，全部款项已存入银行。

（16）公司向海天公司发出甲产品50件，售价200 000元，增值税为34 000元，除预收账款150 000元抵付货款外，金额8 400元收到银行转账支票并存入银行。

（17）结转已售甲商品的成本，本期销售150件，总成本为300 000元。

（18）公司用银行存款10 000元捐款给贫困山区。

（19）期末将各项损益类账户转入"本年利润"账户，计算当期利润。

（20）计算本期应交所得税，所得税率为25%，并将所得税转入"本年利润"账户。

（21）将本期净利润转入"利润分配——未分配利润"账户。

（22）公司按净利润提取10%盈余公积金。

（23）分配给投资者股利150 000元。

要求：编制相应会计分录并分析不同环节成本构成及其对当期损益的影响。

账户的分类

【内容提要】 企业在生产经营过程中，为了核算复杂的经济业务，需要设立众多的账户。为了正确使用这些账户，我们需要了解账户分类的意义与原则；理解账户在不同分类标准下的具体分类；掌握账户的用途、结构及其反映的经济内容。

5.1 账户分类的意义和原则

1. 账户分类的意义

企业在生产经营过程中，不断发生复杂的经济业务，企业的资产、负债和所有者权益也随之发生多种多样的变化，因此为记录这些业务而设置和运用的账户也数量众多，内容各异，为了有助于理解各账户所反映的经济内容、用途，有助于更完善地建立账户体系，并正确使用这些账户，以及为了研究账户的共性和特性并借以研究和认识各账户之间的联系与区别，需要按照一定的标准对全部账户进行分类。账户的分类具有以下两方面的意义：

① 通过研究账户分类，可以深入了解账户的设置和用途，全面掌握账户使用方法，正确、熟练地使用各个账户，搞好账务处理工作；

② 通过研究账户分类，有利于进一步掌握账户设置规律，使得企业按照自身经营和管理特点，独立地设计账户体系，提高会计核算质量。

2. 账户分类的原则

企业设置的各个账户共同构成一个完整而严密的账户体系，它们之间既有区别又有联系。为了对账户进行更科学、更有意义的分类，账户分类一般应遵循以下原则。

（1）账户应按其本质特征进行分类

各个企业设置和运用不同的账户是为了反映该企业发生经济事项的不同内容，账户的经济内容不仅决定着各个账户在整个核算体系中的位置，也决定着各个账户的本质。根据经济业务的内容对账户进行分类，将账户体系条理化、系统化，能体现出账户的本质特征，更好地反映企业的经济活动，提供更为有用的会计信息。

（2）账户应按其所提供核算指标的规律性进行分类

每个账户的设置和运用都有各自的目的，能够提供一定的核算指标，账户的设置是为了取得会计核算的有关经济指标。因此，为了解决诸如对所设置的账户如何使用，账户应当提供什么指标，账户如何提供这些指标等问题，需要从结构和用途方面对账户进行分类，以探求其在用途和结构上的共性和规律性，从而进一步加深对账户的认识和运用，满足各个方面对会计信息的需求。

3. 账户的分类

从账户分类的意义和原则中，可以看到账户的最本质特征在于其所反映的经济内容。账户的经济内容是账户分类的基础，因此其最基本的分类是按经济内容分类。因此，我们在研究账户的分类时，应先按账户的经济内容分类，然后在此基础上再按账户的用途和结构分类。可见账户按用途和结构分类是账户按经济内容分类的必要补充。由于企业经济管理的需要和会计核算工作的需要，我们还可以按账户的其他特征进行分类，如按账户提供核算指标的详细程度分类、按账户期末有无余额、按账户提供编制会计报表的资料分类等。总之，通过账户的分类，可以揭示账户的特征，表明账户在整个账户体系中的地位和作用，加深对账户的认识，更好地发挥账户对企业的经济活动进行反映的能力。

5.2　按经济内容分类

账户最基本、最主要的分类是按经济内容分类。账户的经济内容是指账户所反映的会计核算对象的具体内容。会计对象的具体内容也即会计的基本要素，即资产、负债、所有者权益、收入、费用和利润。对于企业在一定期间内实现的利润，最终归结于所有者权益，所以在对账户按经济内容分类时可将利润并入所有者权益。又由于企业在生产经营过程中为确定企业的经营成果，一般都要进行成本核算。成本的计算是企业会计核算的一个重要组成部分，内容多、工作量大，所以有必要专门设置用于成本计算的账户。企业在一定期间内所取得的收入和收益，以及所发生的需要直接从当期收入（或收益）中扣除的各种费用和损失等，都要体现在当期损益的计算中。因此我们可以将直接核算损益的账户单独归为一类。综上所述，账户按经济内容可以划分为资产类账户、负债类账户、所有者权益类账户、成本类账户和损益类账户五大类账户。

1. 资产类账户

资产类账户是用来反映企业拥有或者控制的能给企业带来未来经济利益的经济资源的账户，根据资产的流动性和经营管理的需要，可以将资产类账户划分为流动资产账户和非流动资产账户。

（1）流动资产账户

流动资产账户是用来反映可以在一年或者超过一年的一个营业周期内变现或者耗用的资产。按各项资产的流动性和在生产经营过程中所起的作用，又可以分为以下 3 种。

① 反映货币资金的账户，如"库存现金"、"银行存款"等账户。

② 反映结算的账户，如"应收票据"、"应收账款"、"其他应收款"、"预付账款"等账户。

③ 反映存货的账户，如"周转材料"、"原材料"、"库存商品"等账户。

（2）非流动资产账户

非流动资产账户用来反映不准备在一年或超过一年的一个营业周期内变现或者耗用的长期资产。按其流动程度又可分为以下 3 种。

① 反映企业对外长期股权投资的账户，如"长期股权投资"账户。

② 反映固定资产的账户。按固定资产存在的不同形式，固定资产账户又可分为以下两种：

- 反映固定资产原值和折旧的账户，如"固定资产"、"累计折旧"账户；
- 反映固定资产清理的账户，如"固定资产清理"账户。

③ 反映无形资产的账户，如"无形资产"、"累计摊销"等账户。

2. 负债类账户

负债类账户是用来反映所承担的能以货币计量的、需以资产或劳务偿付的债务。根据负债的偿还期限的长短划分为流动负债和非流动负债两大类。

（1）流动负债账户

流动负债账户是用来反映企业将在一年或超过一年的一个营业周期内偿还的债务。按负债形成的原因划分，又分为反映经营活动形成的负债账户和反映由于经营成果形成的负债账户。

① 反映由于生产经营活动形成的负债账户，如"短期借款"、"预收账款"等账户。

② 反映由于生产经营成果形成的负债账户，如"应交税费"、"应付股利"等账户。

（2）非流动负债账户

非流动负债账户是用来反映偿还期在一年或者超过一年的一个营业周期以上的债务。这类账户主要包括"长期借款"、"应付债券"等账户。

3. 所有者权益类账户

所有者权益类账户是用来反映企业投资人对企业净资产的所有权。按投入资本和形成资本可划分为以下两种：

① 反映投入资本的账户，如"实收资本"账户；

② 反映形成资本的账户，如"资本公积"、"盈余公积"、"利润分配"等账户。

4. 成本类账户

成本类账户，按照成本在生产经营过程各阶段中的内容的不同，可分为以下两种：

① 反映采购过程成本的账户，如"材料采购"账户；

② 反映生产过程中成本的账户，如"生产成本"、"制造费用"等账户。

应当指出，成本类账户与资产类账户有着密切的联系。成本类账户的期末余额属于企业的资产，从这个意义上说，成本类账户也是资产类账户。

5. 损益类账户

损益类账户是反映损益的账户。按照损益的不同性质和内容，损益类账户又可分为以下两种：

① 反映企业损益的账户，如"主营业务收入"、"主营业务成本"、"营业税金及附加"、"管理费用"、"财务费用"、"销售费用"等账户；

② 反映营业外损益的账户，如"营业外收入"、"营业外支出"等账户。

损益类账户有一个共同的特点，那就是这些账户的余额在会计期末均应结转到"本年利润"账户中，以反映企业的本期损益，结转后损益类账户无余额。

账户按经济内容进行分类，能使我们了解每一个账户所反映的经济内容，正确区分账户的经济性质，掌握如何设置账户、运用账户，为企业经营管理和标志会计报表提供一套完整的会计核算制指标体系。

账户按经济内容分类，如图 5 - 1 所示。

账户	资产类账户	流动资产账户	货币性资金的账户	"库存现金"、"银行存款"、"应收账款"、"应收票据"、"其他应收款"等周转材料
			实物资产的账户	"原材料"、"库存商品"等
		非流动资产账户	对外长期投资的账户	"长期股权投资"、"持有至到期投资等"
			固定资产的账户	"固定资产"、"累计折旧"、"固定资产清理"等
			无形资产的账户	"无形资产"、"累计摊销"等
			长期待摊费用的账户	"长期待摊费用"等
	负债类账户	流动负债账户		"短期借款"、"预收账款"、"应交税费"、"应付股利"等
		非流动负债账户		"长期借款"、"应付债券"等
	所有者权益类账户			"实收资本"、"盈余公积"、"利润分配"、"未分配利润"等
	成本类账户			"材料采购"、"生产成本"、"制造费用"等
	损益类账户			"主营业务收入"、"主营业务成本"、"营业税金及附加"、"管理费用"、"财务费用"、"销售费用"等

图 5 - 1　按经济内容分类的账户

5.3　按用途和结构分类

通过对账户按经济内容分类的学习，可帮助我们了解应当设置哪些账户来核算和监督会计的内容，各种账户能够提供什么性质的经济指标，这对于正确地认识和运用账户具有重要意义。但是，通过账户按经济内容分类，还不能详细了解各种账户的用途，以及账户如何提供企业内外各方面所需要的各种会计核算指标。因此，为了理解和掌握账户在提供核算指标方面的规律性和账户结构上的规律性，以便正确地运用账户，有必要在账户按经济内容分类的基础上，进一步研究账户按用途和结构的分类。

　　账户的用途是指通过账户的记录，能够提供哪些核算指标，也就是设置和运用账户的目的。账户的结构是指在账户中如何记录经济业务，才能取得各种必要的核算指标。具体包括：账户借方和贷方登记的内容，期末余额的方向及余额所表示的内容。例如，设置"银行存款"账户的目的是为了提供企业存款的增加、减少和结存指标。这些指标是如何提供的呢？这就要分析"银行存款"账户的结构。"银行存款"账户的借方登记存款的增加数，贷方登记银行存款的减少数，余额在借方表示结存的银行存款数额。

　　由于账户是用来记录和积累会计核算的数据资料的，每一账户都有其特定的用途和结构，所以账户按用途和结构分类与账户按经济内容分类就不可能完全一致。一方面，按反映的经济内容而归为一类的账户，可能具有不同的用途和结构。例如，"固定资产"账户和"累计折旧"账户，虽然同属资产类账户，都是用来核算固定资产的，但它们的用途和结构显然不同。另一方面，按经济内容而归于不同类别的账户，也可能具有相同或相似的用途和结构。可见账户按经济内容分类是最基本和最主要的分类，但账户按用途和结构分类也是必要的，并且是对账户按经济内容分类的补充。账户按用途和结构分类，可分为盘存账户、结算账户、资本账户、集合分配账户、成本计算账户、期间账户、财务成果账户和调整账户共8类。下面简要说明各类账户的特点。

　　1. 盘存账户

　　盘存账户是用来核算和监督各种财产物资和货币资金的增减变动及其结存情况的账户。在盘存账户中，借方登记货币资金和各种财产物资的增加数，贷方登记其支出或减少数，账户的余额总是在借方，表示各项财产物资或货币资金的结存数额。盘存账户的结构可用图5－2表示。

　　属于盘存账户的主要有"库存现金"、"银行存款"、"原材料"、"库存商品"、"固定资产"等账户。这类账户的特点如下。

　　① 盘存账户可通过财产清查的方法，如实地盘点法、核对账目法等来检查账面数额是否与实存数额相符，以及在经营管理上存在的问题。

借方	盘存账户	贷方
期初余额：期初财产物资或货币资金的结存额 发生额：本期财产物资或货币资金的增加额	发生额：本期货币资金或财产物资的减少额	
期末余额：期末财产物资或货币资金的结存额		

图5－2　盘存账户的结构

　　② 这类账户中除货币资金账户外，其他盘存账户的明细分类账均可提供实物和货币两种指标。

　　③ 都属于有实物形态的资产类账户，一律是借方登记增加数，贷方登记减少数，余额总是在借方。

2. 结算账户

结算账户是用来核算和监督企业同其他单位或个人之间的债权、债务结算情况的账户。由于结算业务的性质不同，结算账户又具有不同的用途和结构。按照账户的具体用途和结构，结算账户又可分为债权结算账户、债务结算账户和债权债务结算账户等 3 类。

（1）债权结算账户

债权结算账户又称为资产结算账户，是专门用来核算企业同各个债务单位或个人之间债权结算业务的账户。这类账户的借方登记债权的增加数，贷方登记债权的减少数，其余额一般在借方，表示期末债权的实有数。债权结算账户的结构可用图 5-3 表示。

借方	债权结算账户	贷方
期初余额：期初债权实有额 发生额：本期债权的增加额	发生额：本期债权的减少额	
期末余额：期末债权实有额		

图 5-3　债权结算账户的结构

属于债权结算账户的主要有"应收账款"、"预付账款"、"其他应收款"等账户。

（2）债务结算账户

债务结算账户又称为负债结算账户，它是专门用来核算企业同各个债权单位或个人之间的债务结算业务的账户。这类账户的贷方登记债务的增加数，借方登记债务的减少数，其余额一般在贷方，表示尚未偿还的债务的实有数。债务结算账户的结构可用图 5-4 表示。

借方	债务结算账户	贷方
发生额：本期债务的偿还额	期初余额：期初债务的实有额 发生额：本期债务的增加额	
	期末余额：期末债务实有额	

图 5-4　债务结算账户的结构

属于这类账户的主要有"应付账款"、"其他应付款"、"短期借款"、"预收账款"等账户。

（3）债权债务结算账户

债权债务结算账户又称资产负债结算账户或往来结算账户。它是用来核算企业同某一单位或个人之间发生的债权和债务往来结算业务的账户。某些与企业经常发生业务往来的单位，有时是企业的债权人，有时又是企业的债务人，如企业向同一单位购货，有时是赊购货物，此时该单位是企业的债权人；有时是企业预付货款，此时该单位便成了企业的债务人。为了集中核算和监督企业同这个单位或个人所发生债权债务的往来结算情况，可以在一个账户中核算应收和应付该单位或个人款项的增减变动及其余额。债权债务结算账户的借方登记债权的增加数和债务的减少数，贷方登记债务的增加数和债权的减少数；余额可能在借方，也可能在贷方。从明细分类账的角度看，借方余额表示期末债权的实有数，贷方余额表示债务的实有数；从总分类账的角度看，借方余额表示期末债权大于债务数的差额，贷方余额表示期末债务数大于债权数的差额。债权债务结算账户的结构可用图 5 - 5 表示。

借方	债权债务结算账户	贷方
期初余额：期初债权大于债务的差额 发生额：（1）本期债权增加额 　　　　（2）本期债务减少额		期初余额：期初债务大于债权的差额 发生额：（1）本期债务增加额 　　　　（2）本期债权减少额
期末余额：期末债权大于债务的差额		期末余额：期末债务大于债权的差额

图 5 - 5　债权债务结算账户的结构

当企业不单设置"预付账款"账户，而用"应付账款"账户同时核算企业应付账款的增减变动情况和结果，则此时的"应付账款"账户就是一个债权债务结算账户。当企业不单独设置"预收账款"账户，而用"应收账款"账户同时核算企业应收账款和预收账款的增减变动情况和结果，则此时的"应收账款"账户就是一个债权债务结算账户。又如，有的企业设置"其他往来"账户，用来同时核算和监督企业其他应收款和其他应付款的增减变动情况和结果，则"其他应收款"账户就是一个典型的债权债务结算账户。由于债权债务结算账户属于双重性质的账户，其期末余额是表示债权债务增减变动后的差额，并不反映企业债权债务的实际金额。因此，对这类账户，在编制资产负债表时，应根据总分类账户所属明细分类账户余额的方向，来分析判断余额的性质，看其是资产还是负债，以便真实反映企业债权债务的实际情况。

综上所述，结算账户具有以下两个特点：

① 结算账户都是按发生业务的对应单位或个人开设明细分类账户，以便及时进行结算和核对账目；

② 结算账户只能提供货币指标，没有实物指标。

3. 资本账户

资本账户是用来核算企业资本投入、资本形成的增减变动及结存情况的账户。这类账户的贷方登记各项资本的增加数和形成数，借方登记减少数或结转数；这类账户的余额总是在贷方，表示资本的实有数。资本账户的结构可用图 5 - 6 表示。

借方	资本账户	贷方
发生额：本期资本和公积金的减少额		期初余额：期初资本和公积金的实有额 发生额：本期资本和公积金的增加额
		期末余额：期末资金和公积金的实有额

图 5 - 6　资本账户的结构

属于资本账户的主要有"实收资本"、"资本公积"、"盈余公积"等账户。这类账户的特点是：无论是总分类账户，还是明细分类账户都只能提供货币指标。

4. 集合分配账户

集合分配账户是用来汇集和分配生产经营过程中某个阶段所发生的某种费用的账户。企业在生产经营过程中，有时会发生一些生产费用，但不能记入某个成本核算对象，而应由各个成本计算对象共同负担的费用。这些间接费用应先通过集合分配账户进行归集，然后再按照一定标准分配记入各个成本计算对象。企业可以借助集合分配账户来核算和监督费用计划的执行情况和费用的分配情况，以加强费用的管理。这类费用的借方登记费用的发生数，贷方登记费用的分配数。在一般情况下，经分配后期末应无余额。集合分配账户的结构可用图 5 - 7 表示。

借方	集合分配账户	贷方
发生额：本期某种费用的发生额	发生额：本期费用的分配数额	

图 5 - 7　集合分配账户的结构

属于集合分配账户的有"制造费用"等账户。这类账户的主要特点是具有明显的过渡性，所以期末一般无余额。

5. 成本计算账户

成本计算账户是用来核算企业在生产经营过程中某一阶段发生的全部费用，并据此计算该阶段各个成本计算对象实际成本的账户。这类账户的借方登记生产经营过程中某个阶段发生的应计入成本的全部费用，贷方登记转出已完成某个阶段的成本计算对象的实际成本。期末余额一定在借方，表示尚未完成某个阶段的成本计算对象的实际成本。成本计算账户的结构可用图 5 - 8 表示。

借方	成本计算账户	贷方
期初余额：期初尚未完成某个经营阶段的成本计算对象的实际成本	发生额：结转已完成某个经营阶段的成本计算对象的实际成本	
发生额：归集经营过程某个阶段发生的全部费用		
期末余额：尚未完成该阶段的成本计算对象的实际成本		

图 5 - 8　成本计算账户的结构

属于这类账户的主要有"生产成本"等账户。这类账户的特点是要按成本计算对象设置明细分类账户，归集所发生的费用。在明细分类账中，除提供货币指标外，有时还要提供实物指标和劳动量度指标。

6. 期间账户

期间账户是用来核算企业在生产经营过程中在某个会计期间内所取得的各种收入、收益及所发生的各种费用的账户。按照账户的用途和结构具体分类，期间账户又可分为期间收入账户和期间费用账户两种。

（1）期间收入账户

期间收入账户是专门用来核算企业在一定时期内所取得的各种收入和收益的账户。这类账户的贷方登记在某会计期间内所发生的收入和收益数，借方登记收入和收益的减少数及期末结转到"本年利润"的收入和收益数，结转后，账户期末没有余额。期间收入账户的结构可用图5－9表示。

借方	期间收入账户	贷方
发生额：（1）本期收入和收益减少额 （2）期末结转到"本年利润"的数额		发生额：本期收入和收益的增加数额

图5－9　期间收入账户的结构

属于期间收入账户的主要有"主营业务收入"、"其他业务收入"、"营业外收入"、"投资收益"等账户。

（2）期间费用账户

期间费用账户是专门用来核算企业在一定时期内所发生的应计入当期损益的各项成本、费用和支出（损失）的账户。这类账户的借方登记在某个会计期间费用支出的增加数，贷方登记费用支出的减少数及期末结转数。经结转到"本年利润"后，账户期末应无余额。期间费用账户的结构可用图5－10表示。

借方	期间费用账户	贷方
发生额：本期费用支出的增加数额		发生额：（1）本期费用支出的减少数额 （2）期末结转到"本年利润"的数额

图5－10　期间费用账户的结构

属于期间费用账户的主要有"主营业务成本"、"营业税金及附加"、"其他业务支出"、"营业外支出"、"管理费用"、"财务费用"、"销售费用"、"所得税费用"、"营业税金及附加"等账户。

期间账户的特点是账户的期末一般没有余额，这类账户的一方归集本期发生的收入或费用的数额，另一方将本期归集的数额全部结转到"本年利润"账户中。这类账户具有明显的过渡性质。

7. 财务成果账户

财务成果账户是用来核算企业在一定时期（月份、季度或年度）内全部生产经营活动的最终成果的账户。这类账户的贷方登记汇集一定时期内从各收入收益账户转入的营业收入、营业外收入等，借方登记汇集一定时期内从各费用支出账户转入的主营业务成本、营业税金及附加、管理费用等。期末贷方余额表示企业获得的利润，若为借方余额则表示企业发生的亏损数额。财务成果账户的结构可用图5－11表示。

借方	财务成果账户	贷方
发生额：转入的应计入本期损益的各项成本费用和损失		发生额：转入的应计入本期损益的各项收入收益
期末余额：发生的亏损数额		期末余额：实现的利润数额

图 5 – 11　财务成果账户的结构

属于财务成果账户的主要是"本年利润"账户。这类账户只提供企业在一年内财务成果的形成。平时的余额为本年累计的盈利或亏损数额，年终经结转后，本账户应无余额。

8. 调整账户

调整账户是用来调整有关账户（即被调整账户）的余额，以表示被调整账户的实际余额而开设的专门账户。在会计核算中，由于经营管理或其他方面的原因，对某些会计要素的具体项目有时需要用两种不同的数字指标进行反映。因此，需要对同一项目设置两个账户，用两种数字从两个不同的方面进行反映。其中一个账户反映原始数据，另一个账户反映对原始数据的调整数字，将原始数据同调整数据相加或相减，即可求得被调整后的余额。

按调整方式的不同，调整账户可以分为备抵账户、附加账户和备抵附加账户 3 种。

1）备抵账户

备抵账户又称抵减账户，它是用来抵减被调整账户的余额，以求得被调整账户实际余额的账户。其调整方式，可用下列计算公式表示：

被调整账户余额 – 备抵账户余额 = 被调整账户实际余额

可见，被调整账户的余额与备抵账户的余额必定是方向相反。如果被调整账户的余额在借方（或贷方），那么备抵账户的余额一定在贷方（或借方），上述公式才能成立。

按照被调整账户的性质，备抵账户又可分为资产备抵账户与权益备抵账户两类。

（1）资产备抵账户

资产备抵账户是用来抵减某一资产账户（被调整账户）的实际余额的账户。例如，"累计折旧"账户是"固定资产"这个资产账户的备抵账户。从经营管理角度考虑，需要设置"固定资产"账户来反映固定资产的原始价值，固定资产由于使用而发生磨损其价值通过折旧的方式不断地转移到成本费用中去。为了反映固定资产不断减少的价值，需开设"累计折旧"账户，通过"累计折旧"账户对"固定资产"账户与"累计折旧"账户余额的对比分析，可以了解固定资产的新旧程度。资产备抵账户与被调整账户的关系及其抵减方式，可用图 5 – 12 表示。

此外，"坏账准备"账户是"应收账款"账户的备抵账户，也是一个资产备抵账户。"应收账款"账户的借方余额减去"坏账准备"账户的贷方余额，其差额表示应收账款的实有净额。"存货跌价准备账户"是"原材料"、"库存商品"、"周转材料"等存货账户的备抵账户，"固定资产减值准备账户"是"固定资产"账户的备抵账户，"长期投资减值准备"账户是"长期股权投资"账户和"长期债权投资"账户的备抵账户。"无形资产减值

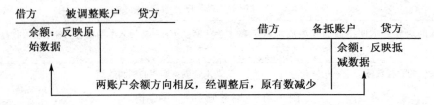

图 5 – 12　资产备抵账户的结构

准备"账户是"无形资产"账户的备抵账户，"在建工程减值准备"账户是"在建工程"账户的备抵账户。从以上所述可以看出资产备抵账户的特点是：

① 被调整账户是资产类账户，其余额在借方，而资产备抵账户的余额一定在贷方；

② 资产备抵账户的结构与被调整账户的结构相反，表现为权益类账户的结构；

③ 被调整账户提供的主体指标与备抵账户提供的调整指标有对立关系，即通过调整后，主体指标要减少。

（2）权益备抵账户

权益备抵账户是用来抵减某一权益（包括负债、所有者权益和收入）账户的余额，以求得该权益账户的实际余额的账户。例如，"利润分配"账户就是"本年利润"账户的备抵账户。"本年利润"账户是被调整账户，其期末贷方余额反映期末已实现利润数，"利润分配"账户的期末借方余额，反映企业期末已分配的利润数。将"本年利润"账户的贷方余额减去"利润分配"账户的借方余额，其差额表示企业期末尚未分配的利润数。权益备抵账户与被调整账户的关系及其抵减方式可用图 5 – 13 表示。

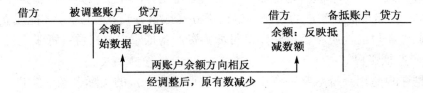

图 5 – 13　权益备抵账户的结构

权益备抵账户有以下特点：

① 被调整账户是权益类账户，其余额在贷方，而权益备抵账户的余额一定在借方；

② 权益备抵账户的结构与被调整账户的结构相反，表现为支出类账户的结构；

③ 被调整账户提供的主体指标与备抵账户提供的调整指标有对立关系，即通过调整后，主体指标减少。

2）附加账户

附加账户是用来增加被调整账户的余额，以求得被调整账户的实际余额的账户。其调整方式可用下列公式表示：

$$被调整账户余额 + 附加账户余额 = 被调整账户实际金额$$

可见，附加账户的余额一定要与被调整账户的余额方向一致。也就是说，如果被调整账户的余额在借方（或贷方），那么附加账户的余额也一定在借方（或贷方）。附加账户与被调整账户的关系及附加方式可用图 5 – 14 表示。

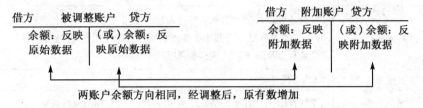

图 5 – 14　附加账户的结构

附加账户的最主要特点是与被调整账户的余额一定在相同方向。此类账户在实际工作中较少运用。

3）备抵附加账户

备抵附加账户是既用来抵减、又用来增加被调整账户的余额，以求得被调整账户的实际余额的账户。这类账户兼有备抵账户与附加账户的功能，但不能同时起用，要取决于该账户的余额是否与被调整账户的余额一致。当其余额与被调整账户的余额方向相反时，该类账户起备抵账户的作用，其调整方式与备抵账户相同；当其余额与被调整账户的余额方向一致时，该类账户起附加账户的作用，其调整方式与附加账户相同。这类账户与被调整账户的关系及调整方式可用图 5 – 15 表示。

图 5 – 15 中，a 表示两账户余额方向相同，调整方式与附加账户相同；b 表示两账户余额方向相反，调整方式与备抵账户相同。

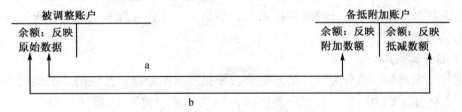

图 5 – 15　备抵附加账户的结构

这类账户最典型的是"材料成本差异"账户。

企业的账户按用途和结构分类，可用表 5 – 1 表示。

表 5 – 1　按用途和结构分类的企业账户

账户	盘存账户	"库存现金"、"银行存款"、"原材料"、"库存商品"、"固定资产"
	资本账户	"实收资本"、"资本公积"、"盈余公积"
	结算账户	"应收账款"、"预付账款"、"其他应收款"、"应付账款"、"其他应付款"、"短期借款"、"预收账款"

账　户	集合分配账户	"制造费用"
	成本计算账户	"生产成本"
	期间账户	"主营业务收入"、"其他业务收入"、"营业外收入"、"投资收益"、"主营业务成本"、"销售费用"、"其他业务成本"、"营业外支出"、"管理费用"、"财务费用"、"营业税金及附加"、"所得税费用"
	财务成果账户	"本年利润"
	调整账户	"累计折旧"、"坏账准备"、"利润分配"、"长期股权投资减值准备"、"存货跌价准备"、"固定资产减值准备"、"无形资产减值准备"、"材料成本差异"

5.4　按提供指标的详细程度分类

账户按提供会计指标的详细程度分类，可分为总分类账户和明细分类账户。

1. 总分类账户

总分类账户又称为总账账户、一级账户，是根据一级会计科目开设的，提供总括核算指标的账户。例如，"原材料"账户是根据"原材料"会计科目开设的总分类账户，可以记录某一时期内各项材料购入、发出和库存的数额，提供材料增减变动及结存的总括资料。为了保证会计核算指标口径规范一致，具有可比性，以及会计核算资料的综合汇总，总分类账户的名称、核算内容及使用方法通常是由国家统一制定的。企业应根据本企业的具体情况和统一制定的账户名称来设置总分类账户体系，以满足企业经营管理和企业外部有关方面对会计核算指标的需要。

2. 明细分类账户

明细分类账户是在总分类账户的基础上，根据所属明细科目开设的，提供明细核算指标的账户。在实际工作中，除少数总分类账户，如"本年利润"、"累计折旧"、"坏账准备"等账户不必设置明细分类账户外，大多数总分类账户都需要设置明细分类账户。如"原材料"总分类账户下，按材料的类别、品种或规格设置明细分类账户，以提供准确可靠的、具体的核算资料，来满足企业内部经营管理的需要。企业应根据自身经济业务的具体内容和经营管理的实际需要，自行确定如何开设明细分类账。当某一总分类账所属的明细分类账较多，为了便于控制，可以将相同性质的各个明细分类账进行归集，设置二级账户。二级账户是介于分类账户和明细分类账户之间的账户。例如，在"原材料"分类账户下，按材料类别设置"主要材料"、"辅助材料"、"燃料"等二级账户，然后再在二级账户下设置明细分类账户，如在二级账户"主要材料"下设置"圆钢"、"角钢"等明细分类账户。

研究账户按提供指标详细程度分类，可进一步理解和掌握账户，以便正确地运用账户，提供核算所需的各种会计核算指标，满足企业内外各方面对会计核算资料的需求。

账户除了按以上几种标准进行分类外，还可以根据各种不同的目的进行划分。如可按账户期末余额进行划分，分为借方余额账户、贷方余额账户和期末无余额账户等，并将期末有余额的账户称为实账户，将后者称为虚账户。这样分类便于研究期末余额所代表的内容及期末所结转的规律性，以便正确地进行会计核算。此外，还可按账户列入会计报表与否分为表内账户和表外账户等。总之，研究账户的分类，目的在于探求账户之间的区别与联系，以便更好地设置和运用账户，设计出更加科学、严密的账户体系，以满足会计核算和经营管理的需要。

■ 案例及思考

1. 将表 5 – 2 中的账户按经济内容分类，再按用途和结构分类。

表 5 – 2 ××公司账户分类表

账户名称	按经济内容分类	按用途和结构分类	账户名称	按经济内容分类	按用途和结构分类
如：固定资产	资产类	盘存类	财务费用		
银行存款			管理费用		
原材料			短期借款		
应付账款			应收票据		
其他应付款			应收账款		
应交税款			实收资本		
累计折旧			本年利润		
材料成本差异			主营业务收入		
生产成本			营业外支出		
制造费用			所得税费用		
利润分配			本年利润		

2. 李明在一家制造业企业从事会计工作，该企业试图扩大其经营规模，开始着手开发北方市场，并在辽宁建立新的分公司用于新产品生产，由于分公司刚成立，会计核算系统一片空白，期初分公司暂时采用手工记账的形式进行会计核算，现在公司委派李明作为新公司会计主管，全权负责新公司会计业务管理，要求其为新公司设置账户、建立账簿体系。

请你帮助李明应设计该公司应该设置哪些类账户并分析为什么要设置这些账户。

第6章

会 计 凭 证

【内容提要】会计凭证是会计核算的重要依据；填制和审核会计凭证，是会计核算的专门方法，是整个会计工作的基础。企业应根据《会计法》等法规，做好会计凭证的填制和审核、传递和保管等工作。本章主要阐述会计凭证的概念、种类、作用，填制和审核及传递和保管。

6.1 会计凭证的概念和作用

1. 会计凭证的概念

在会计核算工作中，为了保证会计记录的客观真实性和明确经济责任，会计主体办理任何一项经济业务，都必须在经济业务发生、进行和完成时，填制、取得和审核足以证明经济业务发生经过，并作为记账依据的会计凭证。

会计凭证，简称凭证，是记录经济业务、明确经济责任、具有法律效力并作为登记账簿依据的书面证明。包括各种复写卡片、文件、穿孔卡片和穿孔带或磁带。填制和审核会计凭证，是会计工作的一项重要的制度和手续，是整个会计工作的基础，也是会计核算的专门方法之一。

2. 填制和审核会计凭证的作用

《会计法》第十四条规定："会计凭证包括原始凭证和记账凭证。办理本法第十条所列的经济业务事项，必须填制或者取得原始凭证并及时送交会计机构。"即凡属会计事项，都必须办理会计手续，填制和审核会计凭证。会计凭证的填制和审核，对于如实反映经济业务的内容，有效监督经济业务的合理性和合法性，保证会计核算的真实性、可靠性、合理性、合法性和合规性，发挥会计在经济管理中的作用和完成会计工作的任务有重要意义。

如实填制和有效审核会计凭证作为会计核算的一项重要内容，具有以下4个方面的作用。

（1）会计凭证是传递经济信息的工具

会计凭证，一方面是经济信息的载体，记录反映了企业经济活动的原始资料；另一方面，通过会计凭证的加工、整理、汇总、传递，产生并传导新的经济信息。

任何会计主体都客观地以会计部门为中心，形成一个内外广泛联系的信息网络系统，把所有证明本企业生产经营活动情况的会计凭证进行汇集、整理、分类、汇总，为各有关部门提供经济管理所需要的经济信息。因此，会计凭证是传递经济信息的工具。

（2）会计凭证是反映和监督经济活动的手段

企业的各项经济活动，首先通过会计凭证反映出来，通过填制和审核会计凭证，不仅可以反映企业的经济活动情况，而且可以检查经济业务的发生是否符合有关的法令、制度，是否符合业务经营、财务收支的方针和计划、预算的规定，以确保经济业务的合法、合理、合规和有效性。从而发现企业经营管理中存在的问题，以便采取有效措施，改善经营管理，促使企业各项经济活动符合国家财经纪律、财务制度的规定。监督经济业务的发生、发展，控制经济业务的有效实施，是发挥会计管理职能的重要内容，这种监督是通过填制和审核会计凭证来进行的。因此，会计凭证是反映和监督企业经济活动的重要手段。

（3）会计凭证是明确有关人员经济责任的依据

会计制度规定，发生任何一项经济业务，都必须办理凭证手续：要取得或填制相应的会计凭证，证明经济业务已经发生或完成，说明经济业务的内容、时间、数量和金额；同时要由有关的经办人员在凭证上签字盖章，以明确有关人员的经济责任。通过会计凭证的填制和审核，使有关责任人在其职权范围内各负其责，并作为处理争议的具有法律效力的依据。因此，会计凭证是明确有关人员经济责任的重要依据。

（4）会计凭证是登记账簿的依据

任何一项经济业务，都必须有可靠的足以证明经济业务发生的、合法的会计凭证为依据登记账簿，以保证账簿记录的真实可靠。在会计工作中，不可能存在无凭证记载的经济业务，也不可能存在无根据的账簿记录。会计凭证是记账的依据，通过凭证的填制、审核，按一定方法对会计凭证进行整理、分类、汇总，为会计记账提供真实、可靠的依据。通过填制会计凭证，如实记录经济业务的内容、数量和金额，并经审核无误后，才能登记入账。因此，会计凭证是会计登记账簿的依据。

总之，填制和审核会计凭证，是进行会计核算的基础和依据，只有努力做好这一工作，才能不断提高会计工作质量，完成会计工作任务。为此，各企业单位应当根据企业管理和核算的实际需要设计会计凭证，规定会计凭证的种类、格式、内容、作用、份数及其传递程序，使会计信息及时、准确地传递到各有关部门，为经济管理发挥积极作用。

3. 会计凭证的种类

在会计工作中，一切账簿记录，都必须以会计凭证为依据。会计凭证是记载经济业务的，而企业单位的经济业务繁多复杂，因此，会计凭证也就多种多样，其形状大小和格式繁简，也因各单位经济业务内容和管理要求不同而有所区别。

会计凭证多种多样，可以按照不同的标志进行分类。为了便于研究、掌握和正确使用会计凭证，在会计理论和实践上，按会计凭证填制程序和用途的不同为标志，分为原始凭证和记账凭证两类。

6.2 原始凭证

1. 原始凭证的概念

原始凭证，又称单据，是在经济业务发生或完成时，由经办人员直接取得或填制的，用来记载和证明经济业务已经发生或完成的具体内容，明确经济责任，并具有法律效力的原始证明文件。

原始凭证是进行会计核算的原始资料和重要依据。如发票、收料单、领料单、产品入库单、车船票据等。凡不能证明经济业务实际发生情况的证明，如购销合同、申请单、派工单等，则不能作为原始凭证。

原始凭证是一种很重要的凭证。它的主要作用在于正确、完整、及时地反映经济业务的本来面貌，并据此检查经济业务的真实性、合理性和合法性。

2. 原始凭证的分类

原始凭证可以从以下 4 个方面进行分类。

（1）原始凭证按其取得的来源不同，可分为外来原始凭证和自制原始凭证两种

① 外来原始凭证，是指本企业在同外单位或个人发生经济往来关系时，在经济业务完成时，从外单位或个人取得的原始凭证。如企业购买材料、物资从供应单位取得的发票、银行的收款通知、上缴税款的收据等。

② 自制原始凭证，是指本企业或本单位内部经办经济业务的部门或人员，在执行或完成某项经济业务时自行填制的原始凭证。如商品、材料入库时，由仓库保管人员填制的入库单、收料单；企业为反映各部门和各车间工资支付情况填制的工资结算支付单；产品销售时，由业务部门开出的提货单等。

实际工作中，自制原始凭证和外来原始凭证很多是同时应用的。例如，购入材料时，以供应单位的发票为主，还要附以收料单等。再如差旅费报销单后面，还应附车票、住宿费收据等原始凭证。

（2）原始凭证按其反映业务的方法和填制手续的不同，可分为一次凭证、累计凭证和汇总凭证

① 一次凭证，是对一项经济业务或若干项同类经济业务在其发生或完成后一次填制完毕的原始凭证。

外来原始凭证和绝大多数自制原始凭证是一次凭证，其填制手续是一次完成。如收料单、领料单、发票等。

② 累计凭证，是在一定时期内连续地记载若干项不断重复发生的同类经济业务，并把期末累计数作为记账依据的原始凭证。

累计凭证可以在一张凭证中连续、累计填列某一时期内不断重复发生而分次进行的特定业务，其填制手续不是一次完成的。使用累计凭证可以减少凭证张数和简化填制手续，还能

提供一些一次凭证所不能提供的汇总指标。如限额领料单、费用登记表等。

③ 汇总凭证，是根据许多相同原始凭证或会计核算资料汇总起来而填制的凭证。

汇总凭证既可以简化核算手续，又可以提供管理所需要的总量指标。如发料汇总表、工资结算汇总表等。

（3）原始凭证按其用途的不同，可分为通知凭证、执行凭证和计算凭证。

① 通知凭证，是指要求、指示或命令企业进行某项经济业务的原始凭证。如收款通知书、付款通知书、罚款通知书等。

② 执行凭证，是证明某项经济业务已经完成的原始凭证。如产品入库单、销货发票等。

③ 计算凭证，是对已进行或完成的经济业务进行计算而编制的原始凭证。如工资计算表、产品成本计算单、制造费用分配表等。

（4）原始凭证按其格式的不同，分为通用凭证和专用凭证

① 通用凭证，是指在一定范围内具有统一格式和使用方法的凭证。如全国统一使用的一些银行结算票据、某一地区统一使用的收据等。

② 专用凭证，是指具有特定内容和专门用途的原始凭证。如差旅费报销单、增值税专用发票等。

上述各种原始凭证，一般都是以实际发生或完成的经济业务为依据，由经办人员填制并签章的。但也有一些自制原始凭证，则是由会计人员根据已经入账的结果，对某些特定事项进行归类、整理而编制的。

原始凭证的分类可归纳如下：

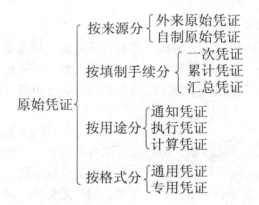

3. 原始凭证的基本要素

在会计实务中，由于各项经济业务的内容和经营管理的要求不同，各个原始凭证的名称、格式和内容也是多种多样的。为了便于使用原始凭证，有关部门还特制了统一的凭证格式，如银行结算凭证、商业专用发票等。但是，所有原始凭证都是作为反映经济业务已经发生或已经完成的原始证据，必须详细载明有关经济业务的发生、执行和完成情况，必须明确

经办单位和人员的经济责任。因此，各种原始凭证都应具备一些共同的基本要素。

原始凭证具备的基本要素包括如下。

（1）原始凭证的名称

标明原始凭证所记录业务内容的种类，反映原始凭证的用途。如"发票"、"入库单"等。

（2）填制凭证的日期和编号

填制原始凭证的日期一般是业务发生或完成的日期。如因各种原因未能及时填制时，应以实际填制日期为准。此外，为便于检查、核对，各种原始凭证应顺序编号。

（3）接受凭证单位名称

（4）经济业务的内容

经济业务的内容，要求表明经济业务的项目名称及有关的附注说明。

（5）数量、单价和金额

主要表明经济业务的计量，是原始凭证的核心。

（6）填制凭证单位名称

与接受凭证单位相联系，标明经济业务的来龙去脉。

（7）经办人签名或盖章

通过这项内容明确有关人员的经济责任。

在实际运用中，为了满足计划、统计或其他经济管理工作的特殊要求，某些原始凭证还应列有关资料。因此，在设计和运用原始凭证时，应以基本要素为基础，同时结合凭证的不同用途予以增补。

4. 原始凭证的填制要求和方法

原始凭证的填制，要由填制人员将各项原始凭证要素按规定要求和方法填制。

原始凭证的种类不同，其具体填制方法和填制要求也不尽相同。为了确保会计核算资料的真实、正确并及时反映，保证原始凭证的质量，任何会计单位对原始凭证的运用都必须符合下列填制要求。

（1）内容完整

即必须按规定的格式和手续填制。原始凭证的各项内容，必须详尽地填写齐全，不得有任何省略、遗漏，而且填写的手续必须完备，符合内部牵制原则。凡是填有大写和小写金额的原始凭证，大写与小写金额必须相符；购买实物的原始凭证，必须有验收证明；支付款项的原始凭证，必须有收款单位和收款人的收款证明。职工出差借款收据，应附在记账凭证上，收回借款时，应另开收据或退还借据副本，不得退回原借款收据。经有关部门批准办理的某些特殊业务，批准的文件应作为原始凭证的附件。填写不全、手续不完备的原始凭证，不能作为合法和有效的会计凭证。

（2）符合实际

原始凭证所记录的经济业务，必须符合实际、数字真实、字迹清晰，以确保原始凭证的内容和数字真实可靠。如果原始凭证书写发生错误，不得随意涂改，应按规定予以更正。

《会计法》第十四条规定："原始凭证记载的各项内容均不得涂改；原始凭证有错误的，应当由出具单位重开或者更正，更正处应当加盖出具单位印章。原始凭证金额有错误的，应当由出具单位重开，不得在原始凭证上更正。"

对于从外单位取得的原始凭证如有遗失，应取得原签发单位财务的证明，并注明原始凭证的号码、金额、内容等，对于确实无法取得证明的，如车票等，应由当事人写出详细情况，经由经办单位负责人批准后，可代作原始凭证。

（3）严格书写

原始凭证要用蓝色或黑色笔书写，填写支票必须用碳素笔，字迹清楚、规范，合计的小写金额前加注币值符号，如"￥"、"＄"等，币值单位与金额数字之间，不得留有空隙。

（4）明确责任

取得的原始凭证必须由经办人员、填制单位或填制人的签名、盖章。自制的原始凭证必须由经办单位负责人、经办人签名或盖章，以明确有关单位、个人的经济责任。

（5）填制及时

即应在每一项经济业务发生或完成时，及时填制与经济业务一致的原始凭证，不得事先填制或事后补填。

（6）遵守政策

原始凭证反映的经济业务，必须符合党和国家的有关政策、法令和规章制度等规定。违反国家政策、法令和规章制度等规定的经济业务，不得填制原始凭证。

（7）连续编号

所有的原始凭证应该连续编号，以便日后查考。作废时，应加盖戳记，全部封存，不得随意撕毁。

下面以收料单、领料单、限额领料单和发票为例，说明原始凭证的填制方法。

收料单是由仓库保管人员在材料验收入库时，根据购物发票和实收材料数量、名称及规格等填制的。一般一式三联。收料单的格式和填制方法，如表6-1所示。

表6-1 收料单

供货单位：××钢厂　　　　　　　　　　　　　　　　　　　　　　　　　凭证编号：021
发票编号：0187565　　　　　　　　2003年2月12日　　　　　　　　收料仓库：1号库

材料类别	材料编号	材料名称及规格	计量单位	数量		金额		
				应收	实收	单价	买价	合计
钢材	106	圆钢 φ25 mm	kg	1 000	1 000	10.00	10 000	10 000
			备注			合计		10 000

仓库保管员：(盖章)　　　收料人：(盖章)　　　记账：(盖章)　　　采购员：(盖章)

领料单是由领料车间、班组在向仓库领取材料时填制的。仓库发料时，填写实发数量，并由领、发料等人签章，以明确责任。一般一式三联。领料单的格式和填制方法，如表6-2所示。

表6-2　领料单

领料单位：机修车间　　　　　　　　　　　　　　　　　　　　　　　　　凭证编号：015

用　途：设备维修　　　　　　　　　2003年6月5日　　　　　　　　发料仓库：1号库

材料类别	材料编号	材料名称及规格	计量单位	数量		单价（元）	金　额
				请　领	实　领		
有色金属	166	乙种材料 ϕ15 mm	kg	500	500	4.00	2 000

记账：　　　　　　　发料：　　　　　　　　领料：　　　　　　　审核：

限额领料单是由生产计划部门或供应部门根据生产计划、材料消耗定额等有关材料填制的。一般一式三联。限额领料单的格式和填制方法，如表6-3所示。

表6-3　限额领料单

领料单位：加工车间　　　　　　　　　　　　　　　　　　　　　　　　　编号：348

材料用途：制造A产品　　　　　　　2003年2月份　　　　　　　　发料仓库：2号库

材料类别	材料编号	材料名称及规格	计量单位	领用限额	实际领用			备注
					数量	单价	金额	
甲	35123	丙料 ϕ6 mm	kg	210	200	110.00	22 000	

领料	请　领		实　发			退　料			限额结余
日期	数量	领料单位负责人签章	数量	发料人签章	领料人签章	数量	收料人签章	退料人签章	
一 日	100	王 红	100	李 立	张 华				
	～～～	～～～	～～～	～～～	～～～	～～～	～～～	～～～	～～～
合 计			200						

生产计划部门负责人：　　　　　供应部门负责人：　　　　　仓库负责人：

在限额领料单内，注明某种材料在规定日期内（通常为1个月）的领料限额。在有效期内不超过领料限额，可连续使用。车间班组每次领料或退料时，在单内逐笔登记数量并签章。仓库根据限额标准在限额内发料，并填写实发数量和限额结存数量。限额领料单，对材料的领用，不仅起到事先控制的作用，而且可以减少凭证数量和简化凭证填制手续。

发票是由供货单位填制的，它既能表明经济业务的完成情况，同时也是办理货款结算的依据。发票的格式和填制方法，如表 6 – 4、表 6 – 5 所示。

表 6 – 4 发 票

付款单位_____   编号：

品名 （项目）	规格	单位	数量	单价	金 额										代扣税款		
					百	十	万	千	百	十	元	角	分	税种	税率%	税额
丙种产品	0.25 mm	kg	80	237	¥	1	8	9	6	0	0	0				
	小写金额合计						1	8	9	6	0	0	0	税款 小计		
大写金额	×佰 × 拾壹万捌仟玖佰陆拾整元 角 分														

收款单位（盖章）   开票人：   2003 年 5 月 11 日

表 6 – 5 增值税专用发票

开票日期：   年   月   日   编号：

购货 单位	名 称		纳税人登记号																
	地址、 电话		开户银行及账号																
商品或应税 劳务名称	计量 单位	数量	单价	金 额									税率 %	税 额								
				百	十	万	千	百	十	元	角	分		百	十	万	千	百	十	元	角	分
合 计																						
价税合计 （大写）	佰 拾 万 仟 佰 拾 元 角 分 ¥																				
销货 单位	名 称		纳税人登记号																		
	地址、 电话		开户银行及账号																		
备注																						

收款人：   开票单位（未盖章无效）

5. 原始凭证分割单

原始凭证分割单，是指一份原始凭证所列的费用应由两个以上单位共同负担的情况下，保存原始凭证的主办单位开给其他应负担部分费用支出的单位的证明。它既表明原始凭证的基本内容，同时又说明费用的分担情况。

6. 原始凭证的汇总

实际工作中，并非每一笔经济业务的原始凭证都要逐一编制记账凭证。为了提高会计工作效率，简化核算，为管理提供综合性指标，可根据记载同类经济业务的原始凭证，定期（每周、旬、月）归纳整理填制汇总原始凭证。

汇总原始凭证，又称"原始凭证汇总表"，如收料凭证汇总表、发料凭证汇总表、销售汇总表等。它是把原始凭证和记账凭证相结合的直接据以记账的会计凭证。

企业常用的收料凭证汇总表、发料凭证汇总表格式，如表 6-6 和表 6-7 所示。

表 6-6　收料凭证汇总表

××年　　月　　日　　　　　　　　　　　　　　　　单位：元

发料地点	材料类别			合计
	原料及主要材料	辅助材料	燃　料	
一仓库				
二仓库				
三仓库				
合　计				

会计主管：　　　　　记账：　　　　　稽核：　　　　　制单：

表 6-7　发料凭证汇总表

××年　　月　　日

单位：元

领料单位	领料用途	材料类别			合　计
		原料及主要材料	辅助材料	燃料	
一车间	生产成本 制造费用				
	小计				
二车间	生产成本 制造费用				
	小计				
厂部	管理费用				
	合计				

会计主管：　　　　　记账：　　　　　稽核：　　　　　制单：

7. 原始凭证的审核

为了正确反映并监督各项经济业务，会计部门的经办人员必须严格审核各项原始凭证，以确保会计核算资料的真实、合法、准确。

《会计法》第十四条规定："会计机构、会计人员必须按照国家统一的会计制度的规定对原始凭证进行审核，对不真实、不合法的原始凭证有权不予接受，并向单位负责人报告；对记载不准确、不完整的原始凭证予以退回，并要求按照国家统一的会计制度的规定更正、补充。"

原始凭证的审核是会计人员职权范围内的一项极为重要的经济把关工作，应由会计主管或专人负责。原始凭证的审核，主要包括以下两个方面的内容。

（1）形式上的审核——合规性审核

即根据原始凭证的填写要求，逐项审核。审核原始凭证的填写格式是否符合标准，填制是否及时，内容是否完备，数字是否真实，计算是否正确，填写是否清楚，内容是否符合实际情况，签章是否符合规定等。

会计人员对于不真实、不完备的原始凭证，可以不予受理。对于记载不准确、不完整、不清楚的原始凭证，应予以退回，要求更正、补充。

（2）内容上的审核——合理、合法性审核

即根据有关的法令、制度、政策等，审核原始凭证所记录的经济业务是否合理、合法，是否符合有关方针、政策、计划及费用开支标准等情况，并审核经济业务是否按规定的程序予以办理。例如，审核支付工资的原始凭证，必须以国家的工资政策、工资制度，以及工资和津贴的支付标准为依据；审核费用支付的原始凭证，就必须以计划、预算、费用开支标准为依据。如有违反政策制度的行为，要及时向领导汇报并拒绝执行。对于弄虚作假、营私舞弊等违法乱纪行为，应坚决予以揭露，并报告领导处理。

审核过程中，衡量原始凭证质量的标准，就是合理性、合法性、完整性和正确性等原则。只有审核无误的原始凭证才能作为编制记账凭证的依据。

审核原始凭证是一项严肃细致、政策性很强的工作，会计人员要熟悉和掌握国家政策、法令、制度、计划、预算的有关规定，了解本企业生产业务情况。要从实际出发，坚持原则，以身作则，认真做好这项工作，正确发挥会计的监督作用，努力不断提高会计工作质量。

6.3　记账凭证

1. 记账凭证的概念

记账凭证，是会计人员根据审核后的原始凭证，或经过汇总、归类、整理后的原始凭证汇总表为依据而编制的凭证。它是登记账簿的直接依据。

会计凭证记载的是会计信息，从原始凭证到记账凭证是经济信息转换成会计信息的过程。记账凭证要根据原始凭证或汇总原始凭证反映的经济业务，按规定的会计科目和复式记账方法，编成会计分录，以保证账簿记录的准确性。

在记账以前，必须根据原始凭证和原始凭证汇总表编制记账凭证。原始凭证和原始凭证汇总表一般应附在有关记账凭证后面作为附件，并在记账凭证中注明附件张数，以便于查阅。

2. 记账凭证的分类

记账凭证可以从以下 3 个方面进行分类。

1）按其反映经济业务内容的不同，可分为收款凭证、付款凭证和转账凭证

原始凭证中所反映的经济业务，虽然多种多样、复杂各异，但归纳起来，不外乎是两种业务：一种是收款、付款业务，即直接引起库存现金或银行存款增减变化的业务，如收到购货单位支付货款，就是收款业务；以现金支付职工差旅费，就是付款业务。另一种是转账业务，即不涉及库存现金或银行存款发生增减变化的其他经济业务，如生产车间领用材料、产品完工验收入库等。所以根据原始凭证编制的记账凭证，也可相应分为收款凭证、付款凭证和转账凭证。

（1）收款凭证

收款凭证，是反映货币资金（现金和银行存款）收入业务的记账凭证。它是根据有关现金和银行存款的收款业务的原始凭证或原始凭证汇总表填制的。收款凭证通常用红色印刷，以区别于其他凭证。

实际工作中，出纳人员应根据会计管理人员或指定人员审核批准的收款凭证，作为记录货币资金的收入依据。出纳人员根据收款凭证收款（尤其是收入现金）时，要在凭证上加盖"收讫"戳记，以避免差错。收款凭证一般按现金和银行存款分别编制。

（2）付款凭证

付款凭证，是反映货币资金（现金和银行存款）付出业务的记账凭证。它是根据有关现金和银行存款的付款业务，以及货币资金之间相互收、付业务的原始凭证或原始凭证汇总表填制的。付款凭证通常用蓝色印刷。

实际工作中，出纳人员应根据会计管理人员或指定人员审核批准的付款凭证，作为记录货币资金支出并付出货币资金的依据。出纳人员根据付款凭证付款时，要在凭证上加盖"付讫"戳记，以免重复。付款凭证一般也按现金和银行存款分别编制。

（3）转账凭证

转账凭证，是反映与货币资金无关的转账业务的记账凭证。它是根据有关转账业务的原始凭证或原始凭证汇总表填制的。转账凭证通常用黑色印刷。

2）按其填制方式的不同，可分为复式记账凭证和单式记账凭证

（1）复式记账凭证

复式记账凭证，是在一张记账凭证上反映一笔完整的经济业务。凡属于同一笔经济业务所涉及的会计科目不论有几个，都集中填制在一张记账凭证上。上述收款凭证、付款凭证和转账凭证均为复式记账凭证。

复式记账凭证可以集中反映账户的对应关系，便于了解有关经济业务的全貌，同时可以减少记账凭证数量，但不便于分工记账和汇总计算每一会计科目的发生额。

（2）单式记账凭证

单式记账凭证，是在一张记账凭证上只填写一个会计科目。一笔经济业务涉及几个会计科目，就要填写几张记账凭证。

单式记账凭证将一项经济业务所涉及的会计科目及其对应关系通过借项记账凭证、贷项记账凭证予以分别反映，所以单式记账凭证又称单项记账凭证。

采用单式记账凭证，便于同时汇总计算每一会计科目的发生额，也便于分工记账，但不便于反映经济业务的全貌及账户的对应关系，而且记账凭证数量多，内容分散，编制记账凭证工作量较大，一般适用于业务量较大、会计部门内部分工较细的会计主体。

使用单式记账凭证时，由于一笔经济业务需要同时使用两张或两张以上的记账凭证，所以记账凭证的编号采用分数形式。例如，2 号经济业务涉及两个会计科目，需要同时填制两张记账凭证，编号则为 2 – 1/2、2 – 2/2。

3）按其汇总方式的不同，分为分类汇总记账凭证和综合汇总记账凭证

① 分类（专用）汇总记账凭证，是定期分别对收款凭证、付款凭证和转账凭证进行汇总的记账凭证。如汇总收款凭证、汇总付款凭证、汇总转账凭证。

② 综合（通用）汇总记账凭证，是定期对全部记账凭证按照相同会计科目进行汇总的记账凭证。如科目汇总表、记账凭证汇总表。

记账凭证的分类可归纳如下：

$$
\text{记账凭证}
\begin{cases}
\text{按其反映经济业务的内容不同分}
\begin{cases}
\text{收款凭证} \\
\text{付款凭证} \\
\text{转账凭证}
\end{cases} \\[2ex]
\text{按其填制的方式不同分}
\begin{cases}
\text{分类汇总记账凭证} \\
\text{综合汇总记账凭证}
\end{cases} \\[2ex]
\text{按其汇总的方式不同分}
\begin{cases}
\text{复式记账凭证} \\
\text{单式记账凭证}
\end{cases}
\end{cases}
$$

3. 记账凭证的基本要素

记账凭证主要是用来将经济信息转换成会计信息，对经济业务分类核算、确定会计分录的凭证。记账凭证有多种形式，但作为确定会计分录和进行款项收付、账簿记录的依据，记账凭证必须具备一些基本要素，主要包括：

① 记账凭证的名称；

② 填制单位的名称；

③ 填制的日期和编号;

④ 经济业务的内容摘要;

⑤ 应记账户的名称、方向和金额;

⑥ 所附原始凭证(附件)张数;

⑦ 制证、审核、记账和主管人员等的签章。

以自制原始凭证或汇总原始凭证代替记账凭证时,也必须具备以上基本要素。

4. 记账凭证的填制要求和方法

记账凭证是根据经过审核无误的原始凭证或原始凭证汇总表,由会计人员将各项记账凭证要素按规定方法填写齐全,便于账簿登记。在填制过程中,除了应遵守原始凭证的各项填列要求外,还应做到以下几点要求。

● 为了保证会计信息口径的一致性,填写账户名称必须按照会计制度的有关规定,不得任意变更名称及其核算内容。

● 会计科目对应关系应正确,符合记账原理的要求。为了便于正确反映和分析有关经济业务的完成情况,会计科目对应关系应符合记账原理的要求。

● 经济业务的内容摘要应简明扼要。

● 记账凭证必须连续编号,填写应加计合计数。

● 每张记账凭证要标明所附原始凭证的张数。

● 收款凭证、付款凭证,在办完收付款业务后,应加盖"收讫"或"付讫"戳记,以保证货币资金收、付业务的正确完成。

下面分别举例说明各种记账凭证的填制方法。

(1)收款凭证的填制方法

收款凭证是根据有关现金和银行存款的收款业务的原始凭证或原始凭证汇总表填制的。收款凭证左上方"借方科目"处,应视其所反映的经济业务的具体内容的不同,分别填写"库存现金"或"银行存款"科目;" 年 月 日"处,应填列填制记账凭证的确切日期;右上方"字第 号"的前面应分别加填"现收"或"银收"等字样,"第 号"二字之间分别以1,2,3,…顺序依次往后排列填写,直至月终为止。下个月再从"1"开始往后排列。各月各类收款凭证不得有重号或漏号。"摘要"栏应填列经济业务的简要说明。"贷方科目"栏应填列与收入"库存现金"或"银行存款"相对应的总账科目及明细科目。"金额"栏表示借贷双方的记账金额。登账以后在"登账"栏打"√",表示已经过账,以避免重登或漏登。"会计主管"、"记账"、"出纳"、"审核""制单"等处,应由各有关责任人员签名或盖章,以明确责任。"附件 张"处,应填写所附原始凭证张数。

【例6-1】企业收到开户银行收款通知,购货单位还来的购货欠款20 000元。

这是一笔收款业务,根据银行收款通知编制收款凭证。如表6-8所示。

表 6 - 8　收款凭证

借方科目：银行存款　　　　　　　　2003 年 5 月 6 日　　　　　　　　　银收字第 1 号

摘　要	贷　方　科　目		金　额										登账
	总账科目及名称	明细科目及名称	千	百	十	万	千	百	十	元	角	分	
收到购货欠款	应收账款					2	0	0	0	0	0	0	
合　　　计					¥	2	0	0	0	0	0	0	

会计主管　　　记账　　　　出纳　　　　审核　　　　制单　　　　附件 1 张

（2）付款凭证的填制方法

付款凭证是根据有关现金和银行存款的付款业务，以及货币资金之间相互收、付业务的原始凭证或原始凭证汇总表填制的。它的填制方法，除以下两点外，其余的与上述收款凭证的填制方法完全相同。

① 付款凭证左上方"贷方科目"处，应填列"库存现金"或"银行存款"科目。表中的"借方科目"栏中，应填列与"库存现金"和"银行存款"相对应的会计科目。

② 根据记账凭证所反映经济业务具体内容的不同，分别在"字第　号"前面加填"现付"或"银付"等字样。

【例 6 - 2】 企业开出转账支票一张，支付前欠 A 厂购料欠款 5 000 元。

这是一笔付款业务，根据银行付款通知，编制付款凭证。如表 6 - 9 所示。

表 6 - 9　付款凭证

贷方科目：银行存款　　　　　　　　2003 年 6 月 2 日　　　　　　　　　银付字第 2 号

摘　要	借　方　科　目		金　额										登　账
	总账科目	明细科目	千	百	十	万	千	百	十	元	角	分	
支付 A 厂购料欠款	应付账款	A 厂					5	0	0	0	0	0	√
合　　　计						¥	5	0	0	0	0	0	

会计主管　　　记账　　　　出纳　　　　审核　　　　制证　　　　附件 1 张

收款凭证和付款凭证，既是登记现金日记账、银行存款日记账、总账和明细账的依据，也是出纳人员办理收、付款项的依据。

在编制收款凭证、付款凭证时，需要注意的是：凡是涉及货币资金之间的收、付业务，如将现金存入银行或从银行提取现金等类经济业务，由于纯粹属于货币资金形态上的转换（会计上叫倒户），为了避免重复记账，一律只填付款凭证，而不再填制收款凭证。

（3）转账凭证的填制方法

转账凭证是根据有关转账业务的原始凭证或原始凭证汇总表填制的。它的多数项目的填制与收款凭证、付款凭证相同，但也应注意3点：

① 要在"字第 号"前面加填一个"转"字。

②"会计科目"栏，分别填列应借、应贷的总账科目和所属的明细科目。一般按先借后贷的顺序填写。

③"借方金额"、"贷方金额"栏，应记入总账科目的金额与记入所属明细账的金额应相等，记入借方金额和贷方金额也应相等。

【例6-3】生产领用甲种材料10 000元，办妥领料手续。

这是一笔不涉及现金和银行存款的转账业务，根据领料单填制转账凭证。转账凭证的格式和填制方法，如表6-10所示。

表6-10 转账凭证

2003年6月6日　　　　　　　　　　　　　　　　　　　　　　　　　转字第3号

摘 要	会计科目		借方金额										贷方金额										登账
	总账科目	明细科目	千	百	十	万	千	百	十	元	角	分	千	百	十	万	千	百	十	元	角	分	
生产领用材料	生产成本				1	0	0	0	0	0	0												
	原材料	甲科													1	0	0	0	0	0	0		
合 计					¥	1	0	0	0	0	0	0			¥	1	0	0	0	0	0	0	

会计主管　　　记账　　　审核　　　制单　　　附件　张

以上所述收款凭证、付款凭证和转账凭证都是复式记账凭证。复式记账凭证是把一笔经济业务所涉及的会计科目和金额，填制在一张记账凭证上予以反映。与复式记账相对的是单式记账凭证，它是把一笔经济业务所涉及的借方会计科目和金额、贷方会计科目和金额，分别填制记账凭证。单式记账凭证的格式和登记方法如表6-11至表6-14所示。

表 6 – 11　收款凭证

贷方科目：其他应付款　　　　　　2003 年 5 月 11 日　　　　　　现收字第 15 号

二级明细科目	摘　　要	金　　额	记　　账
	收包装物押金	5 000	√
合　　计		5 000	

会计主管　　　　　　　出纳　　　　　　　制单　　　　附件 1 张

表 6 – 12　付款凭证

借方科目：生产成本　　　　　　2003 年 5 月 11 日　　　　　　现付字第 101 号

二级或明细科目	摘　　要	金　　额	记　　账
	支付本月电费	1 000	√
合　　计		1 000	

会计主管　　　　　　　出纳　　　　　　　制单　　　　附件 1 张

表 6 – 13　借项转账凭证

借方科目：材料采购　　　　　　2003 年 5 月 11 日　　　　　　转字第 21/2 号

摘　　要	二级或明细科目	金　　额	记　　账
从 A 厂购入甲料	原料及主要材料	1 500	√
对应科目：应付账款	合　　计	1 500	

会计主管　　　　　　　出纳　　　　　　　制单

表 6 – 14　贷项转账凭证

贷方科目：应付账款　　　　　　2003 年 5 月 11 日　　　　　　转字第 22/2 号

摘　　要	二级或明细科目	金　　额	记　　账
购买甲料欠款	A 工厂	1 500	√
对应科目：材料采购	合　　计	1 500	

会计主管　　　　　　　出纳　　　　　　　制单　　　　附件 1 张

5. 记账凭证的汇总

　　为了减少记账的工作量，可将一定时期内（旬、月）的记账凭证加以归纳整理而集中编制成汇总的记账凭证，再根据汇总记账凭证提供的各项资料登记账簿。

　　汇总记账凭证，按其汇总方式的不同，可分为分类汇总记账凭证和综合汇总记账凭证两种。

　　分类汇总记账凭证，通常称为专用汇总记账凭证。它是将一定时期内（旬、月）反映同类经济业务的记账凭证加以归类整理而集中编制的一种记账凭证。按其反映经济业务的性质，它可相应分为汇总收款凭证、汇总付款凭证和汇总转账凭证 3 种专用汇总形式。

综合汇总记账凭证，又称为通用汇总记账凭证。如"记账凭证汇总表"或"科目汇总表"，它是根据一定时期内（旬、月）的全部记账凭证，按每一会计科目归类汇总其借方发生额和贷方发生额填制而成的一种记账凭证。

汇总收款凭证、汇总付款凭证、汇总转账凭证、记账凭证汇总表、科目汇总表的格式和编制方法将在第 7 章介绍。

6. 记账凭证的审核

为了保证账簿记录的正确性，监督款项的收付，必须对记账凭证进行审核。

记账凭证的审核由专人负责。记账凭证是根据原始凭证填制的，因此，记账凭证的审核，实际上是对原始凭证的复核。审核的主要内容有以下 3 个方面。

（1）记账凭证与其附件的一致性

即审核记账凭证是否附有原始凭证，所附原始凭证张数与记账凭证所填列的附件张数是否相同，是否已经审核无误，记账凭证所反映的经济业务内容与所附原始凭证是否相符，金额是否相等。

（2）会计分录的正确性

即审核记账凭证所确定的会计分录，包括应借、应贷的会计科目是否正确，对应关系是否清楚，所记金额是否正确，借方金额与贷方金额是否相等，总账科目金额与所属明细科目金额是否相等。

（3）填制内容的全面性

即审核记账凭证中有关项目的填制，是否完备、有关人员的签章是否齐全。在审核中，如发现错误，应及时查明原因，予以更正，并由更正人员在更正处签章。只有经过审核无误的记账凭证，才能作为登记账簿的合法依据。

7. 记账凭证错误的更正

已登记入账的记账凭证，在当年内发现填写错误时，应用红字填写一张与原内容相同的凭证，在"摘要"栏中注明"注销某月某日某号凭证"，同时再用蓝字填写一张正确的记账凭证，注明"订正某月某日某号凭证"。如果会计科目没有错误，只是金额错误，也可将正确数字与错误数字之间的差额另编一张调整的凭证。调增金额用蓝字，调减金额用红字。如发现的是以前年度的错误，应用蓝字填写一张更正的记账凭证。

6.4 会计凭证的简化、传递和保管

1. 记账凭证的简化

在实际工作中，为了减少会计凭证数量，简化填写手续，并发挥会计凭证的汇总、综合和分析作用，对那些反映同类经济业务的原始凭证，可以采用一定的简化手续进行分类汇总，编制原始凭证汇总表，再根据汇总表所列各项总数入账。例如，企业材料日常的收发业务非常频繁，如果按每项收料凭证或发料凭证来编制记账凭证，并逐一登账，工作量相当繁重，为了解决这一问题，减少工作量，就可定期将收料凭证或发料凭证按材料的不同来源或材料的不同用途加以分类整理，编制"收料凭证汇总表"或"发料凭证汇总表"，再按汇总表所列总张数编制一张记账凭证，据以记账。这样既简化了核算手续，又为经济管理提供了所需要的综合指标，同时也可以为计算成本准备条件。

"发料凭证汇总表"的一般格式及填制方法，如表 6-15 所示。

此外，为简化记账凭证的填制工作，对于转账业务，可以用自制的原始凭证或汇总原始凭证代替记账凭证。但应在凭证格式中预先印有应借、应贷科目专栏，或在凭证空白处加盖能够填列应借、应贷科目的专门戳记，以便填列会计科目。例如，印有应借、应贷科目专栏的发料凭证汇总表，即可代替转账凭证，直接登记有关账簿。

表 6-16 所示的汇总表，不仅反映领用材料的总金额，而且还反映出由发料业务而引起的账户间的对应关系。这种汇总原始凭证，实际上就成了原始凭证和记账凭证两证相结合而可以直接据以记账的会计凭证（常称为联合凭证）。

表 6-15 发料凭证汇总表 1

计量单位：元　　　　　　　　　　　　××年　　月　　　　　　　　　　　　附件　张

用 途	甲 材 料			乙 材 料			合 计
	数量（kg）	单 价	金 额	数量（kg）	单 价	金 额	
生产成本	2 000	10	20 000	1 000	5	5 000	25 000
制造费用	1 000	10	10 000	1 000	5	5 000	15 000
管理费用	500	10	5 000	100	5	500	5 500
合 计	3 500	10	35 000	2 100	5	10 500	45 500

会计主管：　　　　　　记账：　　　　　　审核：　　　　　　制单：

表 6-16 发料凭证汇总表 2

计量单位：元　　　　　　　　　　　　××年　　月　　　　　　　　　　　　附件　张

借方科目 贷方科目	生 产 成 本		管 理 费 用	合 计
	A 产 品	B 产 品		
原材料—甲材料	25 000	15 000	1 000	41 000
—乙材料	15 000	10 000	500	25 500
合 计	80 000	55 000	2 000	137 000

会计主管：　　　　　　记账：　　　　　　审核：　　　　　　制单：

2. 会计凭证的传递

为了能够利用会计凭证，及时反映各项经济业务，提供会计信息，发挥会计监督的作用，必须正确、及时地进行会计凭证的传递。

会计凭证的传递，是指从会计凭证的填制或取得起，经过审核、记账、装订，直到归档为止在有关部门和人员之间的处理程序。包括规定合理的传递路线、传递时间，以及在传递过程中的衔接手续。

正确组织会计凭证的传递，对于及时处理和登记经济业务，明确经济责任，实行会计监督，具有重要作用。其作用主要有以下两点。

（1）有利于及时进行会计记录

会计凭证传递，是会计凭证处理的一个重要环节。正确组织会计凭证传递，能够将反映会计凭证上的有关经济业务完成情况的资料，及时传递到本单位各个有关环节，最后集中到会计部门来，可以及时、真实地反映和监督各项经济业务的完成情况。

（2）有利于完善经济责任制度

经济业务的发生和完成及记录，是由若干责任人共同负责、分工完成的，会计凭证作为记录经济业务、明确经济责任的书面证明，体现了经济责任制度的执行情况。单位会计制度可以通过会计凭证的传递，进一步完善经济责任制度，实行会计监督，提高会计工作的效率和质量。

为了充分发挥会计的作用，必须合理组织会计凭证的传递。合理组织会计凭证的传递，是会计制度的重要方面，也是经济管理的重要组成部分。

各单位所发生的经济业务不同，内部机构组织和人员分工的情况不同，会计凭证传递程序也不同。一般来讲，既要保证会计凭证经过必要的环节进行处理和审核，又要尽量避免重复和烦琐。例如，对于材料收入业务的凭证传递，应该明确规定：材料运进企业以后需要多少时间验收入库；由谁负责填制收料凭证；何时将收料凭证送到会计部门及其他业务部门；会计部门收到后应由谁负责审核；由谁和在何时编制记账凭证与登记账簿；由谁负责整理和保管凭证等。这样就可以把材料收入业务从验收入库到登记入账时止的全部工作，在本企业内部进行分工协作，共同完成。

组织会计凭证传递，必须遵循内部牵制原则，力求做到及时反映、记录经济业务；同时，还必须根据办理经济业务手续所需的时间，规定会计凭证在各环节的停留时间，保证经济业务及时记录。

会计凭证传递办法是经营管理的一项规章制度，会计部门应当在调查研究的基础上会同有关部门共同制定会计凭证传递程序，报经本单位领导批准后，有关部门和人员必须遵照执行。

3. 记账凭证的保管

会计凭证是重要的经济档案和历史资料。企业对于会计凭证，应在完成经济业务手续和记账之后，按规定的归档制度，形成会计档案，并妥善保管，以便随时查阅。

会计凭证归档保管的方法和一般要求有以下 4 点。

（1）定期整理归类

会计部门记账后，应定期（一般每月）对各种会计凭证加以整理、归类，将各种记账凭证按照编号顺序，连同所附的原始凭证，加具封面、封底装订成册，并在装订线上加贴封签。在封面上，应写明单位名称、会计年度和月份、起讫日期、起讫号码，以及记账凭证的种类、张数、所附原始凭证的张数等，并由有关人员签名盖章。

会计凭证装订成册的封面一般格式如表 6 – 17 所示。

表 6 – 17　会计凭证装订成册的封面一般格式

××年月第册		（企业名称）
		××年　月　共　　册　本册为第　　册
		凭证第　　号至第　　号共　　张
	收款	
	付款	
	转账	
		附：　　　原始凭证　　　张

会计主管：　　　　　会计：　　　　　装订：　　　　　保管：

（2）造册归档

装订成册的会计凭证，应由指定的专人负责保管，年度终了，应移交财会档案室登记归档。档案部门必须按期点收。

（3）使用及借阅手续

需要查阅会计凭证时，须经会计主管人员同意，办理借阅手续，但不得拆散原卷册，并限期归还。

（4）保管期满和销毁手续

会计凭证的保管期限和销毁手续，必须严格执行会计制度的有关规定。未到规定保管期限的会计凭证，不得随意销毁。保管期满需要销毁的会计凭证，必须开列清单，经上报审批后，才能销毁。

一般原始凭证、记账凭证和汇总凭证保管期限为 15 年（其中涉及外事和其他重要的会计凭证为永久保存），银行存款余额调节表保存期限为 3 年。

按规定销毁会计凭证时，必须开列清单，报批后，由档案部门和财会部门共同监督销毁。在销毁会计凭证前，监督销毁人员应认真清点核对，销毁后，在销毁清册上签名盖章，并将监销情况报本单位负责人。

■ 案例及思考

2007 年，国家审计署某省特派办对某省银行系统 2006 年度资产负债表和损益表进行了审计。在审前调查中，审计组发现该省分行 2005 年度固定资产盘盈数额巨大，于是决定将这部分作为审计重点之一。审计组进点后，要求被审计单位全面提供固定资产盘盈清单及其资金来源的全部会计资料。经过审计人员的内查外调，该行和该省的一个地级分行利用其在资金结算中的特殊地位，运用伪造进账单、联行补充假单，虚开发票等一整套会计舞弊手法，掩盖虚列支出用于基建的严重违规问题被揭露出来。

分析利用会计凭证造假的一般手法。

会计账簿

【内容提要】 会计账簿是继会计凭证之后，经济业务的又一重要载体。设置和登记会计账簿是会计核算工作的中心环节。本章主要阐述会计账簿的意义和种类、格式和登记，对账和结账，查错和改错及账簿的更换和保管等内容。

7.1 会计账簿的意义和种类

1. 会计账簿的意义

会计账簿，简称账簿，是以会计凭证为依据，用以全面、系统、序时、分类地记录和反映各项经济业务的簿籍（或账本、卡片和表册）。它是由具有专门格式并以一定形式连接在一起的若干账页所组成，即连接成整体的账户。

在会计账簿中，按一定的程序和方法登记经济业务所引起的会计要素的增减变化，称为记账。设置和登记会计账簿是会计核算的一种专门方法。

企业每发生一笔经济业务，都必须取得或填制会计凭证，这是对经济业务反映和监督的开始，是会计核算的第一步。但会计凭证的数量很多，又比较分散，每张会计凭证只能反映个别经济业务的内容，而不能反映企业全面的经济活动情况。会计作为"过程的控制和观念的总结"，应该能够全面反映企业经济活动的全貌，提供综合会计核算对象的系统化资料。为了系统、全面地反映会计凭证所包括的各项经济业务，就要把会计凭证中的分散、单个的具体资料，顺序地、分门别类地登记到有关的会计账簿中去，通过账簿，对核算资料进行加工整理，一步一步使它系统化，最后才能形成综合反映企业经济活动所要求的财务、成本指标体系。会计账簿的意义在于将分散单个的会计凭证资料连接成整体，完整、连续、系统地加工整理和储存会计信息；同时，将整个经济活动情况集中反映在账簿当中，又为编制会计报表积累了全面的资料；而且也便于记录、保管和防止散失，保证会计资料的安全完整。

账簿的设置和登记，对于全面、系统、序时、分类地反映经济业务，充分发挥会计在经济管理中的作用，具有重要意义。

2. 会计账簿的作用

设置和登记账簿作为会计核算的一项重要内容，在经济管理中具有重要作用，主要有以下 4 个方面的作用。

（1）会计账簿能全面反映和监督经济活动

通过设置和登记会计账簿，把会计凭证中反映的核算资料进一步归类、汇总，使大量分散的资料形成集中的、系统的、全面的会计核算资料，以便分类反映各项资金的增减变动和结存情况，监督资金的合理使用和财产的妥善保管。

（2）会计账簿能为管理提供分析检查资料

会计账簿反映的资料比会计凭证系统全面，利用账簿记录，可以提供各项资产、负债、所有者权益等增减变动情况，考核费用、成本和利润计划的完成情况，揭露企业生产经营活动和业务工作中存在的问题，开展会计分析和会计检查，以加强经营管理，提高经济效益。

（3）会计账簿能为编制会计报表和制订财务计划提供资料

通过账簿进行的总分类核算和明细分类核算，可提供总括的和明细的核算指标，从而为编制会计报表提供资料。账簿所反映的核算资料，也是企业当期和以前各期财务状况的真实反映，是企业制订下期和以后各期财务计划的重要依据。

（4）会计账簿能确保财产物资的安全完整

通过设置和登记会计账簿，可以连续反映各项财产物资的增减变动及结存情况，并借助于财产清查、账目核对等方法，反映财产物资的具体情况，发现问题，及时解决，以保证财产物资的安全完整。

3. 会计账簿设置的原则

一切企、事业单位，都必须设置会计账簿。会计账簿设置包括：规定账簿的种类、内容、作用和登记方法。一般应根据以下原则来设置会计账簿。

① 全面、系统地反映企业经济活动，为经营管理提供必要的指标体系。

② 能控制财产物资的增减变化，有利于保护财产物资的安全与完整。

③ 在满足实际需要的前提下，节省人力、物力，避免重复设账和烦琐复杂。

会计主体必须根据自身的业务特点及经营管理的需要，设置相应的账簿体系。

4. 会计账簿的种类

会计账簿的种类多种多样。为了对会计账簿的用途、结构内容、外表形式获得进一步的认识，从而正确地运用它们，就必须对会计账簿进行科学的分类。会计账簿的结构和记录的形式等决定着会计账簿的分类。一个会计主体要设置和运用的账簿，可以按照不同的标志划分为不同的类别。

1）按会计账簿的用途标志，分为序时账簿、分类账簿和备查账簿三大类

（1）序时账簿

序时账簿通常称为日记账，它是按照经济业务完成时间的先后顺序，逐日逐笔登记某类或全部经济业务的账簿。其中，登记全部经济业务的日记账称为普通日记账，如"分录簿"；登记某类经济业务的专门日记账称为特种日记账，如"现金日记账"、"银行存款日记账"和"转账日记账"等。

普通日记账，通常把每天所发生的经济业务，按照业务发生的先后顺序，编成会计分录记入账簿中。其实质是把会计分录按照经济业务发生的先后顺序记入日记账中，以此作为连续登记分类账的依据。

特种日记账，是用来记录某一类经济业务发生情况的日记账。通常只把重要的项目按经济业务发生的先后顺序记入日记账中，反映某个特定项目的详细情况。

在会计实务中，为了简化记账的手续，除了现金和银行存款收付要记入现金日记账和银行存款日记账以外，其他各项目一般不再设置日记账进行登记。

（2）分类账簿

分类账簿，是以会计科目为名称设置的，分门别类地登记全部或某类经济业务的账簿。按反映内容和提供资料详细程度的不同，分类账簿又分为总分类账和明细分类账簿两种。

总分类账簿，简称总账，它是按总分类账户（总账科目、一级科目）设置的，是用来分类反映会计要素中各科目总括情况的账簿。一个会计主体，一般只设置一套总分类账簿。

明细分类账簿，简称明细账，它是按明细分类账户（明细科目）设置的，是分类记录和反映各明细科目的明细情况的账簿。如"原材料明细账"、"应收账款明细账"等。

（3）备查账簿

备查账簿亦称备查登记簿，简称备查账，它是对某些不能通过序时账和分类账等主要账簿来记录或记录不全的经济业务进行补偿登记的账簿。如"租入固定资产登记簿"、"委托加工材料登记簿"、"商业汇票登记簿"等。

备查账簿主要是为某些经济业务的内容提供必要的参考资料。备查账簿不一定每个单位都设置，而应根据各单位的实际需要确定。备查账簿没有固定的格式，可由各单位根据管理的需要自行设计。

2）按会计账簿的外表形式标志，分为订本账、活页账和卡片账三大类

（1）订本账

订本账是在启用前就已将一定数量的账页按页码的先后顺序装订成固定账册的账簿。它的优点是能够避免账页散失和防止抽换账页。缺点是因为账页固定，不能增减，故必须为每一账户预留若干空白账页；而且一本账册在同一时间内，只能由一人登记，不便于记账人员的分工。

为防止账页散失和抽换，"现金日记账"、"银行存款日记账"和"总分类账"，以及某些重要的财产物资明细账，必须采用订本账簿。

（2）活页账

活页账，是将零散的账页按一定顺序装在账夹内，可随时抽取或装入账页的账簿。它的优点是便于分工记账，便于进行机械化核算，便于做各种不同的分类排列以求得各种必要的指标；缺点是账页容易散失，容易被抽换。

为了便于分工记账和避免浪费账页，明细分类账一般采用活页式账簿。

（3）卡片账

卡片账，是指以一定格式的零散的硬纸或厚纸卡片作为账页，按一定顺序排列在卡片箱中，可以随时取出和装入的账簿。它的优缺点同活页账相同，与订本账相反。

为避免频繁更换账页，为分类汇总和根据管理需要转移账卡提供方便，固定资产、低值易耗品和仓库保管员登记的原材料等明细账，一般可以采用这种详细具体、使用灵活的卡片账簿。

此外，还有将序时账簿和总分类账簿结合为一体的联合式账簿，称为日记总账。

一般企业，不论规模大小、业务繁简，都必须设置序时账、总分类账和明细分类账 3 种主要账簿，不能记入主要账簿的经济业务，可根据需要设置备查账簿。

7.2　会计账簿的格式和登记

1. 会计账簿的构成

各类账簿记录的经济业务虽然不同，账簿的外表形式多种多样，但都应具有以下几项内容。

（1）封面

封面主要表明会计账簿的名称和记账单位的名称，如总分类账、材料物资明细账、债权债务明细账等。

（2）扉页

扉页主要列明科目索引表及账簿使用登记表。内容包括：会计科目；账簿启用的日期和截止日期、页数和册次；经管账簿人员一览表和签章；会计主管人员等责任人签章等。其一般格式如表 7 - 1 和表 7 - 2 所示。

表 7 - 1　科目索引表

页　数	科　目	页　数	科　目	页　数	科　目	页　数	科　目

表 7 - 2　账簿使用登记表

使用者名称			印　签	
账 簿 名 称				
账 簿 编 号				
账 簿 页 数	本账簿共计　页			
启 用 日 期	××年　月　日			
责任人	主　管	会　计	记　账	审　核
经管人姓名及交接日期	经管　年　月　日			
	交出　年　月　日			
	经管　年　月　日			
	交出　年　月　日			
	经管　年　月　日			
	交出　年　月　日			
	经管　年　月　日			
	交出　年　月　日			
备　考				

（3）账页

账页的格式，虽因其反映经济业务的内容不同而不同，但其基本内容一般包括：

① 账户名称，或称会计科目；

② 登记日期栏；

③ 凭证种类和号数栏；

④ 摘要栏（记录经济业务内容的简要说明）；

⑤ 借、贷金额及余额的方向、金额栏；

⑥ 总页次和分户页次。

（4）封底

封底一般没有具体的内容，但它与封面一道起着保护整个账簿记录完整的重要作用。

上述 4 个方面构成了一本完整的会计账簿。

2. 序时账簿的格式和登记

1）序时账簿的作用

由于货币资金是一般财富的代表，可以随时用来购买商品，富于流动性，容易丢失、被盗和挪用，因而必须逐日逐笔登记，经常检查其现有数额。在实际工作中，应用最多的序时账簿是现金日记账和银行存款日记账。

序时账簿（特种日记账）是由出纳人员根据审核无误的收、付款凭证，序时逐笔登记的账簿。序时账簿的作用在于保证经济业务记录的及时性和系统性，便于检查核对。

企业一般应设置现金日记账和银行存款日记账，逐日反映库存现金和银行存款收入的来源，支出的用途和结存的余额，以利于对货币资金的管理、使用及对现金管理制度的执行情况进行严格的日常监督。

2）序时账簿的格式和登记方法

序时账簿统一规定采用订本式，序时账具体格式有两种：三栏式和多栏式。

（1）三栏式序时账簿的格式和登记方法

三栏式序时账簿的基本结构分为"收入"、"支出"和"结余"三栏。此外，还有"年月日"、"凭证种类编号"、"摘要"和"对方科目"等栏目。下面以"现金日记账"为例，说明三栏式序时账簿的格式和登记方法。

现金日记账通常由出纳人员根据审核后的现金收款凭证、现金付款凭证，逐日逐笔顺序登记。现金日记账中的"年月日"、"凭证种类编号"和"摘要"等栏目，根据有关记账凭证登记；"收入"栏根据现金收款凭证和引起现金增加的银行付款凭证登记；"支出"栏根据现金付款凭证登记；"对方科目"栏登记现金收入、付出时的对应科目，以反映每笔业务的来龙去脉。每日终了应计算出全日的现金收入、支出合计数和结余数，并将结余数与现金实际库存额核对，做到账实相符。每个会计报表期末，应结合当期"收入"栏和"支出"栏的发生额和期末余额，并与"库存现金"总分类账簿核对一致，做到日清月结，账账相符。

【例7-1】现以下列现金收、付业务为例，登记现金日记账（记账凭证略）：

① 从银行提现金15 000元备发工资；

② 支付职工工资15 000元；

③ 从银行提现金500元补充库存；

④ 职工王某借支差费150元，以现金支付；

⑤ 王某回来报销差费100元，余款交回。

三栏式现金日记账的格式和具体登记方法，如表7-3所示。

表7-3　现金日记账（三栏式）　　　　　　　　　　第　　页

2003年凭证				摘　　要	对方科目	收　入	支　出	结　余
月	日	种类	编号					
9	1			期初余额				600
		银付	②	提现金、备发工资	银行存款	15 000		15 600
		现付	①*	发放工资	应付职工薪酬		15 000	600
	略	银付	③	提现金、备零用	银行存款	500		1 100
		现付	②	王某借差费	其他应收款		150	950
		现收	①	收回差费余款	其他应收款	50		1 000
9	30			合　　计		15 550	15 150	1 000

采用三栏式格式，由于只设了"对方科目"栏，而没有给每个对应科目设专栏，月末必须将各对方科目分别汇总，编制转账凭证，再过入总账有关科目栏内。

优点：序时清晰地反映每笔现金的收、支、余情况及每笔收入、支出业务的来龙去脉。

缺点：不能反映对应科目经济业务的全部情况，不便于总账的登记。

三栏式银行存款日记账的格式除了在左上方增设"存款种类"一项内容外，其余的项目与现金日记账完全相同。

（2）多栏式序时账簿的格式和登记方法

一些企业，由于日常收、付款业务烦琐，会计凭证的数量很多，按每张收、付款凭证逐笔过账，工作量很大。为简化核算工作，可以使用多栏式序时账簿。

多栏序时账，是在三栏式的基础上发展形成的。它采用对开式，左方（收入方）登记收款；右方（支出方）登记付款。每一方各按应借、应贷对方科目设置若干专栏，以详细反映收入的来源和支出的去向，根据收款或付款凭证逐日逐笔进行登记。每日终了，应分别计算收方和付方的合计数，并求出当日结余额。月末，应结出各栏的本月合计。其余栏目的填列同三栏式序时账相同。

【例 7 – 2】现以下列银行存款收、付业务为例，登记银行存款日记账（记账凭证略）：

① 用银行存款 10 000 元购入材料，材料已入库；

② 从银行提取现金 15 000 元，备发工资；

③ 银行通知，收到甲单位还来购货欠款 3 000 元；

④ 从银行提取现金 500 元，补充库存；

⑤ 销售产品，货款 50 000 元存入银行。

多栏式银行存款日记账的格式和具体登记方法，如表 7 – 4 所示。

表 7 – 4　银行存款日记账（多栏式）

存款种类：人民币

2003 年		凭证		摘要	收入（借方）			支出（贷方）			余额
月	日	种类	编号		对方科目（贷方）		合计	对方科目（借方）		合计	
					应收账款	主营业务收入		原材料	库存现金		
9	1			期初余额							30 000
	2	银付	①	购入材料				10 000		10 000	20 000
	3	银付	②	提取现金					15 000	15 000	5 000
	5	银收	①	收到货款	3 000		3 000				8 000
	8	银付	③	提取现金					500	500	7 500
	12	银收	②	实现收入		50 000	50 000				57 500
9	30		合计		3 000	50 000	53 000	10 000	15 500	25 500	57 500

银行存款日记账通常由出纳人员根据审核后的银行存款收款凭证、银行存款付款凭证，逐日逐笔顺序登记。若一个单位开设有若干银行存款户，应分别设账户登记，便于与银行核对，也有利于银行存款的管理。

　　采用多栏式序时账，账簿本身就起到了汇总记账凭证的作用。月末，利用结出的收入方各科目的合计数，分别过入总账各有关账户的贷方，把收入合计栏的合计数，过入"银行存款"账户的借方；同时，根据支出方各科目的合计数，过入总账各有关账户的借方，把支出合计栏合计数，过入"银行存款"账户的贷方。从这个意义上说，多栏式序时账的收入方，相当于一张全月汇总的收款凭证；支出方，相当于一张全月汇总的付款凭证。

　　需要注意的是，在根据各科目合计数过入总账时，银行存款日记账中的"库存现金"科目专栏的合计数不过账，因"库存现金"账户的过账是直接根据现金日记账的合计数进行的；现金日记账中的"银行存款"科目专栏的合计数也不过账，因"银行存款"账户的过账是直接根据银行存款日记账中的合计数进行的，以避免重复过账。

　　优点：既可以反映每笔收入、支出业务的来龙去脉，又可通过对应科目的若干专栏，反映出相同业务在一定时期内的全貌，而且减少了登记总账的工作量。

　　缺点：如对应科目账户多时，账页过大，会造成登账的一定困难。

　　多栏式现金日记账的格式除了没有左上方"存款种类"项目外，其余项目均与多栏式银行存款日记账完全相同。

　　在会计实务中，如果现金和银行存款相对科目较多，为了避免账页过宽，可分别设置"现金收入日记账"、"现金支出日记账"、"银行存款收入日记账"、"银行存款支出日记账"。多栏式收入日记账、多栏式支出日记账的一般格式如表7-5和表7-6所示。

表 7-5　现金（银行存款）收入日记账

××年		收款凭证号数	摘要	贷方科目				收入合计	支出合计	结余
月	日									

表 7-6　现金（银行存款）支出日记账

××年		付款凭证号数	摘　要	结算凭证		借方科目		
月	日			种　类	号　数			支出合计

至于外币存款日记账，因为要求既要按人民币为记账本位币计账，又要同时按外币记账，还要登记外币折合率，其格式略有不同。外币存款日记账的格式，如表 7 – 7 所示。

表 7 – 7　外币存款日记账

存款种类：×外币存款

××年		凭证		摘要	对方科目	收　入			支　出			结　余		
月	日	种类	编号			×外币金额	汇率	人民币金额	×外币金额	汇率	人民币金额	×外币金额	汇率	人民币金额

为了坚持内部牵制原则，实行钱、账分管，出纳人员不得负责登记现金日记账和银行存款日记账以外的任何账簿。出纳人员登记现金日记账和银行存款日记账后，应将各种收款、付款凭证交由会计人员，由会计人员据以登记总分类账及有关的明细分类账，通过"库存现金"和"银行存款"总账与日记账的定期核对，达到控制现金日记账、银行存款日记账的目的。

3. 总分类账簿的格式和登记

1）总分类账簿的作用

总分类账簿，是由总分类账户汇订而成的，是按总分类账户（会计科目）进行分类登记全部经济业务、提供总括资料的账簿。其主要作用在于全面、系统、总括地反映和记录企业的经济活动，保证会计记录的系统性和完整性，为编制会计报表提供总的指标。

2）总分类账簿的格式和登记

总分类账一般采用订本式。其格式因企业的账簿组织、核算组织程序的不同而有所区别。常用的格式有三栏式和多栏式两种。

（1）三栏式总分类账簿的格式和登记方法

三栏式又称借贷余额式，是按每一总账科目设立一张账页。三栏式总分类账簿左上方的"会计科目"栏，填列所开设总账的会计科目名称；"年月日"、"凭证号码"和"摘要"等栏，根据有关记账凭证编制的先后顺序依次登记；"借方"栏，登记有关记账凭证载明的应记入账户的借方余额；"贷方"栏，登记有关记账凭证载明的应记入该账户的贷方余额；"借或贷"栏，登记该账户的结存金额。每个会计报告期末，应结出当期借贷发生额和期末余额。为了清晰反映经济业务的来龙去脉，也可增设"对方科目"栏。

现以"应收账款"总分类账为例，说明三栏式总分类账簿的格式和登记方法。如例7-2，银行通知，收到某单位还来购货欠款。登记"应收账款"总分类账，如表7-8所示。

表7-8　总账（借贷余额式）

会计科目：应收账款

2003 年		凭证号码	摘　要	对方科目	借　方	贷　方	借或贷	余　额
月	日							
9	1		期初余额				借	4 000
	5	银收①	收应收账款	银行存款		3 000	借	1 000
9	30		合计			3 000	借	1 000

（2）多栏式总分类账簿的格式和登记方法

多栏式总分类账簿与三栏式总分类账簿不同，它将企业的全部总账科目并列在一张账页上。多栏式总分类账簿的登记，对于转账业务，要逐日逐笔地根据转账凭证登记；对于收、付款业务，则是根据多栏式日记账全月各专栏的合计数登入总账的相应科目栏内。

【例7-3】现以下列转账业务和前面所述收付款业务为例，说明多栏式总分类账簿的格式和登记方法（记账凭证略）：

①收到投资人投入设备一台，价值20 000元；

②车间领用材料20 000元，用于产品生产；

③从银行借入短期借款4 000元，直接归还购料欠款；

④将本月工资支出15 000元，列入生产成本；

⑤王某报销差费100元；

⑥计算本月销售税金1 620元；

⑦结转本期利润（其中主营业务收入50 000元，主营业务成本35 000元，主营业务税金及附加1 620元，管理费用100元）。

多栏式总分类账的格式和登记方法，如表7-9所示（期初金额为假设数字）。

总分类账登记的依据和方法，取决于所采用的会计核算组织程序。

表7-9 总账（多栏式）

日期	记账依据	库存现金 借方	库存现金 贷方	银行存款 借方	银行存款 贷方	应收账款 借方	应收账款 贷方	其他应收款 借方	其他应收款 贷方	原材料 借方	原材料 贷方	固定资产 借方	固定资产 贷方	生产成本 借方	生产成本 贷方	管理费用 借方	管理费用 贷方	库存商品 借方	库存商品 贷方
9/1	期初余额	600		30 000		4 000		400		18 000		1 500 000		5 000					
1	转①											20 000							
6	转②										20 000			20 000					
7	转③																		
9	转④													15 000					
10	转⑤								100							100			
14	转⑥																		
15	转⑦														35 000		100	35 000	35 000
30	银行转账来			53 000	25 500		3 000			10 000									
30	现金转账来	15 550	15 150					150	50										
30	发生额合计	15 550	15 150	53 000	25 500		3 000	150	150	10 000	20 000	20 000		35 000	35 000	100	100	35 000	35 000
30	期末余额	1 000		57 500		1 000		400		8 000		1 520 000		5 000					

实收资本 借方	实收资本 贷方	应付账款 借方	应付账款 贷方	应付职工薪酬 借方	应付职工薪酬 贷方	短期借款 借方	短期借款 贷方	主营业务收入 借方	主营业务收入 贷方	营业税金及附加 借方	营业税金及附加 贷方	应交税费 借方	应交税费 贷方	本年利润 借方	本年利润 贷方	利润分配 借方	利润分配 贷方	主营业务成本 借方	主营业务成本 贷方
	1 558 000		5 000				35 000												
	20 000																		
		4 000					4 000												
					15 000														
										1 620			1 620						
								50 000			1 620			50 000	50 000		13 280	35 000	35 000
				15 000					50 000										
	20 000	4 000		15 000	15 000		4 000	50 000	50 000	1 620	1 620		1 620	50 000	50 000		13 280	35 000	35 000
	1 578 000		1 000				39 000						1 620				13 280		

4. 明细分类账簿的格式和登记

1）设置明细分类账簿的必要性

总分类账簿反映的是企业会计要素中各科目的总括情况，它对于一般地了解企业会计要素各科目的增减变化情况和结果很有必要。但是，总分类账不能提供关于它们的详细资料。例如，"原材料"是总账科目，从它的期初、期末结存材料的价值中，我们可以了解材料资金占用的情况；从本期收入材料的价值中，我们可以了解材料采购的数量；从本期耗用材料的价值中，我们可以了解材料耗用的总成本。但只掌握这些资料，还不足以管好用好材料，因为"原材料"这个总账科目中，包括各种各样的材料。从总额上看，材料占用的资金可能达到甚至超过规定的储备定额，但其中某些材料可能储备不足或其中大部分材料低于定额。究竟哪些储备正常，哪些储备不足，哪些还有积压？仅凭总分类账说明不了这些具体问题。另外，总账只提供货币指标，即只限于价值核算，有一定的局限性。我们知道，价值与使用价值、资金与物资，实际上是不能分离的，价值核算与使用价值核算（实物量的核算）必须紧密结合，所以企业除设置总账外，还必须根据企业经营管理的需要，为有关的总账设立明细分类账簿。如在"原材料"总账下面，按类别、品名、保管地点等，分别设立明细分类账簿，进行明细分类核算。明细分类账也是会计账簿体系中不可缺少的一部分。

2）明细分类账簿的作用

明细分类账簿是由二级账户或三级明细账户汇订而成，是按总分类账户所属明细分类账户分类和详细具体登记某一类经济业务，提供明细资料的账簿。设置明细分类账簿，可以具体地反映每个项目的增减变化和实有数额，便于加强对财产物资的管理、往来款项的结算，也能为编制会计报表提供详细的资料。

总账只反映总括情况，只提供货币指标；明细账不仅提供明细资料，而且同时运用货币和实物指标。明细账是总账的具体化，是总账的补充说明。两者互相配合，更有利于说明问题。

3）明细分类账簿设置的依据

必须指出，不是所有的总账都一定设立明细账，对于某些内容单纯、账目简单、没有必要提供详细资料的账户，如库存现金、应付职工薪酬等，就不需要设置明细账。至于哪些总账要设置明细账，则要根据企业经营管理上的需要而定。一般来说，对于经营过程的监督越细致、越具体，就越要设置明细账。对于包括多种品名的财产和物资账户，如固定资产、原材料等；对于包括许多单位（或个人）的结算账户，如应收账款、应付账款、其他应收款、其他应付款等；对于主要经营过程的账户，需要分别算账考察的，如生产成本、主营业务收入等，都应设明细账，进行明细分类核算，提供详细、具体的指标。

4）明细分类账的格式和登记

为了满足各种不同用途的需要，明细分类账簿主要有三栏式、多栏式和数量金额式 3 种格式。

（1）三栏式明细分类账簿的格式和登记方法

三栏式（借贷余额式）明细账的格式除右上角标明"明细科目"外，其余与三栏式总账的格式基本相同。其填列方法除在右上角"明细科目"处，填列所开设的二级或明细账的会计科目名称外，其余项目的填列方法同三栏式总账基本相同。

三栏式明细账主要适用于只需要进行金额核算，不需要提供数量变化情况的账户。如"应收账款"、"应付账款"等结算类科目的明细分类核算。因为这类科目只需要进行价值（金额）核算，所以账簿格式只有"借方"、"贷方"、"余额"3 个金额栏。

三栏式明细分类账簿的格式和登记方法，如表 7-10 所示。

表 7-10　明细账（借贷余额）

总账科目：应收账款　　　　明细科目：甲单位　　　　　　　　　　　　　第　　　页

记账凭证		摘　　要	金　　额		借或贷	余　　额
日期	编号		借方	贷方		
9 月 5 日					借	4 000
	银收①	收回甲单位购货欠款		3 000	借	1 000
9 月 30 日				3 000	借	1 000

（2）多栏式明细分类账簿的格式和登记方法

多栏式明细分类账簿格式的一个显著特征，是在"借方"或"贷方"按照明细科目或明细项目分别设置若干专栏，以集中反映某明细账户核算资料的账簿。除此之外，其他各栏目的设置和名称均与三栏式相同。其填列方法，除"借方"或"贷方"各专栏的金额是根据记账凭证的明细及附件资料分析计算填列外，其他栏目的登记方法均与前述各账簿的登记相同。

这种明细账适用于需要按项目汇集的科目，如"材料采购"、"生产成本"、"管理费用"、"制造费用"等费用、成本、收入成果类科目的明细分类核算。

多栏式明细分类账簿的格式和登记方法，如表 7-11 所示。

表 7-11　生产成本明细账（借贷多栏式）

总账科目：生产成本　　　　　　　　明细科目：A 产品

2×××年231		凭证号码	摘　要	借　　　方				贷　方	余　　额
月	日			材料	工资	费用	合计		
9	1		月初余额						5 000
	6	转②	生产领料	20 000			20 000		
	9	转④	支付工资		15 000		15 000		
	11	转⑦	生产完成					35 000	
	30		发生额和结余额	20 000	15 000		35 000	35 000	5 000

通过表 7-11 可见，为了详细反映 A 产品的生产成本构成情况，在明细账的借方设置了若干专栏，分别对构成 A 产品成本的每个项目进行专门反映。

（3）数量金额式明细分类账簿的格式和登记方法

数量金额式明细分类账，是对具有实物形态的财产物资进行明细分类核算的账簿。适用于材料物资和库存商品等既要进行金额明细核算，又要进行数量明细核算的财产物资的项目。其账簿的账页格式是：设"收入"、"发出"、"结余"3 栏，每栏分设数量、单价、金额专栏，分别根据收发领退的有关凭证登记数量、单价、金额各栏。此外，它可针对特殊需要增设某些附栏，如"最高储备量"、"最低储备量"和"存放地点"等。

数量金额式明细分类账簿的格式和登记方法，如表 7-12 所示。

表 7-12 明细账（数量金额式）

总账科目：　　　　　　　　　　　　　　　　明细科目：

××年		凭证号码	摘　　要	收　　入			发　　出			结　　存		
月	日			数量（台）	单价	金额	数量（台）	单价	金额	数量（台）	单价	金额
10	1		期初余额							8	1 000	8 000
	11	转⑥	入库	30	1 000	30 000				38	1 000	38 000
	13	转⑦	出库				35	1 000	35 000	3	1 000	3 000
10	30		合计	30	1 000	30 000	35	1 000	35 000	3	1 000	3 000

上述明细账格式，最基本的是三栏式，其他两种格式都是在三栏式的基础上发展起来的。

此外，为了适应固定资产、低值易耗品等明细核算的特殊需要，其明细分类账的格式一般采用卡片式，在卡片的两面设置必要栏目进行登记。具体格式可以自行设计。固定资产卡片的参考格式如表 7-13 所示。

各种明细分类账的登记方法，应根据各单位的业务量大小、人员多少、经济业务内容及经营管理的需要而定。根据原始凭证、汇总原始凭证或标有明细科目及金额的记账凭证进行登记，可以逐日逐笔登记，也可以定期汇总登记。

会计人员要按照规定，设置总账、明细账、日记账。

5. 总分类账与明细分类账的平行登记

（1）总分类账与明细分类账的关系

总分类账是根据总分类科目开设的，用以提供总括指标的账簿；明细分类账是根据明细分类科目开设的，用以提供明细指标的账簿。在总分类账中进行的核算，称为总分类核算；在明细分类账中进行的核算，称为明细分类核算。各单位在进行总分类核算的同时，应根据管理的需要，进行明细分类核算。

表 7－13　固定资产卡片

单位名称：　　　　　　　　　　　　　　　　　　　　　　卡片编号：

资产管理部门：　　　　　　　　　　（正面）　　　　　　　资产类别：

使用部门：　　　　　　　　　　　　　　　　　　　　　　固定资产项目编号：

固定资产项目名称		开始使用日期		折旧率	
型 号 规 格		原　　　价			
建 造 单 位		其中：安装费		拨 入 日 期	
建 造 日 期		预 计 残 值		拨入时已使用年限	
验 收 日 期		预计清理费用		尚能使用年限	
取 得 来 源		预计使用年限		投入时已提折旧	

附属设备				原价变动记录				
名称	规格	数量	金额	日期	凭证	增加金额	减少金额	变动后金额

（背面）

大修理记录				停用记录			内部转移记录			
日期	凭证	摘要	金额	停用原因	停用日期	动用日期	内部转移日期	凭证	使用保管单位	存放

调出记录　　　　　　　　报废清理记录

日期_____　　　　　　日期_____

凭证号数_____　　　　凭证号数_____

调出方式_____　　　　报废原因_____

调入方式_____　　　　原始价值_____

原始价值_____　　　　已提折旧额_____

已提折旧额_____　　　残值收入_____

有偿调出价款_____　　清理费用_____

备注_____　　　　　　备注_____

立卡片日期_____

注销卡片日期_____

卡片登记人_____

　　总分类账与明细分类账的关系十分密切，总账是所属明细账的总的概括，对明细账起着控制的作用；明细账是总账的详细记录，对总账起着补充说明的作用。具体体现在以下 3 个方面：

　　● 两者核算的对象一致（同一笔经济业务，经济内容相同），性质相同（同为资产

或负债);

● 两者登记的原始依据相同;

● 提供的资料互为补充。

所以在它们之间就形成了统治与被统治的关系、总数与系数的关系。这种关系决定了它们的记账特点——平行登记。

平行登记,是指经济业务发生后,根据记账凭证,一方面要登记有关的总分类账户,另一方面要同时登记该总分类账所属的各有关明细分类账户。其要点如下。

① 对每一笔经济业务,既要记总账,又要记其所属的明细账(同期间)。

登记总分类账和其所属明细分类账必须在同一会计期间内完成,并非同时。因为明细账一般根据记账凭证及其所附的原始凭证在平时登记,而总分类账则因会计核算程序的不同,可能在平时登记,也可能定期登记。

② 登记总分类账及其所属的明细分类账的方向应相同(同方向)。

以相同的变动方向登记总账和其所属的明细分类账,并非相同的借、贷记账方向。因为一些明细账对于某些需要冲减有关组成项目额的事项,只能以红字记入其相反的记账方向,以红字在其相反的记账方向登记来表示总分类账中的相同方向的记录。

③ 记入总分类中的金额与记入其所属的各明细分类账的金额之和相等(同金额)。

这只表明其数量关系,而不是借方发生额相等和贷方发生额相等的关系。

通常总分类账与其所属的明细分类账按平行登记规则进行登记,可概括为:同期间、同方向、同金额,如图 7-1 所示。

総 分 类 账

期初余额 ×××	
发生额 ×××	发生额 ×××
期末余额 ×××	

甲明细分类账			乙明细分类账	
期初余额 ×××			期初余额 ×××	
发生额 ×××	发生额 ×××		发生额 ×××	发生额 ×××
期末余额 ×××			期末余额 ×××	

图 7-1 总分类账与其所属的明细分类账间的登记关系

$$期初余额_总 = 期初余额_甲 + 期初余额_乙$$

$$本期借方发生额_总 = 本期借方发生额_甲 + 本期借方发生额_乙$$

$$本期贷方发生额_总 = 本期贷方发生额_甲 + 本期贷方发生额_乙$$

$$期末余额_总 = 期末余额_甲 + 期末余额_乙$$

总分类账与明细分类账之间只有进行平行登记,才能起到总账控制明细账、明细账补充说明总账的作用；并可通过平行登记，核对检查总账和明细账的登记是否正确。

（2）平行登记运用举例

【例 7 − 4】现以"原材料"和"应付账款"两个账户为例，说明总账和明细账的平行登记方法。

（1）假设某单位 2006 年 10 月 1 日"原材料"和"应付账款"总账及所属明细账的结余额如下：

原材料：甲料　　　 1 000 t, 30 元/t,　　　　 明细账余额 30 000 元

　　　　 乙料　　　 200 kg, 5 元/kg,　　　　 明细账余额 10 000 元

　　　　　　　　　　　　　　　　　　　　　　 总账余额　　 40 000

应付账款：A 厂　　　　　　　　　　　　　　 明细账余额　　 500

　　　　 B 厂　　　　　　　　　　　　　　　 明细账余额　　 500

　　　　　　　　　　　　　　　　　　　　　　 总账余额　　 1 000

（2）10 月份发生了下列业务，编制如下会计分录。

① 10 月 5 日，向 A 厂购入甲料 50 t，材料已验收入库，货款未付。

　　借：原材料——甲料　　　 1 500

　　　　贷：应付账款——A 厂　 1 500

② 10 月 10 日，生产车间领用甲料 80 t，乙料 100 kg。

　　借：生产成本　　　　　　 2 900

　　　　贷：原材料——甲料　　 2 400

　　　　　　——乙料　　　　　 500

③ 10 月 20 日，以银行存款归还 B 厂购料欠款 500 元。

　　借：应付账款——B 厂　 500

　　　　贷：银行存款　　　　 500

（3）根据以上会计分录，登入各有关账户，如表 7 − 14 至表 7 − 19 所示。

表 7 − 14　总　账

总账科目：原材料

2006 年		凭证	摘　要	借　方	贷　方	借／贷	余　额
月	日					贷	
10	1		期初余额			借	40 000
10	5	①	购入材料	1 500		借	41 500
10	10	②	领用材料		2 900	借	38 600
10	30		合　计	1 500	2 900	借	38 600

表 7-15　明细账

总账科目：原材料　　　　　　明细科目：甲料　　　　　　单价：30 元/t

2006 年		凭证	摘要	收入		支出		结余	
月	日			数量	金额	数量	金额	数量	金额
10	1		期初余额					1 000	30 000
10	5	①	购入	50	1 500			1 050	31 500
10	10	②	生产领用			80	2 400	970	29 100
10	30		合计	50	1 500	80	2 400	970	29 100

表 7-16　明细账

总账科目：原材料　　　　　　明细科目：乙料　　　　　　单价：5 元/kg

2006 年		凭证	摘要	收入		支出		结余	
月	日			数量	金额	数量	金额	数量	金额
10	1		期初余额					2 000	10 000
10	10	②	生产领用			100	500	1 900	9 500
10	30		合计			100	500	1 900	9 500

表 7-17　总　账

总账科目：应付账款

2006 年		凭证	摘要	借方	贷方	借/贷	余额
月	日						
10	1		期初余额			贷	1 000
10	5	①	购料欠款		1 500	贷	2 500
10	20	③	归还欠款	500		贷	2 000
10	30		合计	500	1 500	贷	2 000

表 7-18　明　细　账

总账科目：应付账款　　　　明细科目：A 厂

2006 年		凭证	摘要	借方	贷方	借/贷	余额
月	日						
10	1		期初余额			贷	500
10	5	①	购料欠款		1 500	贷	2 000
10	30		合计		1 500	贷	2 000

表 7 - 19 明 细 账

总账科目：应付账款　　　　　　　　　　　　明细科目：B 厂

| 2006 年 | | 凭 证 | 摘 要 | 借 方 | 贷 方 | 借／贷 | 余 额 |
月	日						
10	1		期初余额			贷	500
10	20	③	归还欠款	500			0
10	30		合 计	500			0

　　为了检查账簿记录是否正确，我们可以将各个明细账的资料分别汇总，编制各种明细账的发生额对照表，再与总账的有关资料进行核对。

　　现根据上述原材料和应付账款的明细账资料，分别编制发生额明细表。如表 7 - 20、表 7 - 21 所示。

表 7 - 20 原材料明细账本期发生额明细表

| 明细账户名称 | 计量单位 | 单价 | 期初余额 | | 本期发生额 | | | | 期末余额 | |
| | | | 数量 | 金额 | 收入 | | 发出 | | 数量 | 金额 |
					数量	金额	数量	金额		
甲料	t	30 元	1 000	30 000	50	1 500	80	2 400	970	29 100
乙料	kg	5 元	2 000	10 000	100	500	100	500	1 900	9 500
合计						1 500		2 900		38 600

表 7 - 21 应付账款明细账本期发生额明细表

| 明细账户名称 | 期初余额 | 本期发生额 | | 期末余额 |
		借方	贷方	
A 厂	500		1 500	2 000
B 厂	500	500		
合 计	1 000	500	1 500	2 000

　　通过对上述两个账户的试算平衡，可以看出：

　　① 总账的期初余额和所属明细账的期初余额的合计数相等；

　　② 总账借方（或贷方）本期发生额和所属明细账的借方（或贷方）本期发生额合计数相等；

　　③ 总账的期末余额和所属明细账的期末余额的合计数相等。

　　在会计核算中，通常根据总分类账与其所属明细账之间的这种关系，来检查总分类账与其所属明细分类账记录的正确性和完整性。

　　6. 登记账簿的规则

　　（1）启用账簿的规则

为了确保账簿记录的合规和完整，明确记账责任，在启用账簿时应注意以下几个方面：

① 账簿封面上写明单位名称和账簿名称；

② 账簿扉页上应附"账簿使用登记表"；

③ 订本式账簿，应顺序编号，编订页数；

④ 活页式账簿，按账页顺序编号，定期装订成册。

（2）登记账簿的规则

登记账簿必须按规定的方法，一般应遵循下列规则。

① 根据审核无误的会计凭证为依据登记账簿。根据会计凭证日期、凭证编号、业务内容、金额等资料，逐项记入账内。登记完毕后，要在会计凭证上签章，并注明已登记的符号（如"√"）表示已记账，避免重记和漏记。做到数字准确，摘要清楚，登记及时。

② 登记账簿要用钢笔和蓝黑墨水书写（会计制度规定可用红字登记的除外）。为了防止涂改，记录清晰，便于长期保管，记账不得使用铅笔和圆珠笔。账簿记录发生错误，按规定更正方法更正。不得刮擦、挖补、涂抹或用退字药水更改账簿。

③ 文字和数字书写必须工整、规范。记账时的文字和数字书写不得潦草，应规范、工整。账簿中书写的文字和数字上面要留适当空距，一般应占格长的1/2。

④ 按顺序逐页、逐行登记。各账簿按页次顺序连续登记，不得跳行、隔页，如发生时，应将空行、空页划线注销或注册"此行空白"、"此页空白"字样，并由记账人员签章。

⑤ 在账页上注明账户余额方向。凡需结出余额的账户，结出余额后，应在"借或贷"栏内写明"借"或"贷"字样，明确账户余额方向；没有余额的写"平"字，余额栏内用"0"表示。

⑥ 每页账页记完时，应办理转页手续。每一账页登完结转下页时，应结合本页合计及余额，写在本页最后一行和下页第一行有关栏内，并在摘要栏写明"过次页"和"承前页"字样或只在下页注明。

7.3 对账和结账

1. 对账

在会计工作中，由于种种原因，难免发生记账、计算等差错，也难免出现账实不符的现象，为了保证会计资料真实可靠，能够确切说明会计主体的财务状况和经营情况，必须建立定期的对账制度。

对账，是对各种账簿记录所做的检查和核对工作，即核对账目。对账是为了保证账证相符、账账相符和账实相符的一项检查工作，是会计核算工作的一项重要内容。

对账是每个会计报告期末办理账务结束过程中，首先必须进行的一项工作。对账的主要内容包括以下3个方面。

（1）账证核对

账证核对是指各种账簿记录与其据以过账的有关会计凭证核对相符。这种核对主要是在日常编制凭证和记账过程中的"复核"环节进行的。

（2）账账核对

账账核对是指各种账簿之间的有关指标核对相符。具体包括：

① 总分类账全部账户发生额和余额的试算平衡；

② 总分类账与其所属明细分类账、日记账之间的平行登记核对相符；

③ 会计部门有关财产物资的明细分类账与其保管或使用部门的明细分类账核对相符；

④ 应收、应付账款明细账与有关债务、债权单位的应付、应收账款明细账核对相符等。

（3）账实核对

账实核对是指财产物资的账面结存数与其实物结存数核对相符。具体包括：

① 银行存款日记账的账面余额与银行对账单核对相符；

② 现金日记账的账面余额与库存现款核对相符；

③ 各种财产物资的明细账账面余额与其库存实物核对相符等。

账实核对，一般是结合财产清查进行的。

对账工作一般在月末进行，即在记账之后、结账之前进行对账。若遇特殊情况，如有关人员调动或发生非常事件，应随时进行对账。对于对账的一些基础性工作，一般也应在平时进行。

2. 结账

为了总结一定会计期间企业经济活动的全面情况，便于编制会计报表和指导未来的经济活动，必须定期对各种账簿记录进行结算，搞好结账工作。

结账，就是把在一定时期内企业所发生的经济业务全部登记入账，并在已核对相符的基础上，结算各种账簿的本期发生额合计和期末余额，同时将余额结转下期或转入新的账簿内的一系列账务处理。

结账是一项细致而复杂的工作，必须做好充分准备。结账包括以下几个方面的内容。

（1）检查账簿记录的完整性

① 本期内发生的经济业务，应全部登记入账，但不得提前入账，也不得延至下期入账。

② 调整账簿记录。包括以下内容。

● 成本类账户的结转。如制造费用的分配；完工产品生产成本的结转。

● 损益类账户的结转。如期末为了计算利润结转的收益类和费用成本类账户。

● 年末利润的清算。如年末对本年实现的利润总额和利润分配的结转。

● 其他转账业务的结转。如预付账款，有时会按规定比例或标准摊入或计入本期费用；财产物资的盘盈盘亏，应按有关规定登记入账等，以正确计算当期损益。

（2）检查账簿记录的正确性

① 在本期发生的经济业务全部登记入账的基础上，结算出各种账簿的本期发生额和期

末余额，并结转下期。通常，按结算期间分为月结、季结和年结。其具体做法是：

- 月结时，应在摘要栏内注明"本月发生额及月末余额"字样，计算出本期借、贷方发生额合计和期末余额，并在下面画一条红色单线；
- 季结时，在摘要栏内注明"本季发生额及季末余额"字样，将本季3个月份的借、贷方月结金额加以累计，并算出季末余额，在下面画一条红色单线；
- 年结时，应在摘要栏内注明"全年发生额及年末余额"字样，将本年4个季度的借、贷方季结金额加以累计，并算出年末余额，在下面画双条红线。

年度内除第十二月末和第四季度末外，其他各月末和季末结账后有余额的账户，要将其余额同时转记到下月或下季各该账户，作为其下月初和下季初的余额。年终结转时，所有总账科目都应结出全年发生额和年末余额。年度终了，要把各种账户的余额结转下年，并在摘要栏内注明"结转下年"字样，结转后使本年度该账户的借、贷双方总额保持平衡，通常称之为年度封账。在下年新账第一行余额栏填写上年结转的余额，并在摘要栏内注明"上年结转"字样。

② 根据结出的各账户的本期发生额和期末余额，编制"总账本期发生额试算平衡表"、"总账余额试算平衡表"和"明细账本期发生额明细表"。

由于企业的资产和负债和所有者权益总计在一定时点总是相互平衡的，因此各账户的期初（或期末）余额的借方合计必然等于贷方合计。在运用复式记账法记账的情况下，本期发生额的借方合计也必然等于贷方合计。利用这一原理，就可以检查试算表中的试算结果。如果借、贷两方金额不等，就表明了账户的记录发生了错误，要及时查明原因，并按规定方法予以更正。

这里还应当提出的是，即便试算表的借、贷两方的合计数是平衡的，也还不足以说明账户的记录完全正确无误。因为在发生下列记账错误的情况下，仍然不会影响借、贷双方的平衡关系：

- 某一项经济业务漏记或重记；
- 把一项或几项经济业务记入错误的账户；
- 一项错误的记录恰好抵消了另一项错误记录。

为了保证总账的记录与所属明细账的记录完全一致，还必须为某些总账账户所属的明细账账户编制"明细账本期发生额明细表"。"明细账本期发生额明细表"的格式，应根据各种明细账所反映的具体内容而定。通用的有两种：一种适用于结算业务的明细账，这种发生额明细表，只有货币指标；另一种适用于材料、产成品等物资的明细账，在这种发生额明细表中，既有金额栏，也有数量栏。其编制原理与总账本期发生额试算平衡表相同。

会计分期一般实行日历制，月末进行计算，季末进行结算，年末进行决算，结账在各会计期末进行。结账的具体方法如表7-22所示。

表 7 – 22　总　账

会计科目：原材料　　　　　　　　　　　　　　　　　　　　　　　　　　第　　页

××年		凭证		摘　　要	借　方	贷　方	借或贷	余　额
月	日	字	号					
1	1			××年初余额	⋮	⋮	借	5 000
	31			一月份发生额及余额	10 000	6 000		9 000
2	1							
	28			二月份发生额及余额				
3	30			一季度发生额及余额				
12	31			十二月份发生额及余额				
12	31			四季度发生额及余额				
	31			××年度发生额及余额	100 000	80 000		25 000
				××年初余额	5 000			
				结转下年		25 000		
				合　　计	105 000	105 000		

————————————　表示单红线

══════════════════　表示双红线

7.4　查错和改错

1. 查错

　　会计工作中日常的账簿登记，是一项细致而艰巨的劳动，稍有不慎，就会发生错误。为了及时地更正记账中的错误，首先必须对账簿记录进行检查，并分析错误的性质和原因。

　　错账的类型多种多样，在正常情况下发生的错误，最为常见的主要有凭证错误而发生的账错和登记误差而发生的账错两类。

　　因凭证错误而发生的账错，简称"证错"，是指由于记账凭证填制错误据以登记入账后，在账簿上表现的错账。记账凭证填制错误，又分为账户名称错误和金额错误两种情况，过账前没有发现，必然造成账错。这种错误更正时，既要更正凭证，又要更正账簿。

　　因登记误差而发生的账错，简称"账错"，是指过账过程中的一些差错。如过错了账户或账栏，发生重记、漏记和错记等情况。其中错记又可细分为方向记反、数码位移和邻数倒置等。由于这类错误不涉及凭证，更正时只在账簿中进行。

　　账簿中发生错误的原因是多方面的：有的是由于会计人员对会计的规章制度还不够熟悉，对于登账的方法和程序还不能熟练掌握；有的是由于记账时的疏忽大意或其他原因等。账簿中的错误，一般是通过试算平衡发现出来的。有了错误就必须检查。查错的方法通常有以下 3 种。

（1）顺查法

即按会计核算顺序，从会计凭证到账簿到试算表，按顺序查错。

① 检查记账凭证与所附原始凭证内容是否相符；

② 记账凭证与有关总账、明细账、日记账核对；

③ 检查试算表的发生额和余额有无错误。

（2）逆查法

与记账的程序相反，逐步缩小错误的范围。也就是从试算表→账簿→记账凭证→经济业务。一般的步骤是：

① 把各种科目期初余额与上月本期发生额对照表期末余额核对，看是否抄错了数字；

② 检查转抄到本期发生额对照表上的发生额有没有抄错；

③ 检查期末余额的计算是否正确；

④ 总账本期发生额总计与记账凭证总计数核对，判定是借方记错，还是贷方记错；

⑤ 把有关总账科目与所属明细账本期发生额明细表核对，看有关数字是否分别相符；

⑥ 最后把账簿记录逐笔与记账凭证核对，记账凭证逐笔与原始凭证核对。

（3）技术方法

技术方法通常采用二除法和九除法。

① 二除法：即将差额数除以 2 查找错账的方法。

记账发生方向错误，如应记借方的记到了贷方，应记贷方的记到了借方，这样就会使一方的合计数加大，另一方的合计数减小。借贷双方不平衡，其差数正好是记错数字的一倍，而且为偶数，用 2 去除，就可能找到错误的数字。

例如，试算表上借贷双方的数字如下：

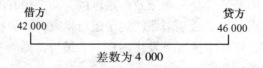

借方　42 000　　　　　贷方　46 000

差数为 4 000

用 2 去除，差数得 4 000/2 = 2 000，查找账户中金额为 2 000 元的记录有无错记。可能有 3 种错记情况：误列、漏列或重列。

② 九除法：即将差额数除以 9 查找错账的方法。

记账时把数字的位置写错了，借贷双方就会出现差额。在这种情况下可以采用九除法，即将差数除以 9，如能除尽，则可能有两种情况：

● 数字倒置。例如，将 89 400 误写为 84 900，差数为 4 500。用 9 去除，差数得 4 500/9 = 500，商数即为相邻两数的差数。

凡商数为百位数者——则倒置在千位数之间；

凡商数为千位数者——则倒置在万位数之间。

● 数字位移。例如，将 5 000 误写为 500，差数为 4 500。用 9 去除得 4 500/9 = 500，再将位数前进一位得 5 000，即为正确数。

查找错误虽然有一些方法，但要把错误找出来，常常要花很大力气，费很多时间。因此，最积极的办法还是加强工作责任感，认真、细致地做好记账工作，要力求减少和消除错误。作为一个会计人员，要掌握企业经济活动的规律，对企业经济业务的基本情况做到胸中有数，注意把数字与情况联系起来想问题，这些都是做好查错工作的基础。

2. 改错

账簿记录发生错误，不准涂改、挖补、刮擦或用药水消除字迹，必须采用正确的方法予以更正。

错账的类型不同，错误的具体情况不同，更正错误的方法也不同。常用的更正错误的方法有划线更正法、红字冲账法和补充登记法 3 种。

（1）划线更正法

划线更正法（又称直接更正法）。记账凭证正确，在记账过程中和结账前，发现账簿记录中文字、数字错记时，应采用划线更正法。

使用这一方法时，必须注意的是：它只适用于结账前在记账过程中发生的在账簿中的单纯文字、数字错误，以及误过账户、账栏、金额。

更正的方法是：将错误的文字或数字划一条红色横线表示注销；然后再在划线的上方预留空白处用蓝字或黑字填写正确的文字或数字，并由更正人员在更正处盖章，以明确责任。采用划线更正法进行更正时，对于文字差错，可只划去错误的部分，不必将与错误文字相关联的其他文字划去；但对于数字差错，应将错误的数字全部划线，不得只更正错误数额中的个别数字。对于错误的文字或数字进行更正，一定要保持原来的错误可以辨认，这是会计改错的原则，以备查考。

具体操作方法如下。

例如，记账人员在根据记账凭证登账时，将 5 000 元误记为 500 元。采用划线更正法更正，应将错误数字用红线划销 ~~500~~，上面写上正确的数字，即 5 000，不能只划销个别数字，如 50。

如记账凭证中的文字或数字发生错误，在未登账之前，也可采用此法更正。

（2）红字冲账法

红字冲账法（又称红字更正法或赤字冲账法），它是利用账户同方向蓝字金额和红字金额相减关系的道理，采用编制红字金额的记账凭证入账，将错账予以更正的一种更正方法。红字更正法，适用于过账、结账前清账过程中发现已过账的记账凭证中会计科目、记账方向或记账金额有误，造成登账错误及已记金额大于应记金额的错账更正。下面分别介绍具体操作方法。

① 记账后，发现记账凭证中的应借、应贷会计科目或记账方向有错误，且记账凭证同账簿记录的金额相吻合，应采用红字冲账法。

更正的方法是：首先用红字金额填制一张与原错误记账凭证内容完全相同的记账凭证，并据以用红字登记入账，冲销原有错误的账簿记录；然后，再用蓝字或黑字填制一张正确记账凭证，据以用蓝字或黑字登记入账。

具体操作方法如下。

【例7－5】 生产领用材料10 000元。

该笔业务原已入账的记账凭证，对应账户名称误为：

借：管理费用　　　　　　　　　10 000

　　贷：原材料　　　　　　　　　　　　10 000

更正时，应分别编制如下的两张记账凭证入账。

第一张，先用红字金额填制一张与原已入账的错误凭证相同的记账凭证入账，在摘要栏内注明"更正×月×日×号凭证"字样，以冲销其错误记录，即编一个红字分录。

借：管理费用　　　　　　　　　　10 000

　　贷：原材料　　　　　　　　　　　　10 000

第二张，再用蓝字金额填制一张正确的记账凭证入账，在摘要栏内注明"更正×月×日×号凭证"字样，即再编一个蓝字分录。

借：生产成本　　　　　　　　　10 000

　　贷：原材料　　　　　　　　　　　　10 000

这样，前后两张记账凭证结合，便更正了原来的错误记录。这种更正方法在账簿上的反映，如图7－2所示。

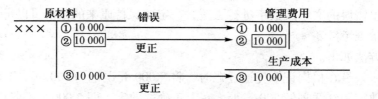

图7－2　红字冲账法更正错账过程

在实际会计工作中，也有采用"一红一蓝"会计分录更正的，即

借：生产成本　　　　　　　　　10 000

　　贷：管理费用　　　　　　　　　　　10 000

在账簿上的反映，如图7－3所示。

这种更正法，既可以简化手续，还可以避免本来无错的材料账户改来改去，但这是记账规则的一个例外。

采用红字更正法更正错账时应注意：若错误的记账凭证中只有一个科目运用错误，也必须以复式记账原理，将原有错误记账凭证全部冲销，以反映更正原错误的内容，不得用红字

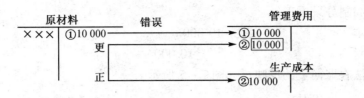

图 7-3　红字冲账法更正错账过程（一红一蓝）

填制更正单个会计科目的单式记账凭证。

如果记账凭证所记录的文字、金额和账簿记录的文字、金额不符，应首先采用划线更正法更正，然后再用红字冲账法进行更正。

② 记账后，发现记账凭证中应借、应贷的会计科目、记账方向都没有错误，且与账簿记录的金额相吻合，只是所记金额大于应记的正确金额，应采用红字更正法。

有两种更正方法，具体操作方法如下。

* 差额冲销法，即用红字冲销多记部分。

更正时，应编制一张金额用红字列示两者差额的相同记账凭证，在摘要栏内注明"更正×月×日×号凭证"字样入账，以将多记金额从账簿上冲减予以更正。

【例 7-6】如例 7-5 生产领用材料 10 000 元，误记为 100 000 元，用红字冲账法更正，原分录与更正分录如下。

① 借：生产成本　　　　　　　　100 000

　　　贷：原材料　　　　　　　　　100 000

② 借：生产成本　　　　　　　　90 000

　　　贷：原材料　　　　　　　　　90 000

这种更正方法，在账簿上的反映，如图 7-4 所示。

图 7-4　红字冲账法更正错账过程（差额冲销）

* 全额冲销法。先用红字分录将错误的分录全额冲销，再做一张正确的蓝字分录过入账户。更正时，应分别编制如下的两张记账凭证入账。

第一张，先用红字金额填制一张与原已入账的错误凭证相同的凭证入账，在摘要栏内注明"更正×号凭证"字样，将错误的记录全额冲销。如例 7-6，按全额冲销法更正即为：

借：生产成本　　　　　　　　100 000

　　贷：原材料　　　　　　　　　100 000

第二张，再用蓝字金额填制一张正确的凭证入账，在摘要栏内注明"更正×月×日×

号凭证"字样。编制分录更正：

借：生产成本　　　　　　　　10 000
　　贷：原材料　　　　　　　　　　10 000

这种更正方法在账簿上的反映，如图 7-5 所示。

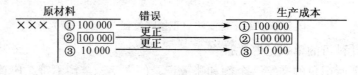

图 7-5　红字冲账法更正错账过程（全额冲销）

可见，红字冲账法有以下优点：在不直接改动账簿错误分录的情况下，保持账户正确的对应关系；在不直接改动账簿错误数字的情况下，保持账户发生额合计的正确。

（3）补充登记法

补充登记法，它是利用账户同方向蓝色金额相加关系的道理，采用编制蓝色金额的记账凭证做补充登记，将错账予以更正的一种方法。

这种方法适用于过账后、结账前清账过程中，发现已入账的记账凭证中会计科目、记账方向正确，但所记金额小于应记金额的错账更正。

【例 7-7】如例 7-5 生产领用材料 10 000 元，误记为 1 000 元。

借：生产成本　　　　　　　　1 000
　　贷：原材料　　　　　　　　　　1 000

更正时，只需编制一张用蓝字金额列示前后两者差额的记账凭证，在摘要栏内注明"更正×月×日×号凭证"字样入账。即：

借：生产成本　　　　　　　　9 000
　　贷：原材料　　　　　　　　　　9 000

这种更正方法在账簿上的反映，如图 7-6 所示。

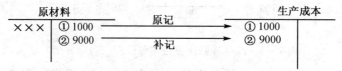

图 7-6　补充登记法更正错账过程

此外，重记差错可比照红字更正法更正；漏记差错比照补充登记法进行更正。其例从略。

7.5　账簿的更换和保管

为了反映每个会计年度的财务状况和经营成果情况，保持会计账簿资料的连续性，企业通常在每个会计年度结束、新的会计年度开始时，按会计制度规定要启用新账，即进行账簿的更换，并把上个会计年度的会计账簿归档保管。

1. 账簿的更换

通常日记账、总分类账及明细分类账都要每年更换新账。但固定资产明细账和固定资产卡片，可以连续使用，不必每年更换新账。

需要进行更换的账簿，在年终进行结账时，要将各账户的年末余额直接抄入新账的有关账户中。

因会计制度改变而需要变更账户名称、核算内容的，应在上年度结账时，编制余额调整分录。按本会计年度的账户名称、核算内容，将上年度有关账户的余额进行合并或分解出新账中应列出的余额，然后再过渡到新账中的各个有关账户；或者在上年度结账后，通过编制余额调整工作底稿的方式，将上年度有关账户余额分解，归并为本年度有关账户的余额，然后开设本年度新账。

开设新账时，应将各账户的余额抄入新账各账户的第一页第一行并标明余额方向，同时在摘要栏内注明"上年结转"或"年初余额"字样。在旧账页最后一行摘要栏注明"结转下年"字样。

上年未编制的余额调整分录，应与上年度会计凭证一并归档保管；编制的余额调整工作底稿应与上年度的账簿一并归档保管。余额调整工作底稿格式如表 7 – 23 所示。

表 7 – 23　余额调整工作底稿

2006 年 12 月 31 日

序　号	会计科目		余　额		说明	序号	会计科目		余额		说明
	总账科目	明细科目	借方	贷方			总账科目	明细科目	借方	贷方	
合　　计			×××	×××		合　　计			×××	×××	
借贷差额			×××			借贷差额			×××		

2. 账簿的保管

会计账簿也是重要的会计档案，各单位应严格按照会计制度的规定保管各种账簿。

会计人员应在年度终了时，将已更换的各种会计账簿装订成册，加上封面，统一编号，并由有关人员签章后归档保管。

各种账簿应按年度分类归档，编制目录，妥善保管。既保证在需要时能迅速查阅，又保证账簿的安全完整。

通常会计账簿的保管期限为 15 年，但现金日记账和银行存款日记账为 25 年，而对一些涉及外事和其他重要的会计账簿应永久保存。

各单位必须严格按照会计档案保管的有关规定履行账簿的保管、借阅和销毁手续。

■ **案例及思考**

2001 年，朱女士出资 50 万元成为某技术服务公司的股东，并被选举为公司董事，在近 10 年的时间里，技术服务公司以经营亏损或持平为借口，不进行利润分配，朱女士作为公司的股东，始终无法了解公司业务和财产状况。朱女士提出要求查阅公司 10 年的原始会计账簿，但遭到公司拒绝。朱女士诉至法院。

中小股东有权查阅会计账簿吗？为什么？

第 8 章

会计核算组织程序

【内容提要】选择适合本单位的会计核算组织程序，对科学地组织会计核算具有重要意义。本章将系统介绍会计核算组织程序的概念、种类、意义和各种会计核算组织程序的记账程序及其应用。

8.1 会计核算组织程序概述

前面介绍了在经济业务发生以后，通过设置会计科目、复式记账、填制会计凭证、登记账簿、成本计算等一系列会计核算的专门方法取得了日常核算资料；了解了会计凭证、账簿组织和记账技术的基本原理。会计凭证、账簿和记账技术三者是密切联系的。在对日常经济业务的逐层加工、汇总、综合的过程中，应用记账程序和记账方法填制会计凭证是核算资料的收集，只是会计工作的开始；登记账簿是核算资料的初步分类整理，是会计核算的中心环节；编制会计报表是核算资料的再加工，是会计账簿提供的核算资料的综合，使会计核算的过程进入完成阶段。会计凭证、账簿、报表三者之间相互联系、相互制约，决定了会计核算资料的全面性、综合性、及时性，将它们与会计核算方法、程序有机的结合即会计核算组织程序。

1. 会计核算组织程序的概念和意义

所谓会计核算组织程序亦称财务处理程序，是以账簿体系为核心，把会计凭证、会计账簿、会计报表和记账程序、记账方法有机结合起来的技术组织方式。具体就是规定会计凭证、账簿的种类、格式和登记方法及各种会计凭证之间、账簿之间和各种会计凭证与账簿之间，以及各种报表之间、各种账簿与报表之间的相互联系及编制的程序。

由于各单位性质、规模和业务繁简不同，会计凭证、账簿、会计报表的种类、格式不同，尤其是登记总分类账簿的程序不同，形成了不同的会计核算组织程序。选用适合本企业的会计核算组织程序，对于科学的组织本单位的会计核算工作具有重要意义：

① 可以提供正确、完整、及时的信息资料，提高会计核算工作的效率；

② 可以迅速形成财务信息，提高会计核算资料的质量，满足经营管理的需要；

③ 可以减少不必要的核算环节和手续，节省人力、物力和财力的消耗，提高会计核算工作的效益。

2. 会计核算组织程序的种类

由于各个企业单位的性质、生产规模大小、业务繁简、账簿组织和人员分工等情况的不同，会计核算组织程序也不一样。但其基本模式如图8-1所示。

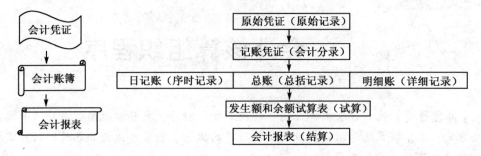

图8-1　会计核算的基本模式

企业在选用适合本单位会计核算组织程序时，应考虑以下几方面的因素：

① 根据本单位经济活动的特点、规模的大小、业务的繁简等实际情况，选用会计核算组织程序；

② 根据本单位经营管理和提高经济效益的需要，选用会计核算组织程序；

③ 根据简化核算手续的要求，选用会计核算组织程序。

目前我国常采用的会计核算组织程序有：

● 记账凭证核算组织程序；

● 汇总记账凭证核算组织程序；

● 科目汇总表核算组织程序；

● 多栏日记账核算组织程序；

● 日记总账核算组织程序。

上述会计核算组织程序既有共同点，又有各自的特点。其共同点如图8-2表示。

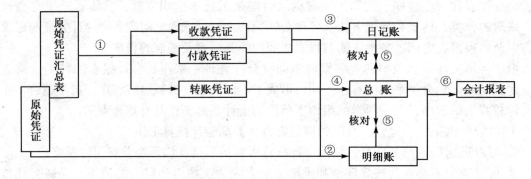

图8-2　会计核算组织程序的共同点

注：①～⑥的内容解释即是8.2节中介绍的记账凭证核算组织程序的记账程序。

8.2　各种会计核算组织程序的记账程序

1. 记账凭证核算组织程序

（1）记账凭证核算组织程序的记账程序

记账凭证核算组织程序，是根据收款凭证、付款凭证和转账凭证直接、逐笔地登记总分类账的一种核算组织程序。

采用记账凭证核算组织程序，除应设置收款凭证、付款凭证和转账凭证 3 种记账凭证，分别反映日常发生的各种收款、付款和转账业务之外，还需要设置总账及有关的明细账；另外还要单独设置现金和银行存款日记账。其记账程序是：

① 根据原始凭证、原始凭证汇总表编制记账凭证（收款凭证、付款凭证和转账凭证）；

② 根据原始凭证、原始凭证汇总表和各种记账凭证登记各种明细账；

③ 根据收款凭证和付款凭证登记日记账（现金日记账和银行存款日记账）；

④ 根据各种记账凭证逐笔登记总分类账；

⑤ 月末，日记账与明细分类账的余额和总分类账有关账户的余额进行核对；

⑥ 根据总分类账和明细分类账的资料编制会计报表。

记账凭证核算组织程序的记账程序如图 8 – 3 所示。

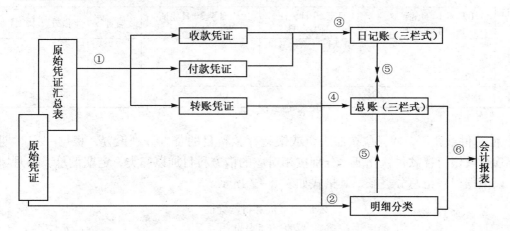

图 8 – 3　记账凭证核算组织程序的记账程序

（2）记账凭证核算组织程序的特点、优点、缺点及适用范围

特点：根据每一张记账凭证直接登记总分类账。

优点：对应关系清楚，操作简单，程序简明。

缺点：登账次数多，工作繁重，总分类账与日记账有重复。

适用范围：适用于经营规模不大、经济业务较少的单位。

记账凭证核算组织程序是最基本的一种组织程序，其他各种核算组织程序可以说是在这种核算组织程序基础上的发展。

2. 汇总记账凭证核算组织程序

（1）汇总记账凭证核算组织程序的记账程序

汇总记账凭证核算组织程序，是定期将收款凭证、付款凭证和转账凭证按照会计账户的对应关系进行汇总，分别编制"汇总收款凭证"、"汇总付款凭证"和"汇总转账凭证"，然后再根据各种汇总凭证登记总分类账的一种会计核算组织程序。

采用汇总记账凭证核算组织程序，除应设置收款凭证、付款凭证和转账凭证外，还要设置汇总收款凭证、汇总付款凭证和汇总转账凭证，另外还要设置日记账、总账和明细账。

汇总记账凭证，是根据收款凭证、付款凭证和转账凭证分别进行汇总填制的。一般每隔5 天或 10 天汇总一次，月终一次登入总分类账。

① 汇总收款凭证，应当按照现金或银行存款科目的借方分别设置，并根据一定时期内的全部现金或银行存款收款凭证，分别按相对应的贷方科目归类，定期汇总，每月填制一张，以便月终据以登记总分类账。其格式如表 8 - 1 所示。

表 8 - 1　汇总收款凭证

借方科目：_____　　　　　　2003 年 5 月份　　　　　　汇收字第　号

贷方科目	金　额				总账页数	
	1 日至 10 日凭证 第　号至　号	11 日至 20 日凭证 第　号至　号	21 日至 30 日凭证 第　号至　号	合计	借方	贷方
合　计						

财务主管　　　　　　记账　　　　　　制证　　　　　　审核

② 汇总付款凭证，同样应按照现金或银行存款科目的贷方分别设置，根据一定时期内的全部现金或银行存款付款凭证，分别按相对应的借方科目加以归类，定期汇总，每月填制一张，以便据以登记总分类账。其格式如表 8 - 2 所示。

表 8 - 2　汇总付款凭证

贷方科目：_____　　　　　　2003 年 5 月份　　　　　　汇付字第　号

贷方科目	金　额				总账页数	
	1 日至 10 日凭证 第　号至　号	11 日至 20 日凭证 第　号至　号	21 日至 30 日凭证 第　号至　号	合计	借方	贷方
合　计						

财务主管　　　　　　记账　　　　　　制证　　　　　　审核

③ 汇总转账凭证，是针对转账业务，按每一借（贷）方科目分别设置，根据一定期间内的全部转账凭证，按贷（借）方科目归类，定期汇总，每月填制一张，月终据以登记总账。其格式如表 8-3 所示。

表 8-3　汇总转账凭证

借（贷）方科目：_____　　　　　　　　2003 年 5 月份　　　　　　　　汇付字第　号

贷（借）方科目	金　额				总账页数	
	1 日至 10 日凭证第　号至　号	11 日至 20 日凭证第　号至　号	21 日至 30 日凭证第　号至　号	合计	借方	贷方
合　计						

财务主管　　　　　记账　　　　　制证　　　　　审核

汇总记账凭证核算组织程序的记账程序是：

① 根据各种原始凭证、原始凭证汇总表编制各种记账凭证（收款凭证、付款凭证和转账凭证）；

② 根据原始凭证、原始凭证汇总表和各种记账凭证，登记各种明细分类账；

③ 根据收款凭证和付款凭证登记日记账（现金日记账和银行存款日记账）；

④ 根据各种记账凭证汇总编制各种汇总记账凭证（汇总收款凭证、汇总付款凭证和汇总转账凭证）；

⑤ 根据各种汇总记账凭证登记总分类账；

⑥ 月末，日记账与明细分类账的余额和总分类账有关账户的余额进行核对；

⑦ 月末，根据总分类账和明细分类账的资料编制会计报表。

汇总记账凭证核算组织程序的记账程序如图 8-4 所示。

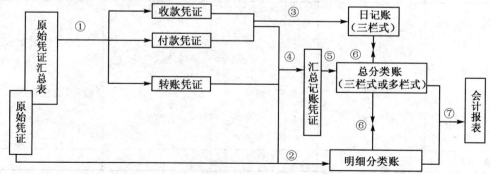

图 8-4　汇总记账凭证核算组织程序的记账程序

（2）汇总记账凭证核算组织程序的特点、优点、缺点及适用范围

特点：根据汇总记账凭证定期汇总登记总账。

优点：可以减少登账工作量，对应关系清楚。

缺点：汇总凭证工作量较大。

适应范围：适合规模较大、业务量较多的企业采用。

3. 科目汇总表核算组织程序

1）科目汇总表核算组织程序的记账程序

科目汇总表核算组织程序，是定期将收款凭证、付款凭证和转账凭证按会计科目进行汇总，编制科目汇总表，再据以登记总账的一种会计核算组织程序。

采用这种核算组织程序，除应设置收款凭证、付款凭证和转账凭证外，还要设置"科目汇总表"。日记账、总账和明细账的设置和汇总记账凭证核算组织程序相同。

科目汇总表汇总的时间，应根据业务量的多少而定。业务量大的单位，可以按日汇总；业务量小的单位，可以定期汇总，但一般不得超过 10 天。汇总的方法是：根据一定期间的全部记账凭证，按照相同的会计科目归类汇总，计算出每一会计科目的借方本期发生额和贷方本期发生额，填写在有关栏内，用以反映全部会计科目的借方本期发生额和贷方本期发生额。

科目汇总表可以每汇总一次编制一次，也可以按旬汇总，每月编制一次。在实际工作中，科目汇总表可以采用不同的格式。既可以用一张通用的科目汇总表汇总全部科目，如表 8 – 4、表 8 – 5 所示；也可以按现金、银行存款和转账业务分别编制 3 张，如表 8 – 6、表 8 – 7、表 8 – 8 所示。

（1）通用的科目汇总表格式

表 8 – 4　科目汇总表

2003 年　月　日至　日　　　　　　　　　　　　　　　　　　第　页

会计科目	账页	本期发生额		记账凭证起讫号数
		借方	贷方	
合　计				

表8-5 科目汇总表

2003 年 月份

会计科目	账页	自1日至10日		自11日至20日		自21日至30日		本月合计	
		借方	贷方	借方	贷方	借方	贷方	借方	贷方
合 计									

（2）分类的科目汇总表格式

表8-6 转账凭证科目汇总表

2003 年 月 日至 日　　　　　　第 页

会计科目	账页	本期发生额		凭证号码
		借方	贷方	
合 计				

表8-7 现金收、付款凭证科目汇总表

2003 年 月 日至 日　　　　　　第 页

日期	收入对方科目			收入合计	支出对方科目			支出合计
合 计								

表 8-8 银行收、付款凭证科目汇总表

2003 年 月 日至 日　　　　　　　　　　　　　　　第　页

日期	收入对方科目			收入合计	支出对方科目			支出合计
合　计								

科目汇总表核算组织程序的记账程序是：

① 根据各种原始凭证、原始凭证汇总表填制各种记账凭证（收款凭证、付款凭证和转账凭证）；

② 根据各种原始凭证、原始凭证汇总表或记账凭证登记各种明细分类账；

③ 根据收款凭证、付款凭证登记日记账（现金日记账和银行存款日记账）；

④ 根据各种记账凭证汇总编制科目汇总表；

⑤ 根据科目汇总表登记总分类账；

⑥ 月末，日记账和明细账余额与总分类账有关账户的余额进行核对；

⑦ 月末，根据总分类账和明细分类账的资料编制会计报表。

科目汇总表核算组织程序的记账程序如图 8-5 所示。

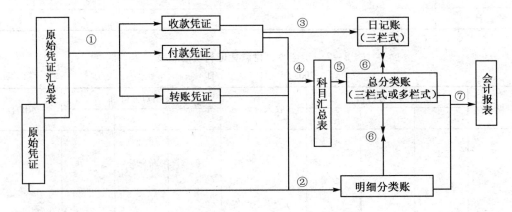

图 8-5　科目汇总表核算组织程序的记账程序

2）科目汇总表核算组织程序的特点、优点、缺点及适用范围

特点：根据汇总的科目汇总表定期登记总账。

优点：定期将记账凭证汇总编制科目汇总表，月终一次记入总账，可以简化登账手续。

缺点：看不出科目的对应关系，不便于对账、查账和了解经济业务的全貌。

适用范围：适合业务量较多的企业采用。

4. 多栏日记账核算组织程序

（1）多栏日记账核算组织程序的记账程序

多栏日记账核算组织程序，是平时把转账业务逐笔过入总账，货币资金业务先登记多栏式日记账，月末再过入多栏式总账的一种核算组织程序。

采用这种核算组织程序，记账凭证和总分类账、日记账、明细分类账的设置与前几种核算组织程序相同，不同的是日记账和总分类账均采用多栏式。

多栏日记账核算组织程序的记账程序是：

① 根据各种原始凭证和原始凭证汇总表填制各种记账凭证（收款凭证、付款凭证和转账凭证）；

② 根据各种原始凭证、原始凭证汇总表或记账凭证登记各种明细分类账；

③ 根据收款凭证、付款凭证登记多栏式日记账（现金日记账和银行存款日记账）；

④ 根据转账凭证登记总分类账；

⑤ 月末，根据多栏式日记账登记总分类账；

⑥ 月末，明细分类账的余额与总分类账有关账户的余额进行核对；

⑦ 月末，根据总分类账和明细分类账的资料编制会计报表。

多栏日记账核算组织程序的记账程序如图 8-6 所示。

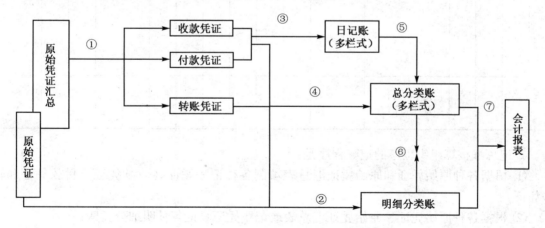

图 8-6　多栏日记账核算组织程序的记账程序

（2）多栏日记账核算组织程序的特点、优点、缺点及适用范围

特点：平时总账中只登记转账业务，不登记货币资金业务。货币资金业务平时在日记账中进行登记，月底再从日记账集中转入总账。

优点：货币资金月底集中接转，可减少记账工作量；采用多栏式总账，账户对应关系清楚，便于看账、查账。

缺点：转账业务逐笔过账，工作量较大，科目多的单位总账篇幅较长，不便使用。

适用范围：适合中、小型企业采用。

5. 日记总账核算组织程序

（1）日记总账核算组织程序的记账程序

日记总账是把日记账和总账融为一体的联合账簿。日记总账既具有日记账性质，又有总分类账性质。

日记总账核算组织程序，是指设置并登记日记总账的一种核算组织程序。

采用日记总账核算组织程序，记账凭证和总分类账、日记账、明细账的设置、登记，与前几种核算组织程序类似，不同的是要设置一本日记总账，用来序时、分类地登记企业全部经济业务。

日记总账的格式如表8-9所示。

表8-9　日记总账

××年		凭证		摘要	发生额	现金	银行存款	应收账款	其他应收款	原材料	…
月	日	字	号								…
				发生额合计及月末余额							

日记总账核算组织程序的记账程序是：

① 根据各种原始凭证和原始凭证汇总表填制各种记账凭证（收款凭证、付款凭证和转账凭证）；

② 根据各种原始凭证、原始凭证汇总表或记账凭证登记各种明细分类账；

③ 根据收款凭证和付款凭证登记日记账（现金日记账和银行存款日记账）；

④ 根据各种记账凭证登记日记总账；

⑤ 月末，日记账和明细分类账的余额与总分类账有关账户的余额进行核对；

⑥ 月末，根据总分类账和明细分类账的资料编制会计报表。

日记总账核算组织程序的记账程序如图8-7所示。

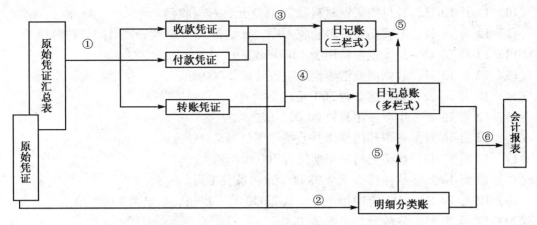

图 8 - 7　日记总账核算组织程序的记账程序

（2）日记总账核算组织程序的特点、优点、缺点及适用范围

特点：企业需设置日记总账，并以所有经济业务编制的记账凭证为依据直接登记日记总账。

优点：在一本账上既序时，又分类地登记全部经济业务，可清晰地反映经济业务全貌和各会计科目之间的对应关系；便于进行会计分析和会计检查；易学、易行。

缺点：对业务量大的单位，运用的会计科目多，日记总账篇幅大；登记日记总账工作量大。

适用范围：适用于规模不大、业务量不多的企业。

8.3　会计核算组织程序应用举例

前面 8.2 节，介绍了企业常用的几种会计核算组织程序。下面以科目汇总表核算组织程序为例，说明核算组织程序的具体应用。

【例 8 - 1】某企业 12 月份发生下列经济业务。

（1）12 月 1 日，收到上级拨入投资 200 000 元。

（2）12 月 2 日，收到投资人投入资金 500 000 元。

（3）12 月 3 日，收到投资人投入无形资产 500 000 元。

（4）12 月 4 日，从银行借入基建借款 1 000 000 元，直接投入基建工程。

（5）12 月 5 日，从银行提取现金 2 000 元。

（6）12 月 6 日，王力出差预借差旅费 1 000 元。

（7）12 月 7 日，购买汽车一辆 200 000 元。

（8）12 月 8 日，收到销货款 500 000 元。

（9）12 月 9 日，预付钢材款 6 000 元。

（10）12 月 10 日，补付购买钢材料款 24 000 元，材料收到。

（11）12 月 11 日，上项购入材料验收入库，计划价 35 000 元，同时结转购料料差。

（12）12 月 12 日，预支定额备用金 1 000 元。

（13）12 月 13 日，收到商业汇票偿还应收货款 2 000 元。

（14）12 月 14 日，垫付运杂费 500 元。

（15）12 月 15 日，生产领用材料 20 000 元。

（16）12 月 16 日，管理部门维修办公楼领用材料 2 000 元。

（17）12 月 17 日，购买公司一年期债券 100 000 元。

（18）12 月 18 日，从银行提现金 98 000 元，备发工资。

（19）12 月 19 日，从工资中扣还原垫款 2 000 元，房租、水电费 1 000 元。

（20）12 月 20 日，发放职工工资 98 000 元。

（21）12 月 21 日，分配本月工资费用 90 000 元。其中生产工人工资 70 000 元，管理人员工资 20 000 元。

（22）12 月 22 日，计提福利费按 14% 的比例。

（23）12 月 23 日，支付筹建办公费 8 000 元，同时结转筹建期间工资支出 4 000 元。

（24）12 月 24 日，收到其他销售现款 500 元。

（25）12 月 25 日，转销由于自然灾害造成毁损的设备一台，价值 8 000 元。

（26）12 月 26 日，计提折旧，其中生产设备应提 60 000 元，管理用房应提 2 500 元。

（27）12 月 27 日，结转本月产品销售成本 161 100 元。

（28）12 月 29 日，计提本月银行借款利息 4000 元。

（29）12 月 30 日，报销定额备用金 800 元。其中生产成本应摊 600 元，管理费用应摊 200 元。

（30）12 月 30 日，报销定额备用金 800 元。其中生产成本应摊 600 元，管理费用应摊 200 元。

（31）12 月 31 日，收回王力借支差费 200 元。

（32）12 月 31 日，王力报销差费 800 元。

（33）12 月 31 日，结转本月用料料差 –880 元。其中生产用料应摊 –800 元，管理部门用料应摊 –80 元。

（34）12 月 31 日，结转本月完工入库产品成本 159 600 元。

（35）12 月 31 日，结转本月产品销售收入 500 000 元。其他业务收入 500 元。

（36）12 月 31 日，计算本月应交税金及附加 8 100 元。

（37）12 月 31 日，计算应交所得税。

（38）12 月 31 日，结转本月各项费用、支出。

（39）12 月 31 日，结转本月实现的利润。

（40）12 月 31 日，进行利润分配。其中转增资本 20 000 元，提取盈余公积金 10 000 元，应付利润 5 000 元。

1. 根据上述各项经济业务的原始凭证编制记账凭证（表 8 – 10 至表 8 – 51）

表 8 – 10　收 款 凭 证

借方科目　银行存款　　　　　　　　　　　　　　　××年12月1日　　　　　　　　　　　　　　　银收第 1 号

摘　要	贷方科目		金　额	登账
	总账科目	明细科目		
上级拨入投资	实收资本		200 000	√
合计（大写）贰拾万元整			￥ 200 000	

财务主管　　　　记账　　　　审核　　　　出纳　　　　制证　　　　附件　　　张

表 8 – 11　收 款 凭 证

借方科目　银行存款　　　　　　　　　　　　　　　××年12月2日　　　　　　　　　　　　　　　银收第 2 号

摘　要	贷方科目		金　额	登账
	总账科目	明细科目		
收到投资者投入货币资金	实收资本		500 000	√
合计（大写）伍拾万元整			￥ 500 000	

财务主管　　　　记账　　　　审核　　　　出纳　　　　制证　　　　附件　　　张

表 8 – 12　收 款 凭 证

借方科目　银行存款　　　　　　　　　　　　　　　××年12月8日　　　　　　　　　　　　　　　银收第 3 号

摘　要	贷方科目		金　额	登账
	总账科目	明细科目		
收到销货款	主营业务收入		500 000	√
合计（大写）伍拾万元整			￥ 500 000	

财务主管　　　　记账　　　　审核　　　　出纳　　　　制证　　　　附件　　　张

表 8 – 13 收款凭证

借方科目 库存现金   ××年12月24日   现收第1号

摘 要	贷方科目		金 额	登账
	总账科目	明细科目		
收到其他销售收入	其他业务收入		500	√
合计（大写）伍佰元整			￥ 500	

财务主管   记账   审核   出纳   制证   附件   张

表 8 – 14 收款凭证

借方科目 库存现金   ××年12月31日   现收第2号

摘 要	贷方科目		金 额	登 账
	总账科目	明细科目		
收王力借支差费余款	其他应收款		200	√
合计（大写）贰佰元整			￥ 200	

财务主管   记账   审核   出纳   制证   附件   张

表 8 – 15 付款凭证

贷方科目 库存现金   ××年12月6日   现付第1号

摘 要	借方科目		金 额	登 账
	总账科目	明细科目		
王力借支差费	其他应收款		1 000	√
合计（大写）壹仟元整			￥ 1 000	

财务主管   记账   审核   出纳   制证   附件   张

表 8 –16 付 款 凭 证

贷方科目 库存现金   ××年 12 月 12 日   现付第 2 号

摘　要	借方科目		金　额	登　账
	总账科目	明细科目		
预支定额备用金	其他应收款		1 000	√
合计（大写）壹仟元整			￥1 000	

财务主管   记账   审核   出纳   制证   附件   张

表 8 –17 付 款 凭 证

贷方科目 库存现金   ××年 12 月 14 日   现付第 3 号

摘　要	借方科目		金　额	登　账
	总账科目	明细科目		
垫付运杂费	应收账款		500	√
合计（大写）伍佰元整			￥500	

财务主管   记账   审核   出纳   制证   附件   张

表 8 –18 付 款 凭 证

贷方科目 库存现金   ××年 12 月 20 日   现付第 4 号

摘　要	借方科目		金　额	登　账
	总账科目	明细科目		
支付职工工资	应付职工薪酬		98 000	√
合计（大写）玖万捌仟元整			￥98 000	

财务主管   记账   审核   出纳   制证   附件   张

表 8 - 19　付 款 凭 证

贷方科目　库存现金　　　　　　　　　××年12月30日　　　　　　　　　现付第5号

摘　要	借方科目		金　额	登账
	总账科目	明细科目		
报销定额备用金	生产成本		600	√
	管理费用		200	√
合计（大写）捌佰元整			￥ 800	

财务主管　　　　记账　　　　审核　　　　出纳　　　　制证　　　　附件　　　张

表 8 - 20　付 款 凭 证

贷方科目　银行存款　　　　　　　　　××年12月5日　　　　　　　　　银付第1号

摘　要	借方科目		金　额	登账
	总账科目	明细科目		
提现金	库存现金		2 000	√
合计（大写）贰仟元整			￥ 2 000	

财务主管　　　　记账　　　　审核　　　　出纳　　　　制证　　　　附件　　　张

表 8 - 21　付 款 凭 证

贷方科目　银行存款　　　　　　　　　××年12月7日　　　　　　　　　银付第2号

摘　要	借方科目		金　额	登账
	总账科目	明细科目		
购买汽车	固定资产		200 000	√
合计（大写）贰拾万元整			￥ 200 000	

财务主管　　　　记账　　　　审核　　　　出纳　　　　制证　　　　附件　　　张

表 8 – 22　付 款 凭 证

<u>贷方科目　银行存款</u>　　　　　　　　　　××年 12 月 9 日　　　　　　　　　　银付第 3 号

摘　要	借方科目		金　额	登　账
	总账科目	明细科目		
预付钢材款	预付账款		6 000	√
合计（大写）陆仟元整			￥ 6 000	

财务主管　　　　　记账　　　　　审核　　　　　出纳　　　　　制证　　　　　附件　　　张

表 8 – 23　付 款 凭 证

<u>贷方科目　银行存款</u>　　　　　　　　　　××年 12 月 10 日　　　　　　　　　　银付第 4 号

摘　要	借方科目		金　额	登　账
	总账科目	明细科目		
补付购买钢材款	预付账款		24 000	√
合计（大写）贰万肆仟元整			￥ 24 000	

财务主管　　　　　记账　　　　　审核　　　　　出纳　　　　　制证　　　　　附件　　　张

表 8 – 24　付 款 凭 证

<u>贷方科目　银行存款</u>　　　　　　　　　　××年 12 月 17 日　　　　　　　　　　银付第 5 号

摘　要	借方科目		金　额	登　账
	总账科目	明细科目		
购买公司债券	交易性金融资产		100 000	√
合计（大写）壹拾万元整			￥ 100 000	

财务主管　　　　　记账　　　　　审核　　　　　出纳　　　　　制证　　　　　附件　　　张

表 8-25 付 款 凭 证

贷方科目 银行存款　　　　　　　　　　　　　××年 12 月 18 日　　　　　　　　　　　　　　　银付第 6 号

摘 要	借方科目		金 额	登 账
	总账科目	明细科目		
提现金备发工资	库存现金		98 000	√
合计（大写）玖万捌仟元整			￥ 98 000	

财务主管　　　　　记账　　　　　审核　　　　　出纳　　　　　制证　　　　　附件　　　　张

表 8-26 付 款 凭 证

贷方科目 银行存款　　　　　　　　　　　　　××年 12 月 23 日　　　　　　　　　　　　　　　银付第 7 号

摘 要	借方科目		金 额	登 账
	总账科目	明细科目		
支付筹建办公费等	长期待摊费用		8 000	√
合计（大写）捌仟元整			￥ 8 000	

财务主管　　　　　记账　　　　　审核　　　　　出纳　　　　　制证　　　　　附件　　　　张

表 8-27 转 账 凭 证

×× 12 月 3 日　　　　　　　　　　　　　　　转字第 1 号

摘 要	总账科目	明细科目	借方金额	贷方金额	登账
收到投资者投入无形资产	无形资产		500 000		√
	实收资本			500 000	√
合 计			500 000	500 000	

财务主管　　　　　记账　　　　　审核　　　　　出纳　　　　　制证　　　　　附件　　　　张

表 8 – 28 转 账 凭 证

××12 月 4 日 转字第 2 号

摘 要	总账科目	明细科目	借方金额	贷方金额	登账
借款投入基建工程	在建工程		1 000 000		√
	长期借款			1 000 000	√
合 计			1 000 000	1 000 000	

财务主管　　　　记账　　　　审核　　　　出纳　　　　制证　　　　附件　　　张

表 8 – 29 转 账 凭 证

××12 月 10 日 转字第 3 号

摘 要	总账科目	明细科目	借方金额	贷方金额	登账
收到采购钢材	材料采购		30 000		√
	预付账款			30 000	√
合 计			30 000	30 000	

财务主管　　　　记账　　　　审核　　　　出纳　　　　制证　　　　附件　　　张

表 8 – 30 转 账 凭 证

××12 月 11 日 转字第 4 号

摘 要	总账科目	明细科目	借方金额	贷方金额	登账
购买钢材验收入库	原材料		35 000		√
	材料采购			35 000	√
合 计			35 000	35 000	

财务主管　　　　记账　　　　审核　　　　出纳　　　　制证　　　　附件　　　张

表 8−31 转 账 凭 证

××12 月 11 日 转字第 5 号

摘 要	总账科目	明细科目	借方金额	贷方金额	登账
结转入库钢材成本差异	材料采购		5 000		√
	材料成本差异			5 000	√
合 计			5 000	5 000	

财务主管　　　　记账　　　　审核　　　　出纳　　　　制证　　　　附件　　　张

表 8−32 转 账 凭 证

××12 月 13 日 转字第 6 号

摘 要	总账科目	明细科目	借方金额	贷方金额	登账
以承兑汇票结算应收账款	应收票据		2 000		√
	应收账款			2 000	√
合 计			2 000	2 000	

财务主管　　　　记账　　　　审核　　　　出纳　　　　制证　　　　附件　　　张

表 8−33 转 账 凭 证

××12 月 15 日 转字第 7 号

摘 要	总账科目	明细科目	借方金额	贷方金额	登账
生产领料	生产成本		20 000		√
	原材料			20 000	√
合 计			20 000	20 000	

财务主管　　　　记账　　　　审核　　　　出纳　　　　制证　　　　附件　　　张

表 8 - 34 转 账 凭 证

××12 月 16 日   转字第 8 号

摘　要	总账科目	明细科目	借方金额	贷方金额	登账
管理部门维修办公楼用料	管理费用		2 000		√
	原材料			2 000	√
合　计			2 000	2 000	

财务主管 　　　　记账 　　　　审核 　　　　出纳 　　　　制证 　　　　附件 　　　张

表 8 - 35 转 账 凭 证

××12 月 19 日   转字第 9 号

摘　要	总账科目	明细科目	借方金额	贷方金额	登账
从工资扣代垫款	应付职工薪酬		3 000		√
	其他应收款			2 000	√
	其他应付款			1 000	√
合　计			3 000	3 000	

财务主管 　　　　记账 　　　　审核 　　　　出纳 　　　　制证 　　　　附件 　　　张

表 8 - 36 转 账 凭 证

××12 月 21 日   转字第 10 号

摘　要	总账科目	明细科目	借方金额	贷方金额	登账
分配本月工资	生产成本		70 000		√
	管理费用		20 000		√
	应付职工薪酬			90 000	√
合　计			90 000	90 000	

财务主管 　　　　记账 　　　　审核 　　　　出纳 　　　　制证 　　　　附件 　　　张

表 8 – 37　转 账 凭 证

× ×12 月 22 日　　　　　　　　　　　　　　　转字第 11 号

摘　要	总账科目	明细科目	借方金额	贷方金额	登账
计提福利费	生产成本		9 800		√
	管理费用		2 800		√
	应付职工薪酬			12 600	√
合　计			12 600	12 600	

财务主管　　　　记账　　　　审核　　　　出纳　　　　制证　　　　附件　　　张

表 8 – 38　转 账 凭 证

× ×12 月 23 日　　　　　　　　　　　　　　　转字第 12 号

摘　要	总账科目	明细科目	借方金额	贷方金额	登账
筹建期间工资	长期待摊费用		4 000		√
	应付职工薪酬			4 000	√
合　计			4 000	4 000	

财务主管　　　　记账　　　　审核　　　　出纳　　　　制证　　　　附件　　　张

表 8 – 39　转 账 凭 证

× ×12 月 25 日　　　　　　　　　　　　　　　转字第 13 号

摘　要	总账科目	明细科目	借方金额	贷方金额	登账
自然灾害损失	营业外支出		8 000		√
	待处理财产损溢			8 000	√
合　计			8 000	8 000	

财务主管　　　　记账　　　　审核　　　　出纳　　　　制证　　　　附件　　　张

表 8-40　转 账 凭 证

× ×12 月 26 日　　　　　　　　　　　　转字第 14 号

摘　要	总账科目	明细科目	借方金额	贷方金额	登账
计提折旧	生产成本		60 000		√
	管理费用		2 500		√
	累计折旧			62 500	√
合　计			62 500	62 500	

财务主管　　　　记账　　　　审核　　　　出纳　　　　制证　　　　附件　　　张

表 8-41　转 账 凭 证

× ×12 月 27 日　　　　　　　　　　　　转字第 15 号

摘　要	总账科目	明细科目	借方金额	贷方金额	登账
结转销售成本	主营业务成本		161 100		√
	库存商品			161 100	√
合　计			161 100	161 100	

财务主管　　　　记账　　　　审核　　　　出纳　　　　制证　　　　附件　　　张

表 8-42　转 账 凭 证

× ×12 月 29 日　　　　　　　　　　　　转字第 16 号

摘　要	总账科目	明细科目	借方金额	贷方金额	登账
计提本月银行存款利息	财务费用		4 000		√
	应付利息			4 000	√
合　计			4 000	4 000	

财务主管　　　　记账　　　　审核　　　　出纳　　　　制证　　　　附件　　　张

表 8 − 43　转 账 凭 证

××12 月 31 日　　　　　　　　　　　　　　　　转字第 17 号

摘　要	总账科目	明细科目	借方金额	贷方金额	登账
王力报销差费	管理费用		800	√	
	其他应收款			800	√
合　计			800	800	

财务主管　　　　　记账　　　　审核　　　　　出纳　　　　　制证　　　　　附件　　　　张

表 8 − 44　转 账 凭 证

××12 月 31 日　　　　　　　　　　　　　　　　转字第 18 号

摘　要	总账科目	明细科目	借方金额	贷方金额	登账
结转本月用料成本差异	生产成本		− 800		√
	管理费用		− 80		√
	材料成本差异			− 880	√
合　计			− 880	− 880	

财务主管　　　　　记账　　　　审核　　　　　出纳　　　　　制证　　　　　附件　　　　张

表 8 − 45　转 账 凭 证

××12 月 31 日　　　　　　　　　　　　　　　　转字第 19 号

摘　要	总账科目	明细科目	借方金额	贷方金额	登账
结转本月完工产品成本	库存商品		159 600		√
	生产成本			159 600	√
合　计			159 600	159 600	

财务主管　　　　　记账　　　　审核　　　　　出纳　　　　　制证　　　　　附件　　　　张

表 8 - 46　转 账 凭 证

××12 月 31 日　　　　　　　　　　　　　　　　　转字第 20 号

摘　要	总账科目	明细科目	借方金额	贷方金额	登账
结转本月收入	主营业务收入		500 000		√
	其他业务收入		500		√
	本年利润			500 500	√
合　计			500 500	500 500	

财务主管　　　　记账　　　　审核　　　　出纳　　　　制证　　　　附件　　　张

表 8 - 47　转 账 凭 证

××12 月 31 日　　　　　　　　　　　　　　　　　转字第 21 号

摘　要	总账科目	明细科目	借方金额	贷方金额	登账
计算本月应交税金及附加	营业税金及附加		8 100		√
	应交税费			8 100	√
合　计			8 100	8 100	

财务主管　　　　记账　　　　审核　　　　出纳　　　　制证　　　　附件　　　张

表 8 - 48　转 账 凭 证

××12 月 31 日　　　　　　　　　　　　　　　　　转字第 22 号

摘　要	总账科目	明细科目	借方金额	贷方金额	登账
计算本月应交所得税	所得税费用		72 770		√
	应交税费			72 770	√
合　计			72 770	72 770	

财务主管　　　　记账　　　　审核　　　　出纳　　　　制证　　　　附件　　　张

表 8-49 转 账 凭 证

×× 12 月 31 日　　　　　　　　　　　　　　　　转字第 23 号

摘　要	总账科目	明细科目	借方金额	贷方金额	登账
结转本月支出	本年利润		282 190		√
	主营业务成本			161 100	√
	管理费用			28 220	√
	财务费用			4 000	√
	营业税金及附加			8 100	√
	营业外支出			8 000	√
	所得税费用			72 770	√
合　计			282 190	282 190	√

财务主管　　　　记账　　　　审核　　　　出纳　　　　制证　　　　附件　　张

表 8-50 转 账 凭 证

×× 12 月 31 日　　　　　　　　　　　　　　　　转字第 24 号

摘　要	总账科目	明细科目	借方金额	贷方金额	登账
结转本月实现的利润	本年利润		218 310		√
	利润分配			218 310	√
合　计			218 310	218 310	

财务主管　　　　记账　　　　审核　　　　出纳　　　　制证　　　　附件　　张

表 8-51 转 账 凭 证

×× 12 月 31 日　　　　　　　　　　　　　　　　转字第 25 号

摘　要	总账科目	明细科目	借方金额	贷方金额	登账
分配利润	利润分配		35 000		√
	实收资本			20 000	√
	盈余公积			10 000	√
	应付股利			5 000	√
合　计			35 000	35 000	

财务主管　　　　记账　　　　审核　　　　出纳　　　　制证　　　　附件　　张

2. 根据现金和银行存款收、付款凭证，登记现金日记账和银行存款日记账

（1）现金日记账（表 8 - 52）

表 8 - 52　现金日记账　　　　　　　　　　　　单位：元

××年		凭证号码	摘要	对方科目	收入	支出	结余
月	日						
12	1		上期结余				1 000
	5	银付1	银行提现	银行存款	2 000		3 000
	6	现付1	王力预支差费	其他应收款		1 000	2 000
	12	现付2	预支备用金	其他应收款		1 000	1 000
	14	现付3	垫付运费	应收账款		500	500
	18	银付6	银行提现	银行存款	98 000		98 000
	20	现付4	发放工资	应付职工薪酬		98 500	500
	24	现收1	收其他销售款	其他业务收入	500		1 000
	30	现付5	报销备用金	生产成本管理费用		800	200
	31	现收2	收回余款	其他应收款	200		400
	31		本月合计		100 700	101 300	400

（2）银行存款日记账（表 8 - 53）

表 8 - 53　银行存款日记账　　　　　　　　　　　单位：元

××年		凭证号码	摘要	对方科目	收入	支出	结余
月	日						
12	1		上月结余				20 000
	1	银收1	上级拨投资	实收资本	200 000		220 000
	1	银收2	收到投资	实收资本	500 000		720 000
	5	银付1	提取现金	库存现金		2 000	718 000
	7	银付2	购买汽车	固定资产		200 000	518 000
	8	银收3	收销货款	主营业务收入	500 000		1 018 000
	9	银付3	购买钢材款	预付账款		6000	1 012 000
	10	银付4	购买钢材款	预付账款		24 000	988 000
	17	银付5	购买公司债券	交易性金融资产		100 000	888 000
	18	银付6	银行提现	库存现金		98 000	790 000
	23	银付7	支付筹建费用	长期待摊费用		8 000	782 000
	31		本月合计		1 200 000	438 000	782 000

3. 根据各记账凭证、汇总编制科目汇总表（表8-54）

表8-54 科目汇总表

××年12月份   第1号

会计科目	账页	自1日至10日		自11日至20日		自21日至31日		本月合计	
		借方	贷方	借方	贷方	借方	贷方	借方	贷方
库存现金	1	2 000	1 000	98 000	99 500	700	800	100 700	101 300
银行存款	5	1 200 000	232 000		198 000		8 000	1 200 000	438 000
交易性金融资产	10			100 000				100 000	
应收票据	15			2 000				2 000	
应收账款	20			500	2 000			500	2 000
预付账款	25	30 000	30 000					30 000	30 000
其他应收款	30	1 000		1 000	2 000		1 000	2 000	3 000
生产成本	35			20 000		139 600	159 600	159 600	159 600
原材料	40			35 000	22 000			35 000	22 000
材料采购	45	30 000		5 000	35 000			35 000	35 000
材料成本差异	50				5 000		−880		4 120
固定资产	65	200 000						200 000	
累计折旧	70						62 500		62 500
在建工程	75	1 000 000						1 000 000	
无形资产	80	500 000						500 000	
长期待摊费用	90					12 000		12 000	
库存商品	95					159 600	161 100	159 600	161 100
营业外支出	100					8 000	8 000	8 000	8 000
管理费用	105			2 000		26 220	28 220	28 220	28 220
财务费用	110					4 000	4 000	4 000	4 000
主营业务成本	115					161 100	161 100	161 100	161 100
营业税金及附加	120					8 100	8 100	8 100	8 100
其他应付款	135				1 000				1 000
应付职工薪酬	140			101 000			106 600	101 000	106 600
应交税费	150						80 870		80 870
应付利息	155						4 000		4 000
应付股利	165						5 000		5 000
主营业务收入	170		500 000			500 000		500 000	500 000
待处理财产损溢	175						8 000		8 000
实收资本	180		1 200 000				20 000		1 220 000
盈余公积	190						10 000		10 000
长期借款	200		1 000 000						1 000 000
其他业务收入	205					500	500	500	500
本年利润	215					500 500	500 500	500 500	500 500
利润分配	220					35 000	218 310	35 000	218 310
所得税费用	230					72 770	72 770	72 770	72 770
合计		2 963 000	2 963 000	364 500	364 500	1 628 090	1 628 090	4 955 590	4 955 590

4. 根据科目汇总表登记总分类账（表 8 – 55 至表 8 – 96）

表 8 – 55　总 分 类 账

会计科目：库存现金　　　　　　　　　　　　　　　　　　　　　　　　　　第 1 页

××年		凭证号码	摘　要	借方	贷方	借／贷	余额
月	日						
12	1		期初余额			借	1 000
	10	科汇①	1 至 10 日发生额	2 000	1 000	借	2 000
	20	科汇②	11 至 20 日发生额	98 000	99 500	借	500
	31	科汇③	21 至 31 日发生额	700	800	借	400
	31		本期发生额及余额	100 700	101 300	借	400

表 8 – 56　总 分 类 账

会计科目：银行存款　　　　　　　　　　　　　　　　　　　　　　　　　　第 5 页

××年		凭证号码	摘　要	借方	贷方	借／贷	余额
月	日						
12	1		期初余额			借	20 000
	10	科汇①	1 至 10 日发生额	1 200 000	232 000	借	988 000
	20	科汇②	11 至 20 日发生额		198 000	借	790 000
	31	科汇③	21 至 31 日发生额		8 000	借	782 000
	31		本期发生额及余额	1 200 000	438 000	借	782 000

表 8 – 57　总 分 类 账

会计科目：交易性金融资产　　　　　　　　　　　　　　　　　　　　　　　第 10 页

××年		凭证号码	摘　要	借方	贷方	借／贷	余额
月	日						
12	1		期初余额			借	40 000
	20	科汇②	11 至 20 日发生额	100 000		借	140 000
	31		本期发生额及余额	100 000		借	140 000

表 8 – 58　总 分 类 账

会计科目：应收票据　　　　　　　　　　　　　　　　　　　　　　　　　　第 15 页

××年		凭证号码	摘　要	借方	贷方	借／贷	余额
月	日						
12	1		期初余额				
	20	科汇②	11 至 20 日发生额	2 000		借	2 000
	31		本期发生额及余额	2 000		借	2 000

表 8-59 总分类账

会计科目：应收账款　　　　　　　　　　　　　　　　　　　　　第 20 页

××年		凭证号码	摘要	借方	贷方	借/贷	余额
月	日						
12	1		期初余额			借	40 000
	20	科汇②	11 至 20 日发生额	500	2 000	借	38 500
	31		本期发生额及余额	500	2 000	借	38 500

表 8-60 总分类账

会计科目：预付账款　　　　　　　　　　　　　　　　　　　　　第 25 页

××年		凭证号码	摘要	借方	贷方	借/贷	余额
月	日						
12	1		期初余额				
	20	科汇①	1 至 10 日发生额	30 000	30 000		0
	31		本期发生额及余额	30 000	30 000		0

表 8-61 总分类账

会计科目：其他应收款　　　　　　　　　　　　　　　　　　　　第 30 页

××年		凭证号码	摘要	借方	贷方	借/贷	余额
月	日						
12	1		期初余额			借	10 000
	10	科汇①	1 至 10 日发生额	1 000		借	11 000
	20	科汇②	11 至 20 日发生额	1 000	2 000	借	10 000
	31	科汇③	21 至 31 日发生额		1 000	借	9 000
	31		本期发生额及余额	2 000	3 000	借	9 000

表 8-62 总分类账

会计科目：生产成本　　　　　　　　　　　　　　　　　　　　　第 35 页

××年		凭证号码	摘要	借方	贷方	借/贷	余额
月	日						
12	1		期初余额				20 000
	20	科汇②	11 至 20 日发生额	20 000		借	0
	31	科汇③	21 至 31 日发生额	139 600	159 600	借	
	31		本期发生额及余额	159 600	159 600		0

表 8 – 63　总 分 类 账

会计科目：原材料　　　　　　　　　　　　　　　　　　　　　　　　　　　　第 40 页

××年		凭证号码	摘　要	借方	贷方	借／贷	余额
月	日						
12	1		期初余额			借	204 000
	20	科汇②	11 至 20 日发生额	35 000	22 000	借	217 000
	31		本期发生额及余额	35 000	22 000	借	217 000

表 8 – 64　总 分 类 账

会计科目：材料采购　　　　　　　　　　　　　　　　　　　　　　　　　　　第 45 页

××年		凭证号码	摘　要	借方	贷方	借／贷	余额
月	日						
12	1		期初余额				
	10	科汇①	1 至 10 日发生额	30 000		借	30 000
	20	科汇②	11 至 20 日发生额	5 000	35 000	借	0
	31		本期发生额及余额	35 000	35 000		0

表 8 – 65　总 分 类 账

会计科目：材料成本差异　　　　　　　　　　　　　　　　　　　　　　　　　第 50 页

××年		凭证号码	摘　要	借方	贷方	借／贷	余额
月	日						
12	1		期初余额			贷	4 000
	20	科汇②	11 至 20 日发生额		5 000	贷	9 000
	31	科汇③	21 至 31 日发生额		−880	贷	8 120
	31		本期发生额及余额		4 120	贷	8 120

表 8 – 66　总 分 类 账

会计科目：长期股权投资　　　　　　　　　　　　　　　　　　　　　　　　　第 60 页

××年		凭证号码	摘　要	借方	贷方	借／贷	余额
月	日						
12	1		期初余额			借	4 100 000
	31		本期发生额及余额			借	4 100 000

表 8-67　总 分 类 账

会计科目：固定资产　　　　　　　　　　　　　　　　　　　　　　第 65 页

××年		凭证号码	摘　要	借方	贷方	借／贷	余额
月	日						
12	1		期初余额			借	7 300 000
	10	科汇③	1 至 10 日发生额	200 000		借	7 500 000
	31		本期发生额及余额	200 000		借	7 500 000

表 8-68　总 分 类 账

会计科目：累计折旧　　　　　　　　　　　　　　　　　　　　　　第 70 页

××年		凭证号码	摘　要	借方	贷方	借／贷	余额
月	日						
12	1		期初余额			贷	1 700 000
	31	科汇③	21 至 31 日发生额		62 500	贷	1 762 500
	31		本期发生额及余额		62 500	贷	1 762 500

表 8-69　总 分 类 账

会计科目：在建工程　　　　　　　　　　　　　　　　　　　　　　第 75 页

××年		凭证号码	摘　要	借方	贷方	借／贷	余额
月	日						
12	1		期初余额			借	400 000
	10	科汇①	1 至 10 日发生额	1 000 000		借	1 400 000
	31		本期发生额及余额	1 000 000		借	1 400 000

表 8-70　总 分 类 账

会计科目：无形资产　　　　　　　　　　　　　　　　　　　　　　第 80 页

××年		凭证号码	摘　要	借方	贷方	借／贷	余额
月	日						
12	1		期初余额			借	79 000
	10	科汇①	1 至 10 日发生额	500 000		借	579 000
	31		本期发生额及余额	500 000		借	579 000

表 8 – 71　总 分 类 账

会计科目：其他资产　第 85 页

××年		凭证号码	摘　要	借方	贷方	借／贷		余额
月	日							
12	1		期初余额				借	10 000
	31		本期发生额及余额				借	10 000

表 8 – 72　总 分 类 账

会计科目：长期待摊费用　第 90 页

××年		凭证号码	摘　要	借方	贷方	借／贷		余额
月	日							
12	1		期初余额					
	31	科汇③	21 至 31 日发生额	12 000			借	12 000
	31		本期发生额及余额	12 000			借	12 000

表 8 – 73　总 分 类 账

会计科目：库存商品　第 95 页

××年		凭证号码	摘　要	借方	贷方	借／贷		余额
月	日							
12	1		期初余额				借	3 000
	31	科汇③	21 至 31 日发生额	159 600	161 100		借	1 500
	31		本期发生额及余额	159 600	161 100		借	1 500

表 8 – 74　总 分 类 账

会计科目：营业外支出　第 100 页

××年		凭证号码	摘　要	借方	贷方	借／贷		余额
月	日							
12	1		期初余额					
	31	科汇③	21 至 31 日发生额	8 000	8 000			0
	31		本期发生额及余额	8 000	8 000			0

表 8 – 75 总 分 类 账

会计科目：管理费用 第 105 页

××年		凭证号码	摘 要	借方	贷方	借/贷	余额
月	日						
12	1		期初余额				
	20	科汇②	11 至 20 日发生额	2 000		借	2 000
	31	科汇③	21 至 31 日发生额	26 220	28 220	借	0
	31		本期发生额及余额	28 220	28 220		0

表 8 – 76 总 分 类 账

会计科目：财务费用 第 110 页

××年		凭证号码	摘 要	借方	贷方	借/贷	余额
月	日						
12	1		期初余额				
	31	科汇③	21 至 31 日发生额	4 000	4 000		0
	31		本期发生额及余额	4 000	4 000		0

表 8 – 77 总 分 类 账

会计科目：主营业务成本 第 115 页

××年		凭证号码	摘 要	借方	贷方	借/贷	余额
月	日						
12	1		期初余额				
	31	科汇③	21 至 31 日发生额	161 100	161 100		0
	31		本期发生额及余额	161 100	161 100		0

表 8 – 78 总 分 类 账

会计科目：营业税金及附加 第 120 页

××年		凭证号码	摘 要	借方	贷方	借/贷	余额
月	日						
12	1		期初余额				
	31	科汇③	21 至 31 日发生额	8 100	8 100		0
	31		本期发生额及余额	8 100	8 100		0

表 8 - 79　总 分 类 账

会计科目：应付账款　　　　　　　　　　　　　　　　　　　　　　　第 125 页

××年		凭证号码	摘　要	借方	贷方	借/贷	余额
月	日						
12	1		期初余额			贷	500 000
	31		本期发生额及余额			贷	500 000

表 8 - 80　总 分 类 账

会计科目：预收账款　　　　　　　　　　　　　　　　　　　　　　　第 130 页

××年		凭证号码	摘　要	借方	贷方	借/贷	余额
月	日						
12	1		期初余额			贷	90 000
	31		本期发生额及余额			贷	90 000

表 8 - 81　总 分 类 账

会计科目：其他应付款　　　　　　　　　　　　　　　　　　　　　　第 135 页

××年		凭证号码	摘　要	借方	贷方	借/贷	余额
月	日						
12	1		期初余额			贷	60 000
	20	科汇②	11 至 20 日发生额		1 000	贷	61 000
	31		本期发生额及余额		1 000	贷	61 000

表 8 - 82　总 分 类 账

会计科目：应付职工薪酬　　　　　　　　　　　　　　　　　　　　　第 140 页

××年		凭证号码	摘　要	借方	贷方	借/贷	余额
月	日						
12	1		期初余额			贷	142 000
	20	科汇②	11 至 20 日发生额	101 000		贷	41 000
	31	科汇③	21 至 31 日发生额		106 600	贷	147 600
	31		本期发生额及余额	101 000	106 600	贷	147 600

表 8-83　总分类账

会计科目：应交税费　　　　　　　　　　　　　　　　　　　　　　　　　第 150 页

| ××年 | | 凭证 | 摘　要 | 借方 | 贷方 | 借／贷 | 余额 |
月	日	号码					
12	1		期初余额			贷	10 000
	31	科汇③	21 至 31 日发生额		80 870	贷	80 870
	31		本期发生额及余额		80 870	贷	90 870

表 8-84　总分类账

会计科目：应付债券　　　　　　　　　　　　　　　　　　　　　　　　　第 160 页

| ××年 | | 凭证 | 摘　要 | 借方 | 贷方 | 借／贷 | 余额 |
月	日	号码					
12	1		期初余额			贷	400 000
	31		本期发生额及余额			贷	400 000

表 8-85　总分类账

会计科目：应付股利　　　　　　　　　　　　　　　　　　　　　　　　　第 165 页

| ××年 | | 凭证 | 摘　要 | 借方 | 贷方 | 借／贷 | 余额 |
月	日	号码					
12	1		期初余额			贷	
	31	科汇③	21 至 31 日发生额		5 000	贷	5 000
	31		本期发生额及余额		5 000	贷	5 000

表 8-86　总分类账

会计科目：主营业务收入　　　　　　　　　　　　　　　　　　　　　　　第 170 页

| ××年 | | 凭证 | 摘　要 | 借方 | 贷方 | 借／贷 | 余额 |
月	日	号码					
12	1		期初余额				
	10	科汇①	1 至 10 日发生额		500 000	贷	500 000
	31	科汇③	21 至 31 日发生额	500 000		贷	0
	31		本期发生额及余额	500 000	500 000		0

表 8 - 87　总 分 类 账

会计科目：待处理财产损溢　　　　　　　　　　　　　　　　　　　　　　　　　　第 175 页

××年		凭证号码	摘　要	借方	贷方	借 / 贷	余额
月	日						
12	1		期初余额				
	31	科汇③	21 至 31 日发生额		8 000	贷	8 000
	31		本期发生额及余额		8 000	贷	8 000

表 8 - 88　总 分 类 账

会计科目：实收资本　　　　　　　　　　　　　　　　　　　　　　　　　　　　第 180 页

××年		凭证号码	摘　要	借方	贷方	借 / 贷	余额
月	日						
12	1		期初余额			贷	6 000 000
	10	科汇①	1 至 10 日发生额		1 200 000	贷	7 200 000
	31	科汇③	21 至 31 日发生额		20 000	贷	7 220 000
	31		本期发生额及余额		1 220 000	贷	7 220 000

表 8 - 89　总 分 类 账

会计科目：资本公积　　　　　　　　　　　　　　　　　　　　　　　　　　　　第 185 页

××年		凭证号码	摘　要	借方	贷方	借 / 贷	余额
月	日						
12	1		期初余额			贷	56 000
	31		本期发生额及余额			贷	56 000

表 8 - 90　总 分 类 账

会计科目：盈余公积　　　　　　　　　　　　　　　　　　　　　　　　　　　　第 190 页

××年		凭证号码	摘　要	借方	贷方	借 / 贷	余额
月	日						
12	1	科汇③	期初余额			贷	3 100 000
	31		21 至 31 日发生额		10 000	贷	3 110 000
	31		本期发生额及余额		10 000	贷	3 110 000

表 8 – 91　总 分 类 账

会计科目：短期借款　　　　　　　　　　　　　　　　　　　　　　第 195 页

××年		凭证号码	摘　要	借方	贷方	借/贷	余额
月	日						
12	1		期初余额			贷	20 000
	31		本期发生额及余额			贷	20 000

表 8 – 92　总 分 类 账

会计科目：长期借款　　　　　　　　　　　　　　　　　　　　　　第 200 页

××年		凭证号码	摘　要	借方	贷方	借/贷	余额
月	日						
12	1		期初余额			贷	100 000
	10	科汇①	1 至 10 日发生额		1 000 000	贷	1 100 000
	31		本期发生额及余额		1 000 000	贷	1 100 000

表 8 – 93　总 分 类 账

会计科目：其他业务收入　　　　　　　　　　　　　　　　　　　　第 205 页

××年		凭证号码	摘　要	借方	贷方	借/贷	余额
月	日						
12	1		期初余额				
	31	科汇③	21 至 31 日发生额	500	500		0
	31		本期发生额及余额	500	500		0

表 8 – 94　总 分 类 账

会计科目：本年利润　　　　　　　　　　　　　　　　　　　　　　第 215 页

××年		凭证号码	摘　要	借方	贷方	借/贷	余额
月	日						
12	1		期初余额				
	31	科汇③	21 至 31 日发生额	500 500	500 500		0
	31		本期发生额及余额	500 500	500 500		0

表 8 - 95　总 分 类 账

会计科目：利润分配　　　　　　　　　　　　　　　　　　　　　　　　　　　　第 220 页

××年		凭证号码	摘 要	借方	贷方	借／贷	余额
月	日						
12	1		期初余额			贷	40 000
	31	科汇③	21 至 31 日发生额	35 000	197 353.6	贷	202 353.6
	31		本期发生额及余额	35 000	197 353.6	贷	202 353.6

表 8 - 96　总 分 类 账

会计科目：所得税费用　　　　　　　　　　　　　　　　　　　　　　　　　　　第 230 页

××年		凭证号码	摘 要	借方	贷方	借／贷	余额
月	日						
12	31	科汇③	21 至 31 日发生额	72 770	72 770		0
	31		本期发生额及余额	72 770	72 770		0

5. 根据各总分类账发生额进行试算平衡，编制总账本期发生额试算平衡表（表 8 - 97）

表 8 - 97　总账本期发生额试算平衡表

××年12月份　　　　　　　　　　　　　　　　　　　　　　　　　　单位：元

账户名称	借 方	贷 方
库存现金	100 700	101 300
银行存款	1 200 000	438 500
交易性金融资产	100 000	
应收票据	2 000	
应收账款	500	2 000
其他应收款	2 000	3 000
预付账款	30 000	30 000
主营业务成本	161 100	161 100
原材料	35 000	22 000
材料采购	35 000	35 000
材料成本差异		4 120
固定资产	200 000	
累计折旧		62 500
在建工程	1 000 000	
无形资产	500 000	
长期待摊费用	12 000	
生产成本	159 600	159 600
营业外支出	8 000	8 000
管理费用	28 220	28 220
财务费用	4 000	4 000

账户名称	借　方	贷　方
营业税金及附加	8 100	8 100
其他应付款		1 000
应付职工薪酬	101 000	106 600
应交税费		80 870
应付利息		4 000
应付股利		5 000
长期借款		1 000 000
其他业务收入	500	500
主营业务收入	500 000	500 000
固定资产清理		8 000
库存商品	159 600	161 100
实收资本		1 220 000
盈余公积		10 000
本年利润	500 500	500 500
利润分配	35 000	218 310
所得税费用	72 770	72 770
合计	4 959 590	4 959 590

6. 根据总分类账期末余额进行试算平衡，编制总账余额试算平衡表（表8－98）

表8－98　总账余额试算平衡表

××年12月31日　　　　　　　　　　　　单位：元

资　　产		负债＋所有者权益	
库存现金	400	短期借款	20 000
银行存款	782 000	应付账款	500 000
交易性金融资产	140 000	预收账款	90 000
应收票据	2 000	其他应付款	61 000
应收账款	38 500	应付职工薪酬	147 600
其他应收款	9 000	应交税费	80 870
库存商品	1 500	应付利息	4 000
原材料	217 000	应付债券	400 000
材料成本差异	－ 8 120	应付股利	5 000
长期股权投资	4 100 000	长期借款	1 100 000
固定资产	7 500 000	固定资产清理	8 000
累计折旧	－ 1 762 500	实收资本	7 220 000
在建工程	1 400 000	资本公积	56 000
无形资产	579 000	盈余公积	3 110 000
其他资产	10 000	利润分配	218 310
长期待摊费用	12 000		
合计	13 020 780	合计	13 020 780

第9章 财产清查

【内容提要】财产清查是会计核算的一种专门方法。它是为了核算和监督账簿记录的真实性和财产保管使用的合理性而进行的。本章主要阐述财产清查的概念、意义和种类；确定实物财产账面结存数量的方法；财产清查的内容和方法；财产清查结果的会计处理。

9.1 财产清查的意义和种类

1. 财产清查的概念

确保会计资料的真实性，是会计核算的基本原则，也是经济管理对会计核算的客观要求。因此，在整个会计核算过程中，一定要按规范的程序和方法进行。对于财产、物资，都必须通过账簿记录来反映其增减变动和结存情况。为了保证账簿记录的正确和完整，应当定期或不定期地进行账证核对和账账核对。但是，账簿记录的正确性，还不能说明账簿记录的客观真实性。这是因为各种原因都有可能使各项财产的账面结存数额与实际结存数额发生差异。因此为保证会计资料的准确性，必须在账簿记录的基础上运用财产清查这一方法，对本单位各项财产物资进行定期或不定期的清查，使账簿记录与实物、款项实存数额相符，保证会计资料的真实性。

财产清查也称财产检查，是通过实地盘点、核对账目来确定各项实物财产、货币资金和债权债务的实存数，将实存数与账面结存数进行核对，借以查明账实是否相等及账实不符的原因的一种会计核算专门方法。

2. 财产清查的意义

1）造成账实不符的原因

造成账实不符的原因各有不同，归结起来主要有正常原因和非正常原因两大类。

（1）正常原因

① 收发实物财产时，由于计量、检验不准确而发生了品种、数量或质量上的差错；

② 工作人员在登记账簿时，发生漏记、错记、重记或计算上的错误；

③ 实物财产保管过程中发生的自然损耗或升溢；

④ 结算过程中的未达账项。

（2）非正常原因

① 由于管理不善或工作人员的失职而发生的实物财产的残损、变质、短缺，以及由于账目混乱造成的账实不符；

② 由于不法分子的贪污盗窃、营私舞弊等非法行为而造成的财产损失；

③ 自然灾害等非常损失。

上述原因都有可能使实物财产和债权债务等出现账实不符的情况。因此，必须进行财产清查，对各项实物财产和债权债务等进行定期或不定期的盘点和核对，在账实相符的基础上编制财务会计报告。因为只有真实的会计信息，才能起到会计核算应有的作用。

2）财产清查的意义

（1）确保会计核算资料的真实可靠

通过财产清查，可以确定各项实物财产的实存数，与其账存数相核对，查明各项实物财产的账实是否相等，以及产生差异的原因，并及时调整账存记录，使其账实相符。从而保证会计账簿记录的真实性，为编制财务会计报告做好准备。

（2）健全实物财产的管理制度

造成账实不符的大量原因是企业管理上的问题。出现实物财产的大量盘盈、盘亏，可能是企业财产管理不善的一个信号。通过财产清查，可以发现财产管理上存在的问题，促使企业不断改进实物财产管理，健全实物财产管理制度，确保实物财产的安全、完整。

（3）提高实物财产的使用效率

在财产清查中，不仅要对实物财产进行账实核对，还要查明各种实物财产的贮存和使用情况，贮存不足的应及时补足，多余积压的应及时处理，了解实物财产节约使用的经验和铺张浪费的教训。所以，通过财产清查，可以促进实物财产的有效使用，充分发挥实物财产的潜力。

（4）保证结算制度的贯彻执行

在财产清查中，对于债权债务等往来结算账款，也要与对方逐一核对清楚，对于各种应收、应付账款应及时核算，已确认的坏账要按规定处理，避免长期拖欠和常年挂账，共同维护结算纪律和商业信用。

3. 财产清查的种类

财产清查的种类很多，可以按不同的标志进行分类，主要分类有以下4种。

1）按照财产清查对象的范围分类

财产清查按照清查对象的范围大小，可以分为全面清查和局部清查。

（1）全面清查

全面清查就是对属于本单位或存放在本单位的所有实物财产、货币资金和各项债权债务进行全面盘点和核对。对资产负债表内所列的项目，要一一盘点、核对。全面清查的内容多，范围广，投入的人力多，花费的时间长。

一般是在以下几种情况下，才需要进行全面清查：

① 年终决算之前，要进行一次全面清查；

② 单位撤销、合并或改变隶属关系时，要进行一次全面清查，以明确经济责任；

③ 开展资产评估、清产核资等活动，需要进行全面清查，摸清家底，以便按需要组织资金的供应。

（2）局部清查

局部清查就是根据管理的需要或依据有关规定，对部分实物财产、债权债务进行盘点和核对。局部清查相对于全面清查而言，需要投入的人力少，花费的时间短，但清查的范围小。

一般情况下，对于流动性较大的材料物资，除年度清查外，年内还要轮流盘点或重点抽查；对于各种贵重物资，每月应清查盘点一次；对于现金，应由出纳人员当日清点核对；对于银行存款，每月要同银行核对一次；对于各种应收账款，每年至少应当核对一次以上。

2）按照财产清查的时间分类

财产清查按照清查时间是否事先有计划，可分为定期清查和不定期（临时）清查。

（1）定期清查

定期清查就是按事先计划安排的时间对实物财产、债权债务进行的清查。一般是在年度、季度、月份、每日结账时进行。例如，每日结账时，要对现金进行账实核对。定期清查，可以是局部清查，也可以是全面清查。

（2）不定期清查

不定期清查是事先并无计划安排，而是根据实际需要所进行的临时性清查。一般是在以下几种情况下，才需要进行不定期清查：

① 更换实物财产和现金的保管人员时，要对有关人员所保管的实物财产和现金进行清查，以分清经济责任；

② 发生自然灾害等非常损失时，要对受灾损失的有关实物财产进行清查，以查明损失情况；

③ 单位撤销、合并或改变隶属关系时，应对本单位的各项实物财产、货币资金、债权债务进行清查，以摸清家底。

不定期清查，可以是局部清查，也可以是全面清查。

3）按财产清查的执行单位分类

财产清查按执行单位的来源，可分为内部清查和外部清查。

（1）内部清查

内部清查是由单位内部职工组织清查工作组来担任财产清查工作。大多数的财产清查，都是内部清查。内部清查，可以是全面清查，也可以是局部清查；可以是定期清查，也可以是不定期清查，应按照实际情况和具体要求加以确定。

（2）外部清查

外部清查是由本单位以外的上级主管部门、财税机关、审计机关、银行及有执业资格的中介机构（如会计师事务所）等根据国家的有关规定或情况的需要对本单位所进行的财产清查。外部清查必须有内部清查人员参加。如企业的清产核资、企业重组过程中的资产评估，有些就属于外部清查。外部清查一般是全面清查，可以是定期清查，也可以是不定期清查。

4）按财产清查的对象分类

财产清查按清查对象的不同，可分为实物财产清查、货币资金清查和往来账项清查。这种分类可以与以上三种分类方法分别结合使用。

（1）实物财产清查

实物财产清查就是对各项实物财产，如对固定资产、原材料、产成品等进行清查，不仅盘点其实存数与账存数是否相等，而且对其质量也要进行清查，核对是否有损坏、变质等情况。

（2）货币资金清查

货币资金清查就是对现金与银行存款所进行的清查，即实地盘点现金的余额是否与现金日记账的余额相同；银行存款日记账的余额是否与银行对账单上的余额相符。

（3）往来账项清查

往来账项清查就是对应收账款、应付账款等往来款项进行的清查，即通过信函、电询或面询等方式，查询核对各种应收、应付款项是否与账上所列金额相一致。

4. 财产清查的程序

财产清查的程序是指清查工作的阶段划分及其先后顺序。

财产清查是一项复杂而细致的工作，涉及面比较广、工作量比较大，必须有计划、有组织地按一定程序进行。不同目的的财产清查，应按不同的程序进行，但就其一般程序来说，可以分为3个阶段，即准备阶段、实施阶段、分析及处理阶段。

（1）准备阶段

财产清查的准备阶段工作包括组织准备和业务准备两个方面。

组织准备方面的主要工作是落实清查工作的负责人，并从会计、业务、保管等部门抽调专职人员组织清查小组，经过短期培训，掌握清查的方法、技术，明确本次清查的目的，制订清查工作方案等。

业务准备方面的主要工作包括：会计部门在财产清查前，将有关账簿登记齐全并结出余额，提供经过核实的正确资料；实物财产的保管和使用等业务部门在财产清查前将各类财产物资分类整理，并加挂标签，标明品种、规格和结存数量，以便清查时与账簿记录核对；检查校正度量衡器；准备有关清查登记表。

（2）实施阶段

各项准备工作结束以后，清查人员应根据清查对象的特点分别采取与之相对应的方法。如对实物财产的数量、品种、类别、金额等予以盘点，同时由盘点人员做好盘点记录，并据以填制"盘存单"。然后，根据盘存单资料和有关账簿资料填制"实存账存对比表"，检查账实是否相符，并将对比结果填入该表。记录盘点资料及其结果的表格，应由盘点人员、保管人员及相关人员签名盖章，以便明确责任。实物财产的"盘存单"和"实存账存对比表"的格式见 9.2 节。

（3）分析及处理阶段

财产清查结束，应根据"实存账存对比表"上列示的对比结果调整账簿记录，并分析盘盈、盘亏的原因和性质，将结果上报上级领导。同时，针对清查中发现的问题，提出改进的意见和措施等。最后，对盘盈、盘亏的财产，按规定报请有关部门批准后，分别作出相应的账务处理，同时调整相应的账簿记录。

9.2　财产清查的方法

1. 实物财产的清查

实物财产的清查首先应确定实物财产的账面结存数量，再确定实际结存数量，最后根据账存和实存数确定差异，寻找产生差异的原因，进行账务处理。

1）确定实物财产账面结存数量的方法

实物财产的清查的重要环节是盘点实物财产的实存数量，为使盘点工作顺利进行，应建立一定的盘存制度。按照确定实物财产账面结存数量的依据不同，实物财产的盘存制度可分为"永续盘存制"和"实地盘存制"两种。不同的盘存制度，在账簿中记录实物财产的方法和反映的内容是有差别的。

（1）永续盘存制

永续盘存制又称"账面盘存制"。它是指平时对各项实物财产的增减变动都必须根据会计凭证逐日逐笔地在有关账簿中登记，并随时结算出其账面结存数量的一种盘存方法。采用这种方法，需按实物财产的项目设置数量金额式明细账并详细记录，以便及时地反映各项实物财产的收入、发出和结存的情况。

这种方法的优点是有利于加强对实物财产的管理，不足之处是日常的工作量较大。而且由于自然和人为的原因，也可能发生账实不符。因此，采用永续盘存制的单位，仍需对实物财产进行实地盘点，以确定其实存数，并与账面结存数核对。在实际工作中，大多数单位采用永续盘存制。

（2）实地盘存制

实地盘存制又称"定期盘存制"，也叫"以存计销制"或"依存计耗制"。它是指平时只在账簿记录中登记各项实物财产的增加数，不登记减少数，期末通过实物盘点来确定其实有数，并据以倒算出本期实物财产减少数的一种盘存方法。其计算公式如下：

$$本期减少数 = 期初结存数 + 本期增加数 - 期末实有数$$

实地盘存制的优点是：平时工作手续简便，省去了物资减少数及每日结存数的详细记录。其缺点是：账簿中无法随时反映实物财产的减少数和结存数，并有可能将损耗、浪费、被盗等的实物财产全部算入本期的发出（减少）额，不利于对实物财产的控制。而且采用该方法对实物财产进行实地盘点的结果，只能作为计算其本期减少数的依据，而不能用来核对账实是否相符。但对有些实物资产，比如餐饮业中的鲜活物品，则只能使用实地盘存制来确定结存数量。

2）实物财产的清查方法

（1）实地盘点法

实地盘点法，是通过实地逐一点数或用计量器具确定实物财产实存数量的一种清查方法，适用于一般实物资产。

（2）技术推算法

技术推算法，是通过技术推算确定实物财产实存数量的一种方法。对有些价值低、数量大或难以逐一清查的实物财产，可以在抽样盘点的基础上，进行技术推算，从而确定其实存数量。

3）实物财产的清查及报告

在财产清查中，对不同实物形态、体积重量和堆放方式的实物财产，可采用不同的清查方法。对固定资产、原材料、在产品、库存商品等各种体积大或包装完整的实物财产，运用实地盘点的方法，如点数、过磅、度量等确定实物的实存数量。对大量散装、成堆的物资如煤、黄沙、石子等，采用技术推算的方法测定。为明确经济责任，盘点时，有关实物财产的实物保管人员必须在场，并参与盘点工作。盘点工作不但指清点实物数量，还包括实物质量的检查，以便及时发现和处理短缺、毁损、霉变、过时的物资。盘点之后要及时地对盘点结果形成记录并报告。

（1）如实记录"盘存单"

"盘存单"是记录盘点日期实物财产实存数量的书面证明，是财产清查的重要原始凭证之一。它必须由参加盘点的人员和实物保管员共同签章才能生效。盘存单的格式如表9-1所示。

表9-1　盘存单

单位名称：　　　　　　　　　　　　　　　　　　　　　　　　　　编号：

盘点时间：　　　　　　　　　　　财产类别：　　　　　　　　　　存放地点：

序号	名称	规格	计量单位	盘点数量	单价	金额	备注

盘点人签章：　　　　　　　　　　　　　　　　保管人签章：

盘存单内实物的编号、名称、计量单位和单价应与实物明细账保持一致，以便核对。

（2）填制实存账存对比表

根据"盘存单"所记录的实存数额与账面结存余额核对，发现某些实物财产账实不符时，填制"实存账存对比表"，据以确定盘盈或盘亏的数额。"实存账存对比表"既是调整账面记录的原始依据，也是分析差异的原因、查明经济责任的依据。其格式如表 9 – 2 所示。

表 9 – 2 实存账存对比表

单位名称：   ××年   月   日

编号	类别及名称	计量单位	单价	实存		账存		差异				备注
								盘盈		盘亏		
				数量	金额	数量	金额	数量	金额	数量	金额	

主管人员：   会计：   制表：

2. 货币资金的清查

1）库存现金的清查

库存现金的清查，除了现金出纳每天业务终了进行清点外，有关部门还要定期或不定期地进行抽查。库存现金的清查主要采用实地盘点的方法。清查前，出纳人员将截至清查时的全部现金收付凭证登记入账，结出现金日记账余额。为明确责任，现金清查时出纳人员必须在场。

库存现金的清查包括以下内容：

① 库存现金实有数是否与现金日记账余额一致；

② 有无以不具备法律效力的私人借条或收据抵充现金；

③ 库存现金数是否超过规定的库存限额；

④ 是否有挪用公款的现象。

库存现金盘点后，应根据盘点结果填制"库存现金盘点表"。库存现金盘点表是一张重要的财产清查原始凭证，它起到了"盘存单"与"实存账存对比表"的双重作用，应该认真填写。其格式如表 9 – 3 所示。

表 9 – 3 库存现金盘点表

单位名称：   ××年   月   日

实存金额	账存金额	对比结果		备注
		盘盈	盘亏	

盘点人（签章）：   出纳员（签章）：

对于库存现金溢缺必须查明原因，短缺部分由责任者赔偿，不能以溢余数抵消短缺数。对于库存国库券、企业债券等有价证券的清查方法与现金相同。

2）银行存款的清查

银行存款的清查通过企业单位的银行存款日记账与收到的银行对账单逐笔核对进行。每月末，企业单位的出纳员首先应将本单位的银行存款账目登记齐全，结出余额，然后与银行对账单的余额进行核对。如核对不符，原因主要有记账错误和未达账项两种。

（1）记账错误

记账错误主要有企业在编制记账凭证中会计分录做错，多记、少记金额造成银行存款日记账登记错误；银行记账发生串户等。因企业单位原因造成的日记账登记错误，须运用规定的错账更正方法进行更正；因银行方面的原因造成对账单金额的错误，应立即通知银行加以更正。

（2）未达账项

未达账项是指企业单位与银行之间，对同一项经济业务，由于凭证传递上的时间差所形成的一方已经登记入账，而另一方因未收到相关凭证，尚未登记入账的事项。企业与银行之间的未达账项有以下几种。

① 企业已收，银行未收。

例如，企业将收到的转账支票存入银行。企业根据经银行盖章退回的进账单回单联可直接登记银行存款日记账。银行则要在款项收妥后才能记账。若银行在编制对账单时尚未办妥收款手续，则对账时会出现企业已记收，银行未记收的未达账项。

② 企业已付，银行未付。

例如，企业开出支票或其他付款凭证，已登记银行存款的减少；银行因尚未办妥支付或转账手续，尚未登记企业存款的减少，形成企业已记付，银行未记付的未达账项。

③ 银行已收，企业未收。

例如，银行定期支付给企业的存款利息，银行已经登记企业存款的增加，企业因尚未接到银行的转账通知还未登记银行存款增加，形成银行已记收，企业未记收的未达账项。类似的未达账项还有企业委托银行代收的款项、外地企业汇给本单位的款项等。

④ 银行已付，企业未付。

例如，银行代企业支付水电费、通信费等公用事业费，银行根据付款凭证已登记企业存款的减少，而企业因尚未接到有关凭证，尚未登记银行存款减少，形成银行已记付，企业未记付的未达账项。

上述①、④两种未达账项造成企业的银行存款日记账余额大于银行对账单余额；②、③两种未达账项造成企业的银行存款日记账余额小于银行对账单余额。

为说明银行存款日记账的余额与银行对账单余额的差异是由未达账项所造成，并反映经调节后企业和银行双方存款账面余额，企业要编制"银行存款余额调节表"。银行存款余额调节表简称"调节表"，是为核对企业单位与银行之间实际存款余额而编制的列示有双方未达账项的报表。其编制方法主要有两种，分别介绍如下：

第一种方法是补记式，将银行对账单的余额与银行存款日记账余额都调整为正确数额，即双方在原有余额的基础上，各自补记对方已入账而本单位尚未入账的账项（包括增加和减少款项），然后检查经过调节后的账面余额是否相等。用等式表示即

本单位银行存款日记账余额＋银行已收本单位未收账项－银行已付本单位未付账项＝

银行对账单余额＋本单位已收银行未收账项－本单位已付银行未付账项

第二种方法是还原式，又称冲销式，即双方在原有余额基础上，各自将本单位已入账而对方尚未入账的账项（包括增加和减少款项），从本单位原有账面余额中冲销，然后检查经过调节后的账面余额是否相等。用等式表示即

本单位银行存款日记账余额＋本单位已付银行未付账项－本单位已收银行未收账项＝

银行对账单余额＋银行已付本单位未付账项－银行已收本单位未收账项

银行存款余额调节表的编制步骤如下：

① 按银行存款日记账登记的先后顺序逐笔与银行对账单核对，对双方都已登记的事项打"√"。

② 分析日记账和对账单中未打"√"是属于记账错误，还是属于未达账项。

③ 对查出的企业记账错误按照一定的错账更正方法进行更正，登记入账，调整银行存款日记账账面余额；对银行记账错误通知银行更正，并调整银行对账单余额。

④ 编制银行存款余额调节表，将属于未达账项的事项计入调节表，计算调节后的余额。

现举例说明银行存款余额调节表的编制方法。

【例9－1】2006年6月30日，某企业的银行对账单的余额为127 000元，而银行存款日记账的余额是130 350元，经查对发现存在以下未达账项：

① 委托银行收款12 500元，银行已入企业账户，企业尚未收到收款通知；

② 企业开出现金支票一张，计400元，企业已入账，银行未入账；

③ 银行已代付电费250元，企业尚未收到付款通知；

④ 企业收到外单位转账支票一张，计16 000元，企业已收款入账，银行尚未记账。

根据上述资料采用补记式法编制银行存款余额调节表。如表9－4所示。

表9－4　银行存款余额调节表

2006年6月30日　　　　　　　　　　　　　　　　　　单位：元

项　　目	金额	项　　目	金额
企业银行存款日记账余额	130 350	银行对账单余额	127 000
加：银行已收企业未收	12 500	加：企业已收银行未收	16 000
减：银行已付企业未付	250	减：企业已付银行未付	400
调节后的存款余额	142 600	调节后的存款余额	142 600

采用这种方法进行调整，双方调节后的余额相等，说明企业、银行双方账面已有记录正确，且双方未达账项已全部找出，否则说明记账有错误应予更正。

然而，编制银行存款余额调节表的目的，只是为了检查账簿记录的正确性，并不是要更改账簿记录，对于调节表中的未达账项均不做账务处理。因为调节表不是证明银行存款收付业务发生的原始凭证。待以后结算凭证到达并以其为依据填制记账凭证后，再做账务处理。

3. 往来账项清查

往来账项包括应收账款、其他应收款、应付账款、其他应付款及预收账款、预付账款等。往来账项的清查重点是应收、应付款项，采用查询核实法，即是通过信函、电询或面询等方式，同对方单位核对账目的方法。在核对前，清查单位应先检查各往来账项的正确性及完整性，查明账上记录无误后，一式两联，一份由对方留存，另一份作为回单。对方单位如核对相符，应在回单上注明"核对相符"字样，并盖章返回；如发现数额不符，应在回单上注明不符情况或另抄对账单一并退回，作为进一步核对的依据。往来账项清查结束，应编制"往来账项清查表"，其格式如表9－5所示。

表9－5　往来账项清查表

总分类账户名称　　　　　　　　××年　　月　　日

明细分类账户		清查结果		核对不符原因分析			备注
名称	账面金额	核对相符金额	核对不符金额	未达账项金额	有争议款项金额	其他	

清查员签章：　　　　　　　　　　　　　　记账员签章：

在核对过程中如发现未达账项，双方都应采用调节账面余额的方法，核对往来账项是否相符。

出租、出借的实物财产以及外埠存款、银行借款等也可采用查询核实法进行清查。

9.3　财产清查结果的账务处理

1. 概述

财产清查的最终结果不外乎下面几种情况：

① 账存数与实存数一致，账实相符；

② 账存数小于实存数，称为盘盈；

③ 账存数大于实存数，称为盘亏；

④ 账存数与实存数虽然一致，但实存的实物财产有质量问题，不能按正常的财产使用，称为毁损。

对于①不必进行账务处理；对于②，③，④都要进行账务处理，调整账存数，使账存数与实存数一致，保证账实相符。即盘盈时，调增账存数；盘亏或毁损时，调减账存数，使其与实存数一致。

盘盈、盘亏或毁损等都说明单位在经营管理中存在着问题，应根据核准的数字，分析形成差异的原因，明确经济责任，并提出相应的处理意见，经有关部门批准后，再进行账务处理。财产清查结果的账务处理分两步。

第 1 步：根据已查明属实的财产盘盈、盘亏或毁损的数字编制的"实存账存对比表"，填制记账凭证，据以登记有关账簿，调整账簿记录，使各项实物财产的实存数与账存数一致。

第 2 步：待查清原因，明确责任以后，再根据上级有关部门审批后的处理决定文件，填制记账凭证，分别记入有关的账户。

2. 账户设置

为了核算财产清查结果的账务处理情况，需设置"待处理财产损溢"账户。该账户属于资产类。其借方登记发生的待处理盘亏、毁损的金额，待盘亏、毁损的原因查明并经审批后，再从该账户的贷方转入到有关账户的借方；贷方登记发生的待处理盘盈的金额，待盘盈的原因查明并经审批后，再从该账户的借方转入有关账户的贷方。

"待处理财产损溢"账户的结构如图 9 - 1 所示。该账户下设置"待处理流动资产损溢"和"待处理固定资产损溢"两个明细分类账户，分别对流动资产和固定资产损溢进行核算。

借方	待处理财产损溢	贷方
（1）发生的财产物资盘亏和毁损金额	（1）发生的财产物资盘盈金额	
（2）转销批准处理的财产物资盘盈金额	（2）转销批准处理的财产物资盘亏和毁损金额	

图 9 - 1　待处理财产损溢账户的结构

3. 财产清查结果的账务处理

财产清查的对象不同，清查结果的账务处理也不一样。

1）现金清查结果的账务处理

（1）现金盘盈

① 依据"现金盘点报告表"中所列盘盈的现金溢余款，按实际溢余的金额借记"库存现金"科目，贷记"待处理财产损溢——待处理流动资产损溢"科目。

② 待查明原因并按规定程序报经上级有关部门批准后做如下处理：

● 属于应支付给有关人员或单位的，借记"待处理财产损溢——待处理流动资产损溢"科目，贷记"其他应付款——应付现金溢余（××个人或单位）"科目；

● 属于无法查明原因的现金溢余，经批准后，借记"待处理财产损溢——待处理流动资产损溢"科目，贷记"营业外收入——现金溢余"科目。

（2）现金盘亏

① 依据"现金盘点报告表"中所列盘亏的现金短缺款，按实际短缺的金额借记"待处理财产损溢——待处理流动资产损溢"科目，贷记"库存现金"科目。

② 待查明原因并按规定程序报经上级有关部门批准后做如下处理：

● 属于应由责任人赔偿的部分，借记"其他应收款——应收现金短缺款（××个人）"科目或"库存现金"科目，贷记"待处理财产损溢——待处理流动资产损溢"科目；

● 属于应由保险公司赔偿的部分，借记"其他应收款——应收保险赔款"科目，贷记"待处理财产损溢——待处理流动资产损溢"科目；

● 属于无法查明的其他原因，根据管理权限，经批准后处理，借记"管理费用——现金短缺"科目，贷记"待处理财产损溢——待处理流动资产损溢"科目。

2）往来账项清查结果的账务处理

往来账项清查中如发现记账错误，应立即查明并按规定予以更正。对于其中有争执的款项以及不可能收回或无须支付的款项，应将情况在清查表上详细说明；对于长期悬置的债权债务，应查明原因及时催收或清偿；对于长期不能收回的应收账款，经查证落实后确认为坏账损失，按既定的程序予以核销，冲减应收账款。

凡平时提取坏账准备金的单位，发生坏账损失时，借记"坏账准备"科目，贷记"应收账款"科目。

凡平时不提取坏账准备金的单位，发生坏账损失时，作为当期管理费用处理，借记"管理费用"科目，贷记"应收账款"科目。

对于长期无法支付的应付账款，经查证落实按规定程序报批后，转为资本公积，借记"应付账款"科目，贷记"资本公积"科目。

3）存货清查结果的账务处理

（1）存货盘盈

① 发现盘盈的存货，按照同类或类似存货的市场价格，先借记存货类科目，贷记"待处理财产损溢——待处理流动资产损溢"科目。

② 盘盈的各种存货，于期末前查明原因，并根据企业的管理权限，经股东大会或董事会，或经理（厂长）会议或类似机构批准后，冲减当期的管理费用。

（2）存货盘亏

① 发现盘亏、毁损的存货，按照实际成本（或估计价值）或计划成本，先借记"待处理财产损溢——待处理流动资产损溢"科目，贷记存货类科目及相关科目。

② 发生盘亏或毁损的存货，报经批准后，根据造成盘亏和毁损的原因分别进行处理：

● 属于自然损耗产生的定额内损耗，经批准后转入管理费用；

● 属于计量收发差错和管理不善等原因造成的存货短缺或毁损，应先扣除残料价值、可以收回的保险赔偿和过失人的赔偿，然后将净损失转入管理费用；

● 属于自然灾害或意外事故造成的存货毁损，应先扣除残料价值和可以收回的保险赔偿，然后将净损失转入"营业外支出"账户进行核算。

如盘盈或盘亏的存货，在期末结账前尚未经批准的，在对外提供财务会计报告时先按上述方法进行处理，并在会计报表附注中作出说明；如果其后批准处理的金额与已处理的金额不一致，调整当期会计报表相关项目的年初数。

【例9－2】甲公司经抽查材料盘亏100千克，实际单位成本10元，经查明属于定额内合理损耗。甲公司会计处理为：

① 批准前调整材料实存数

借：待处理财产损溢——待处理流动资产损溢　　　　　　　　　　　　1 000

　　贷：原材料——甲材料　　　　　　　　　　　　　　　　　　　　　　　1 000

② 批准后转入管理费用

借：管理费用　　　　　　　　　　　　　　　　　　　　　　　　　　　1 000

　　贷：待处理财产损溢——待处理流动资产损溢　　　　　　　　　　　　　1 000

【例9－3】甲公司因管理不善材料发生霉烂变质，造成材料亏损100千克，实际成本10 000元。购进时增值税税率为17%，经批准转入管理费用。甲公司会计处理为：

① 批准前调整材料实存数

借：待处理财产损溢——待处理流动资产损溢　　　　　　　　　　　　10 000

　　贷：原材料　　　　　　　　　　　　　　　　　　　　　　　　　　　10 000

② 结转不能从销项税额中抵扣的增值税

借：待处理财产损溢——待处理流动资产损溢　　　　　　　　　　　　　1 700

　　贷：应交税费——应交增值税（进项税额转出）　　　　　　　　　　　　1 700

③ 批准后转入管理费用

借：管理费用　　　　　　　　　　　　　　　　　　　　　　　　　　　1 700

　　贷：待处理财产损溢——待处理流动资产损溢　　　　　　　　　　　　　1 700

【例9－4】甲公司因自然灾害毁损报废库存未用包装物计6 000件，计划成本96 000元，成本差异率为－2%，购进时增值税税率为17%。经查明应由责任人负责赔偿1 000元，保险公司应赔款96 000元。废料交库作价300元。甲公司会计处理为：

① 批准前调整包装物实存数

借：待处理财产损溢——待处理流动资产损溢　　　　　　　　　　　　96 000

　　贷：周转材料——包装物——库存未用包装物　　　　　　　　　　　　96 000

② 结转材料成本差异

借：待处理财产损溢——待处理流动资产损溢　　　　　　　　　　　　1 920

　　贷：材料成本差异——包装物成本差异　　　　　　　　　　　　　　　1 920

③ 结转不能从销项税额中抵扣的增值税

借：待处理财产损溢——待处理流动资产损溢　　　　　　　　　　　15 993.6

贷：应交税费——应交增值税（进项税额转出）　　　　　　15 993.6

④ 废料交库

借：原材料　　　　　　　　　　　　　　　　　　　　　　　　　300
　　　贷：待处理财产损溢——待处理流动资产损溢　　　　　　　　　　300

⑤ 结转应由责任人赔偿款

借：其他应收款——×××　　　　　　　　　　　　　　　　　　1 000
　　　贷：待处理财产损溢——待处理流动资产损溢　　　　　　　　　1 000

⑥ 结转由保险公司赔偿款

借：其他应收款——保险公司　　　　　　　　　　　　　　　　96 000
　　　贷：待处理财产损溢——待处理流动资产损溢　　　　　　　　96 000

⑦ 将净损失转入营业外支出

借：营业外支出——非常损失　　　　　　　　　　　　　　　12 773.60
　　　贷：待处理财产损溢——待处理流动资产损溢　　　　　　　12 773.60

　　4）固定资产清查结果的账务处理

（1）固定资产盘盈

① 按同类或类似固定资产的市场价格，减去按该项资产的新旧程度估计的价值损耗后的余额，借记"固定资产"科目，贷记"待处理财产损溢——待处理固定资产损溢"科目。

② 盘盈的固定资产查明原因并经有关部门批准后列作营业外收入。

（2）固定资产盘亏

① 按该固定资产的账面价值，借记"待处理财产损溢——待处理固定资产损溢"科目，按已提折旧，借记"累计折旧"科目，按该项固定资产已计提的减值准备，借记"固定资产减值准备"科目，按固定资产原价，贷记"固定资产"科目。

② 盘亏的固定资产查明原因并经有关部门批准后，按以下情况分别进行处理：

● 属于自然灾害所造成的固定资产毁损，扣除保险公司赔款和残值收入后，列作营业外支出；

● 属于责任事故所造成的固定资产毁损，应由责任人酌情赔偿损失；

● 属于丢失的固定资产，列作营业外支出。

　　如盘盈或盘亏的固定资产，在期末结账前尚未经批准的，在对外提供财务会计报告时先按上述方法进行处理，并在会计报表附注中作出说明；如果其后批准处理的金额与已处理的金额不一致，调整当期会计报表相关项目的年初数。

　　【例9－5】甲公司"固定资产清查报告表"所列盘盈机器设备一台，查明其重置价值为12 000元，按其新旧程度估计已提折旧3 000元，净值为9 000元。甲公司会计处理如下。

借：固定资产　　　　　　　　　　　　　　　　　　　　　　　9 000
　　　贷：待处理财产损溢——待处理固定资产损溢　　　　　　　　9 000

经查盘盈原因是自制设备完工交付使用后未及时入账所致，经有关部门核准后结转待处理财产损溢，会计处理如下。

借：待处理财产损溢——待处理固定资产损溢 9 000
　　贷：营业外收入 9 000

【例 9 – 6】甲公司"固定资产清查报告表"所列盘亏设备一台，原价 15 000 元，已提折旧 8 000 元，净值为 7 000 元。甲公司会计处理如下。

借：待处理财产损溢——待处理固定资产损溢 7 000
　　累计折旧 8 000
　　贷：固定资产 15 000

经查盘亏原因是自然灾害造成的。保险公司同意赔款 4 000 元，其余损失经批准列入营业外支出，会计处理如下。

借：营业外支出 3 000
　　其他应收款——保险公司 4 000
　　贷：待处理财产损溢——待处理固定资产损溢 7 000

■ 案例及思考

1. A 企业的部门经理刘平，将企业正在使用的一台设备借给其朋友使用，未办理任何手续。清查人员在年底盘点时发现盘亏了一台设备，原值为 30 万元，已提折旧 15 万元。经查，属刘平所为。于是，派人向借方追索。但借方声称，该设备已被人偷走。当问及刘经理对此处理意见时，刘平建议按正常报废处理。

（1）盘亏的设备按正常报废处理是否符合会计制度要求？

（2）企业应怎样正确处理盘亏的固定资产？

2. 某家专门生产毛线的企业，在年终进行财产清查时，发现库房由于质量原因，使许多库存毛线发生霉烂、虫蛀，损失达 80 万元。企业在预计全年收支情况后，发现如要列报毁损，企业就会由盈利转为亏损。该企业职工工资实行"工效挂钩"方式，如果企业亏损，职工就不能晋升工资，并影响到年终奖金的发放。权衡之后，企业领导授意财会部门，将应报损的材料全部从财产清查表中去掉，实物仍留存在仓库不作处理，年终将账面数额结转下年度。

（1）财产清查中发现的毁损材料应如何处理？

（2）案例企业的处理方法会给企业带来什么样的影响？

第10章

会计循环与期末账项调整

【内容提要】本章介绍会计循环的概念、步骤及期末账项调整。主要内容有会计处理基础即收付实现制和权责发生制、账项调整的种类和调整方法。

10.1　会计循环

前面的有关章节我们已经学习了账户设置和复式记账两个基本会计方法，并进行了试算平衡，我们还学习了各种凭证、账簿的应用，以及如何根据凭证登记账簿的记账程序。实际工作中，这些具体的会计方法是按一定程序逐步完成的。我们将这种按一定程序依次继起的账务处理方法称为会计循环。本节我们来介绍会计循环。

1.　会计循环的含义

会计是对企业的交易和事项进行会计处理，最终为会计信息使用者提供财务报告。任何一个会计主体，其基础的会计工作是根据发生的经济业务的凭证登记账簿，然后编制会计报表。我们可以概括为：证（凭证）→账（账簿或账户）→表（会计报表）。这说明会计工作由三个因素构成，而且还要按顺序依次进行，即先取得合格的凭证，然后分析经济业务对会计要素的影响，做成分录，记入账簿（其实是账户），期末，汇集账簿（账户）中的资料，编制会计报表。

在进行会计工作的过程中，有许多具体的会计方法和程序，如账户设置和复式记账、试算平衡、各种凭证与账簿的应用、根据凭证登记账簿的记账程序等。在每一个会计期间内，这些具体的会计方法都要按一定的顺序依次完成，周而复始，从而形成会计循环。我们可以这样来表述会计循环的概念：会计循环是指在每一个会计期间内，按照一定次序、依次继起、周而复始重复进行的账务处理方法。对会计循环的含义另有多种表述，如："会计循环是指在各个会计期间，从会计事项发生开始，到编制出一套完整的财务报表为止的一系列会计处理程序"；"会计循环就是周而复始地进行的会计工作步骤"；"企业的会计工作是周而复始进行的，其进行的具体程序与事项叫会计循环"。了解这些表述，有助于我们理解会计循环的含义。

会计人员借助于会计循环，可以将错综复杂的、以货币表现的经济业务进行综合和汇总，形成系统的会计信息。

2. 会计循环的一般程序和步骤

一个完整的会计循环包括下面几个基本步骤。

① 对经济业务的内容进行分析，按复式记账原理编制会计分录、填写记账凭证。

会计人员根据审核无误的原始单据所记载的经济事项进行分析判断，确定该项业务的发生引起了哪些会计要素项目的变化；判断反映这些变化的数据应记入什么账户；按照账户的性质进一步判断这些数据应记入账户的借方还是贷方。据此为经济业务编制会计分录。记录会计分录的簿籍有两种，一是记账凭证，二是会计分录簿。会计分录簿是以会计分录的形式序时记录会计事项的一种账簿，在我国的实际工作中极少采用。

② 根据记账凭证内的会计分录，按一定程序登记有关账簿，即分别过入总分类账和相应的明细分类账。

会计分录提供的资料是零星、个别、分散的，为了比较全面地了解企业单位的经营情况及结果，就必须根据会计分录转记有关账簿，这项转记程序就叫过账。应该登记的账簿有总账、明细账、日记账等。总分类账户和所属明细分类账户的登记，一般应根据记账凭证来进行，某些明细分类账户，如材料明细账等，也可直接根据原始凭证登记。

③ 根据分类账中的各账户资料，计算总分类账户余额，编制调整前的试算平衡表，进行第一次试算平衡。

为了检查和证实过账工作是否正确，要对账户记录进行试算平衡。这种验算工作一共进行 3 次，这是第一次，在月末调整账项之前进行。

④ 期末对应调整事项，按权责发生制原则的要求，编制期末调整分录，并记入相应的分类账、结出余额。

经过了前三个步骤之后，日常发生的会计事项均已记列于有关账户，但这些记录还未达到正确地分期计算损益的要求。因为通过日常记录反映在分类账户中的一些交易和事项，有时不只影响到一个会计期间的经营绩效，而是跨越几个会计期间。另外，还可能有其他交易及内部交易已经发生却并未列账。我们已知权责发生制是收入与费用的确认基础，为了按照权责发生制进行确认，实际上也是为了准确反映各会计期间的损益情况，应当把收入与费用期间化，归到各有关期间，以便将报告期内已赚得的全部收入与同期有关的全部成本和费用进行配比，这就需要在每个会计期末，对有关分类账户的余额进行调整，即期末企业还应当对某些会计事项编制调整分录，并登记入账。会计循环中的这一步骤称为账项调整程序。

⑤ 编制调整后的试算表。

这是第二次编制试算表，目的是检验调账过程中的账务处理是否正确（具体编制方法同第一次）。

⑥ 根据调整后的试算表，编制财务报表。

期末编制了调整分录，并编制了调整后试算平衡表以证明账簿资料正确无误，再进行财产清查之后，便可进入会计循环的下一步工作，即根据有关总分类账户和明细分类账户提供的资料编制财务报表，以总括反映企业的财务状况和经营成果。在实务工作中，在编制正式的财务报表前，一般先编制一张工作底表，作为正式财务报表的准备。

⑦ 编制结清有关账户的会计分录，并进行相应的过账和结账工作。

结清有关账户是指通过编制会计分录把有些账户的余额转到其他的账户中去，使本账户的余额为零。应该结清的账户主要是损益类账户，主要有：销售费用、营业成本、营业税金、营业收入、财务费用、管理费用、营业外收入、营业外支出和制造费用等账户。这些账户是用于累积一定会计期间内有关经营绩效数据的临时性账户，或称虚账户，其功能在于为损益表的编制提供方便。在编制完损益表之后，这些账户的当期发生额必须结转于所有者权益类账户。结平损益类账户可避免将不同期间的收入和费用相混淆。会计循环的这一步骤称为结账。

与此相反，资产、负债和所有者权益类账户属于永久性账户，亦称实账户。在期末，这三大类账户的余额不必结清，只将其余额结转至下期，作为下一个会计期间的期初余额即可。故永久性账户的结转不需编制结转分录，在账户的期末余额上划线结转即可。

⑧ 编制结账后试算表。

这是第三次编制试算表，以检验结账过程中的账务处理是否正确（编制方法同第一次）。

⑨ 如果有必要，编制转回分录。

本期结账后，或会计年度开始时，将上期所做调整分录做成借贷相反、金额不变的分录，称为转回分录，实质上是将那些跨期调整的账项做冲回处理。

做转回分录的目的在于简化下期记账工作，待下一个会计期间该调整账项发生时，不必考虑上期是否已计提部分费用或收入，按常规程序进行会计处理即可，可以避免在两个连续的会计期间内重复反映同一项收入和费用。

编制转回分录不是会计循环的一项必有步骤，是否编制转回分录是可以选择的，因为转回分录编制与否并不影响权责发生制下各账户在期末的最终余额。如果选择做转回分录，也只是在下一期期初将上一期期末所编制的调整分录再转回，另外也不是上期所有调整分录都需要转回。

以上为一个会计循环应包括的步骤和应完成的工作，这些工作每一个会计期间都从第一步开始到最后一步结束，连续不断地重复进行。上述程序中，编制分录登记序时账簿，以及过账两个步骤，是日常的会计工作，调整、试算、结账和编制报表，每逢期末进行。这其中结账一般只在年终时进行，年度以内，即使编制季度、月度等中期报表，账也是不结的，只需做调整分录和试算。关于会计循环，如图 10 - 1 所示。

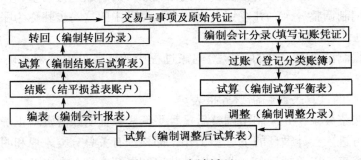

图 10 - 1　会计循环

10.2　期末账项调整

在10.1节里，我们学习了什么是会计循环，在会计循环的各步骤中，有些内容有专章介绍，本节我们来介绍会计循环的第四个步骤，即期末按权责发生制原则进行账项调整。

1. 账项调整的理论基础

期末账项调整是会计循环中不可少的一项程序，其产生源于会计假设和会计原则对会计工作所产生的影响。因此，会计假设与会计原则构成了期末账项调整的理论基础，这里先来深入理解构成期末账项调整理论基础的两项会计假设和一项会计原则。

（1）持续经营假设

持续经营假设是指：假定企业在可以预见的未来，其生产经营活动将以现实的形态和状态并按既定的目标持续经营下去，而不会破产、清算、停业，也不会大规模削减业务。会计主体假设规定了会计核算的空间范围，而持续经营假设则为会计核算做出了时间上的规定。持续经营假设并不意味着企业将永远存在下去，也不意味着企业的资产永远不能以清算价值计量。而是指企业能存在足够长的时间，使企业可以按既定的目标开展经营活动，按已有的承诺去偿清其债务。

持续经营假设为企业会计处理方法的选择奠定了基础。如果没有规定持续经营的前提条件，一些公认的会计处理方法将缺乏存在的基础而无法采用。它使会计原则建立在非清算基础之上，从而为解决很多常见的资产计价和收益确认问题提供了基础，为采用权责发生制奠定了基础。由于有了持续经营，才有了资本保全。如果一个企业不能完整保持其资产，将无法持续经营下去，所以每当一个经营周期结束后，都应确定获取的收入补偿已发生的耗费，计算出利润，正确划分资本与收益。

（2）会计分期假设

会计分期假设是持续经营假设的必要补充或必然结果，由于我们假设一个会计主体在可预见的将来保持其持续经营状态，这就提出了一个问题，即在持续经营的过程中，什么时候向与企业有利害关系的各方提供财务信息的问题。因此，为了定期、及时提供会计信息，需要为会计信息的提供规定期限，即会计上把企业持续经营的生产经营活动人为地划分成连续、相等的期间，据以进行会计处理、计算盈亏、按期编报财务报告，从而及时向各方面提供有关企业财务状况、经营成果和现金流量等信息。所以，会计分期假设除了为企业进行会计处理、计算损益和编制财务报告限定了时间区域外，对会计的概念也有一定的影响。如利润总额、收入、费用等概念均具有鲜明的"时期"特性。

会计分期这一基本前提的意义在于：界定了会计信息的时间段落，会计分期假设与持续经营假设一起，奠定了可比性原则、权责发生制原则、一贯性原则、配比原则、及时性原则、划分收益性支出与资本性支出原则及谨慎性原则等会计原则的理论与实务基础。如果没有会计分期假设，这些会计原则将毫无用处。由此，会计分期对会计原则和会计政策的选择有着重要影响。由于会计分期，产生了当期与其他期间的差别，从而出现权责发生制和收付实现制的区别，进而出现了应收、应付、递延这样的会计方法。

2. 会计处理基础

企业在确定了会计期间后，会计期末要根据账簿记录将本期的收入和费用相比较，据此计算本期盈亏。在持续经营条件下，企业的生产经营活动是持续不断又分属不同会计期间的，因此必须划清哪些收入属于本期收入，哪些费用属于本期费用，只有将本期收入与本期费用进行比较才能正确计算本期盈亏。为此有必要了解收入和费用的收支期间与归属期间的概念，从而又涉及会计处理基础的问题。

收入和费用的收支期间，是指收入实际收到了货币资金和费用实际用货币资金支付了的会计期间。收入和费用的归属期间，则是指应获得收入和应负担费用的会计期间。收入和费用的收支期间与收入和费用的归属期间是否一致，有以下三种情况。

第一，本期收到的款项就是本期应获得的收入，本期付出的款项，就是本期应负担的费用。如本期销售商品，本期收到货款；本期支付的房屋租金。

第二，本期收到款项并不是本期应获得的收入，本期支付款项但属于不应由本期负担的费用。如上期销货，本期收回货款、本期收到预收货款、本期支付下年度的报刊费用即预付费用、本期支付上期的借款利息等。

第三，是本期应获得但尚未收到款项的收入，即应计收入，如本期销货但未收到货款，下期收回货款；本期应负担但尚未支付款项的费用（即应计费用），如本期应负担但未支付的利息费用。

上述第一种情况，收入和费用的收支期间与收入和费用的归属期间一致，确认本期的收入和费用不存在任何问题，可直接将本期收入和费用相比较后计算本期损益。第二和第三种情况下，收入和费用的收支期间与其归属期间不一致，这时，确认本期的收入和费用时，就产生了两种不同的处理方法，即所谓"会计处理基础"。

会计处理基础，也称记账基础，是指确定收入和费用归属期间的标准。分为两种：收付实现制和权责发生制（应计基础和现金收付基础）。

（1）收付实现制

收付实现制又称现金收付基础、现金制，或实收实付制。它是以款项的实际收付为标准确定本期收入和费用的一种会计处理基础。凡在本期收到的收入和支付的费用，不管其是否应归属本期，都作为本期的收入和费用处理；凡本期未收到的收入和未支付的费用，即使应当归属于本期，也不作为本期的收入和费用处理。也就是说，现金收支行为在其发生的期间全部记做收入和费用，而不考虑与现金收支行为相关的经济业务实质上是否发生。由于款项的收付实际上以现金收付为准，所以又称为现金制。

如某企业在2003年3月份销售一批产品，价款20 000元。产品已经发出，但至月末仍未收到货款。按现金收付基础的要求，这20 000元就不能成为3月份的收入。

又如企业在2002年3月以银行存款800元支付4月份的保险费。由于企业已支付现款

800 元，尽管企业 3 月份未受益，但按收付实现制的要求，这 800 元应作为 3 月份的费用。

再比如，企业于 2002 年 7 月出租一台设备，租期半年，2003 年 1 月收到租金，按收付实现制的要求，这笔租金收入应记做 2003 年 1 月份这一会计期间的收入，而不管赚取收入的活动是在什么时候完成的；同样，对租入者来说，尽管在 2002 年 7—12 月使用了租入的设备，但支付租金的行为发生在 2003 年 1 月，因此，这笔租金只能记做 2003 年 1 月的费用。

显然，在收付实现制下，不考虑预收收入、预付费用，以及应计收入和应计费用的存在。按收付实现制确定的本期收入和费用与会计账簿日常记录的收入和费用是完全一致的，因为实际收到的和付出的款项，必须已经登记入账。这样，会计期末也就不需要对会计账簿日常记录进行调整，可以直接根据账簿记录确认本期的收入和费用，进而确定本期损益。

收付实现制在确认收入和费用的归属期间时，对未收取现金的收入和未支付现金的费用，不入账也不列入当期损益，把一些不应计入本期收入或费用的款项列入了本期收入或费用。因此，在收付实现制下，会计处理不尽合理，不能准确计算和确定会计主体各个会计期间的损益，不能公正表达会计主体各期的经营成果。这种会计处理基础的好处在于在会计期末不需进行账项调整，计算简便，也符合人们的习惯。此外，由于收付实现制强调实收实付，因此适合开展现金流量分析，有利于及时判断支付能力。

（2）权责发生制

权责发生制又称应计基础、应计制，或应收应付制。它是以款项的应收应付为标准确定本期收入和费用的一种会计处理基础。在权责发生制下，凡是应当归属于本期获得的收入，不管其款项是否收到，都作为本期的收入处理；凡属于本期应当负担的费用，不管款项是否付出，都作为本期的费用处理。反之，凡不应归属本期的收入，即使其款项已经收到并入账，也不作为本期的收入处理；凡不应归属本期的费用，即使其款项已经付出并入账，也不作为本期的费用处理。由于它在确定本期的收入和费用时，不问款项的收付，而是以收入和费用是否应归属本期为准，即以应收应付作为标准，所以又称为应计制。

如某企业 2006 年 3 销售一批产品，价款 20 000 元，产品已经发出，假设收入确认的条件均已满足，那么不论货款是否收到，按权责发生制要求，对这项业务都应确认为 3 月份的收入而入账。

又如某企业 2006 年 10 月份预订下年全年的报纸杂志，共支付 6 000 元。企业已支付现款，按权责发生制的要求，订阅的是下年的报纸杂志，这项业务要在下年才受益，因此6 000 元不应作为 2006 年 10 月份的费用处理，而应由下年度各月平均分摊，属于下年各月的费用。

再比如，企业于 2006 年 7 月出租一台设备，租期半年，2007 年 1 月收到租金，假定这笔租金收入共 6 000 元，即每月 1 000 元。按照权责发生制，出租设备的一方，应在 2006 年 7 月至 12 月间每月（一个最基本的会计期间）末确认未收取现金的收入 1 000 元，而不必像收付实现制那样等到现金收到时才确认，因为企业已享有收取这笔租金的权利。同样，对设备租入方而言，它应将这笔租入设备的费用确认为 2006 年 7—12 月的费用，因为正是在这段期间租赁设备，实际使用该设备，从而形成了支付设备租金的义务。

显然，在权责发生制下，应当归属本期的收入和费用，不仅包括收支期间与应归属期间相一致的收入和费用、应计收入、应计费用，还包括以前会计期内收到而应在本期获得的收入，以及在以前会计期内支付而应由本期负担的费用，但不包括本期的预收收入和预付费用。在企业日常的经济活动中，有关收入与费用等经济业务的发生与现金收支行为的发生不一致的情况很多，按权责发生制的要求，就会形成相当的预收、预付、应收、应付等会计项目，这也是权责发生制会计基础的一大特色。所以在会计期末，要正确确认本期的收入和费用，还要根据账簿记录，按照应归属原则，对收入和费用进行账项调整。

权责发生制主要从时间选择上确定会计确认的基础，其核心是根据权责关系的实际发生和影响来确认本期的收入、费用和损益。采用权责发生制的会计处理比较科学、合理，能真实地反映本期的收入和费用，正确计算本期损益，恰当反映具体某一期间企业的经营成果，但会计处理手续较复杂。

（3）收付实现制和权责发生制的比较

权责发生制和收付实现制是一对截然相反的记账基础，二者确认收入和费用的标准不同，一个以应收应付为标准，一个以实收实付为标准，所以对同一项业务，应用不同的记账基础进行处理，会产生很多不同，具体讲有以下几个方面。

① 组织核算时设置的会计科目不完全相同。在权责发生制下，由于有收入的应收和预收等问题，应当设置相应科目来反映，如"应收账款"、"预收账款"等科目，在收付实现制下不存在这些问题，不必设置此类科目。

② 计算出的损益不可能完全相同。因为两种记账基础对同一项业务是否确认为收入和费用是不一致的。

【例 10-1】2006 年 6 月份，振业五金厂发生如下业务：

（1）销售给大华公司一批产品，售价为 80 000 元，款尚未收到；

（2）5 月份向银行借入一笔 3 个月的短期借款，利息每月 3 000 元，到期归还借款时一并支付 3 个月的利息；

（3）预收星海公司货款 20 000 元，产品至本月末仍未发出；

（4）以银行存款 1 800 元支付下半年的财产保险费；

（5）支付上月水、电费 700 元；

（6）收到连鑫公司前欠货款 6 000 元；

（7）支付本月打字复印费 320 元。

两种记账基础下计算的损益比较如表 10-1 所示。

表 10 − 1　两种记账基础下计算的损益比较

经济业务	权责发生制			收付实现制		
	损益	收入	费用	损益	收入	费用
(1)		80 000				
(2)			3 000			
(3)					20 000	
(4)						1 800
(5)						700
(6)					6 000	
(7)			320			320
合计	76 680			23 180		

　　从例题中可以看出，在两种记账基础下，对相同的业务进行处理，所计算出来的盈亏是不同的。

　　③ 计算的盈亏结果其准确程度不同。就所确定的本期收入和费用从而计算企业的盈亏来说，权责发生制比收付实现制更为合理。因为费用和收入应在相关的基础上进行配比，只有合理的配比才能比较正确地反映企业的经营成果。采用收付实现制，会计期间的收入和费用之间缺乏上述合理配比关系，据此计算盈亏，相对地说，就不够正确。采用权责发生制，本期的收入和费用以应否归属为准，两者之间存在合理的配比关系，所以用以计算本期盈亏，就比较正确。

　　④ 是否需要对账项进行调整是不同的。会计期末，采用收付实现制不需对账簿记录进行账项调整，采用权责发生制则需对账簿记录进行账项调整。因此，就会计处理手续而言，前者比后者更为简便。

　　我国《企业会计准则——基本准则》规定："会计核算应当以权责发生制为基础。"

　　在会计实务工作中，我国的事业、机关、团体等单位，由于业务活动主要是涉及预算资金的收支，所以，财政总预算会计和行政单位会计以收付实现制作为会计核算基础，事业单位则根据单位的实际情况，分别采用收付实现制和权责发生制，企业会计则均以权责发生制为会计核算基础。

3. 账项调整的理论基础与会计处理基础的关系

　　会计期间假设是持续经营假设的必然结果，会计期间的产生又使会计核算要考虑权责发生制的采用，而坚持权责发生制和配比原则使得期末账项调整成为必然。它们之间的关系如图 10 − 2 所示。

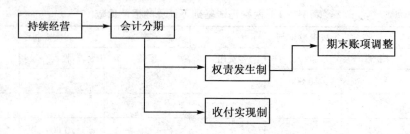

图 10 - 2　账项调整理论基础与会计处理理论基础的关系

从权责发生制的角度来看，由于平时对部分业务按现金收支的行为入账，企业账簿中的日常记录不能确切反映本期的收入、费用，如有些收入虽在本期内收到并已入账，但不应归属本期；而有些收入虽在本期内尚未收到，却应归属本期。有些费用虽在本期内已经支付并入账，但并不应归属本期；而有些费用虽在本期内尚未支付，却应归属本期。例如，利息费用应当随时间的推移而发生，但产生利息费用的向外借款业务总是发生在先，利息费用的支付行为发生在后，且通常是半年、一年或更长时间发生一次。利息收入也是如此。故企业在发生贷款（借款）业务时，记录贷款（借款）业务的发生；在收到利息收入或支付利息费用时，记录相应款项的收取（支付）；会计期末计算当期利润时，就应当按本期贷款（借款）的实际投放（使用）情况，确认相应的收入（费用）。又如，企业购入一项固定资产，购入时按该资产实际成本记入"固定资产"账户，随着固定资产的使用，其价值逐渐消耗、转移，转为各期的成本、费用，应当由各会计期间来承担，所以每个会计期末计算利润时，就应该根据该资产的实际耗用情况，计算并记录应转作费用的部分。也就是说，必须在期末结账前对这些账项按权责发生制原则进行调整。通过调整，合理确认各期的收入和费用，从而正确计算各期盈亏，合理反映企业的经营成果。

期末需要调整的主要内容是调整各期的收入、费用。这种期末按权责发生制要求对部分会计事项予以调整的行为，就是账项调整；期末账项调整要根据权责发生制的要求，符合会计期间假设。账项调整时所编制的会计分录，也就是记录需要调整的交易及内部事项的会计分录，我们称为调整分录。

4. 期末账项调整的项目

期末需要进行账项调整的项目主要有 3 种类型，分别是：应计项目、递延及其分配项目、成本分配和摊销项目。

1）应计项目

应计项目是指由于收入或费用的确认期先于其现金收支期所引起的。其包括两种，即应计费用和应计收入。

（1）应计收入的记录

应计收入又称应收收入。会计期间终了时，往往有一些按权责发生制标准已经赚取，但现金尚未收到的收入，就是本期已经实现而尚未收到款项的各项收入，称为应计收入。如应收房租、应收利息、应收出租包装物租金收入、应计银行存款利息收入、应收的销货款等。这些收入因款项尚未收到，平时未予记录，但凡属本期的收入，不管其款项是否收到，都应作为本期的收入，在会计期末进行账项调整，将已发生或实现的收入，列作收入，以使收入恰当地归属到应归入的会计期间。尚未收到的款项，列作资产。

（2）应计费用的记录

应计费用又称应付费用，它是指本期已经发生或耗用，已使本期受益，应由本期负担的费用，这些费用要在以后会计期内支付，即本会计期内偿付义务已经形成，但本期尚未支付现金故而也未入账的费用。如应付水电费、应付工资、应付银行借款利息支出等。这些费用，如果只由支付期负担，就会造成各期费用事实上的不均衡。会计期末，应将已发生或实现的未入账的费用调整入账，列作费用；对企业来说，费用发生后，企业就有支付现金的责任，从而形成了企业的负债。所以，对未入账费用的账项调整，同时还要增加企业的负债。

2）递延项目

递延项目是由于现金的收支期先于相应的收入或费用的确认期所引起。包括两种，即递延收入和递延费用。

（1）递延收入的分配

递延收入又称预收收入，是指已经收到现金，但尚未交付产品或提供服务、将来需以提供产品或劳务来抵偿的收入。按权责发生制原则，企业虽然已收到现金，但相应的义务没有履行，就不能确认收入，是一种负债性质的款项。在以后期间里，企业有履行提供劳务或交付产品的义务。其后的某一会计期间，只要企业履行了义务，收入确认条件成立，就应当将预收收入确认为当期收入，这时，当期期末要对预收收入进行账项调整，将已实现的预收收入分配作为当期收入，未实现的部分递延到下期。如预收销货款、预收房租、预收佣金、预收的出租包装物租金收入等。

（2）递延费用的摊销

递延费用又称预付费用，是指在本期已支付，但本期并不受益，后续会计期间受益，因而应由以后各期负担的费用。支付在先，分摊在后，或者说"先支付、后受益"的费用，如预付保险费、预付房屋租金（指租期短于一年的部分）、预付报纸杂志费等，预付费用要根据以后各期的受益比例，分别摊销记入各受益期。因此期末在计算费用时，应将这部分费用进行调整入账。

3）成本分配和摊销项目

在会计期末，除对递延和应计项目进行账项调整外，还要为有关成本分配的事项编制调整分录，即将有关资产的成本摊配为费用。编制这类调整分录通常依赖于金额估计。这类调整的例子如计提备抵坏账、计提折旧、结转销货成本等。

（1）计提折旧

企业购买的固定资产，可在许多会计期间受益，所以购买固定资产的支出，也是支付在先、受益在后的预付费用，购入时按原始成本一次入账，在整个受益期间内摊销为费用。固定资产的成本是递延成本，分成两部分：一是已消耗的部分，通过计提折旧，转入当期费用；二是期末尚未消耗部分，作为递延转入下期。

（2）销货成本的调整

在永续盘存制下，收入、发出存货及期末结存存货在存货账上均有详细记录，会计期末，销售成本账户的余额即表示期末余额，无须做调整分录。定期盘存制下，购买商品及其有关项目，如运费、购货退回、购货折让等分别设置账户记载，而不列作存货账户。会计期末，需根据实地盘点存货来确定期末存货成本，再倒轧计算本期销货成本。所以，要根据权责发生制和配比原则对销货成本进行账项调整，以正确反映本期应负担的销货成本。

除上面已列举的以外，企业根据情况，会计期末还有其他一些账项调整事项，如产成品的计列、存货盘盈盘亏的调整、坏账准备的计提、无形资产及长期待摊费用的摊销、投资收益的确认与列计、汇兑损益的计列调整。将在以后的课程中学习。

期末账项调整是按照权责发生制及正确计算盈亏等要求进行的，以上所有调整分录做成后，均应立即过入总分类账户。经过对账和试算平衡，确保无误后，即可进行账项的结转，从而结算出本期的经营成果。

5. 账项调整举例

1）应计项目

（1）应计收入的记录

【例10－2】振业五金厂2006年10月底与星海公司签订合同，将一闲置设备租给星海公司，租期从2006年11月1日至2007年1月31日止，共计3个月，期满时星海公司一次性支付租金6 000元。

2006年11月30日，振业五金厂出租设备已满一个月，从权责发生制的观点看，此时虽未收到现金，但企业已租出设备，按要求履行了与该项收入有关的义务，已拥有到期收取这部分租金收入的权利，享有取得该项收入的权利。期末，需要对这种租金收入予以调整入账，会计分录为：

借：其他应收款——星海公司　　　2 000

　　贷：其他业务收入——租金收入　2 000

【例10－3】振业五金厂2006年3月5日出售一批产品给四方公司，货款10 000元，对方开来一张商业汇票，票面利率5%、期限60天。

到3月31日，振业五金厂持有该票据26天，此票据上的利息收入应当已经实现，按照权责发生制，月末应该确认这项利息收入。

计算利息：10 000×5%×26天÷360天＝36.11（元）

借：应收票据　　　　　　　36.11

　　贷：财务费用　　　　　　　36.11

在经营活动过程中，企业还会出现其他各种应计收入的调整账项，如应收租金的调整等。其处理方法与上述一致。这里就不一一列举。

（2）应计费用的记录

【例 10 - 4】振业五金厂为经营周转需要，于 2002 年 8 月 1 日向银行借入 3 个月的短期借款 60 000 元，每月利息费用是 250 元，期满时归还借款，同时一并支付 3 个月的利息。

2002 年 8 月 31 日，振业五金厂确定本期所有费用与收入时，应将这笔短期借款所发生的利息费用，确认为由本期负担，8 月 31 日编制调整分录如下。

借：财务费用　　　　　　　　　　250

　　贷：应付利息　　　　　　　　　　250

"应付利息"属负债类科目，其贷方余额反映已计提但尚未支付的利息。

【例 10 - 5】振业五金厂计算本月应交所得税是 30 000 元。

期末账项调整会计分录如下。

借：所得税费用　　　　　　　　　30 000

　　贷：应交税费——应交所得税　　　30 000

应交税费的形成，关键是税费一般分期计算，定期交纳。分期计算出的税费，应由当期承担，形成当期成本费用，但由于尚未支付，故又产生负债，形成"应交税费"。所以，需要把由本期负担但尚未支付的税金在期末调整登记入账，使本期支出与本期收入正确地配比。交纳税款时，借记"应交税费"科目，贷记"银行存款"科目，但这不属于期末账项调整范围。

2）递延项目

（1）预收收入的分配

【例 10 - 6】2006 年 5 月，振业五金厂与星海公司签订合同，向星海公司提供五金配件，星海公司一次性预付 50 000 元货款，6 月份振业五金厂向星海公司交货，货价为 40 000 元，7 月份再次交货，货价 10 000 元（在本例中暂不考虑增值税）。

振业五金厂收到星海公司 50 000 元预付款时，不能确认收入，而应当将其暂记为一项负债。分录如下。

借：银行存款　　　　　　　　　50 000

　　贷：预收账款　　　　　　　　　50 000

6 月份振业五金厂发货后，月底应编制如下调整分录。

借：预收账款　　　　　　　　　40 000

　　贷：主营业务收入　　　　　　　40 000

因为发货只是一部分，所以预收的 50 000 元货款中，只能将已发货物的款项 40 000 元确认为当期收入，还有 10 000 元预收货款则要递延到下期。

7 月份振业五金厂又发货，月底应做如下调整分录。

借：预收账款　　　　　　　　　10 000

　　贷：主营业务收入　　　　　　　10 000

【例 10 - 7】2006 年 6 月，振业五金厂开始向星海公司出租办公室一间，当月星海公司预付 18 个月的租金，共计 36 000 元。

振业五金厂收到对方预付的租金时，并不能全部都确认为收入，因为星海公司预付的是 18 个月的租金。当月可编制会计分录如下。

借：银行存款　　　　　　　　36 000
　　贷：其他业务收入　　　　　　　2 000
　　　　预收账款　　　　　　　　34 000

以后每个月振业五金厂都履行了提供出租办公室的义务，因而预收的租金每月都会有 2 000 元实现，应当确认转作当期收入。每月月末编制调整分录如下。

借：预收账款　　　　　　　　2 000
　　贷：其他业务收入　　　　　　　2 000

（2）预付费用的摊销

【例 10－8】振业五金厂在 2006 年 10 月支付 2007 年度报刊订阅费 2 400 元。

这笔支出是在 2006 年 10 月支付，其目的是为了订阅 2007 年的报刊，故企业的受益期是在 2007 年，所以现金支出发生时，不应记入当期的费用，而应作为预付费用，递延到以后的会计期间。在 2007 年每个月末，都应编制调整分录，将本月应负担的部分，分别记入相关的费用，即将预付费用确认为每月的费用。

2006 年 10 月，支付报刊订阅费时应当编制的分录如下。

借：预付账款　　　　　　　　2 400
　　贷：银行存款　　　　　　　　　2 400

2007 年每个月末，应编制相应的调整分录如下。

借：管理费用　　　　　　　　200
　　贷：预付账款　　　　　　　　　200

【例 10－9】振业五金厂 2006 年 6 月份以银行存款支付第三季度的保险费 9 000 元。

6 月份支付的保险费，受益期是 7、8、9，故应将这笔费用转至受益月份负担。

6 月份预付保险费用时，编制会计分录如下。

借：预付账款　　　　　　　　9 000
　　贷：银行存款　　　　　　　　　9 000

7、8、9 月份，每月末应编制调整分录，也就是摊销分录。

借：管理费用　　　　　　　　2 000
　　贷：预付账款　　　　　　　　　2 000

3）成本分配和摊销项目

（1）计提折旧

【例 10－10】振业五金厂在 2006 年 11 月，经过计算得出，当月生产经营用固定资产应当计提折旧 16 000 元，管理部门使用的固定资产应当计提折旧 8 000 元。

2006 年 11 月末，振业五金厂应当编制调整分录如下。

借：制造费用　　　　　　　　16 000
　　管理费用　　　　　　　　　8 000
　　　贷：累计折旧　　　　　　　　　24 000

（2）销货成本的调整

【例 10 – 11】振业五金厂对存货核算采用定期盘存制，2006 年 11 月，经过期末盘点和计价之后，得出当月销货成本是 180 000 元。

2002 年 11 月末，振业五金厂对此应编制调整分录如下。

借：主营业务成本　　　　　　180 000
　　　贷：库存商品　　　　　　　　180 000

■ 案例及思考

强力健身俱乐部向会员出售健身卡，希望杂志社在每年末向读者征订杂志。健身俱乐部在尚未提供健身服务时即已收到货款，而杂志社在发出货物前也已收到货款。对于这种未实现的收入，强力健身俱乐部的会计记录如下：

1. 售出健身卡时，借记"库存现金"，贷记"预收账款"；

2. 当持卡人来健身时，借记"预收账款"，贷记"主营业务收入"。

要求：

1. 请你为希望杂志社的这种业务编制会计分录。

2. 举例说明另外一些有大量预收收入的行业。

3. 结合会计分录说明，如果公司提前确认收入，那么资产负债表及利润表会受到哪些影响？

第11章

财务会计报告

【内容提要】 财务会计报告是提供会计信息的一种重要手段，总括、综合地反映企业的经济活动过程和结果。本章主要阐述财务会计报告的概念、意义、构成；会计报表的种类、质量特性和编制要求；资产负债表、利润表等主要会计报表的概念、作用、格式及编制方法；财务报表分析的目的、基本程序与方法、财务指标及财务分析的局限性。

11.1 财务会计报告概述

1. 财务会计报告的意义

在企业日常的会计核算中，企业所发生的各项经济业务都已按照一定的会计程序，在有关的账簿中进行全面、连续、分类、汇总地记录和计算。企业在一定日期的财务状况和一定时期内的经营成果，在日常会计记录里已经得到反映。但是，这些日常核算资料数量太多，而且比较分散，不能集中、概括地反映企业的财务状况与经营成果。企业的管理者、投资者、债权人和财政、税务等部门及其他与企业有利害关系的单位和个人，不能直接利用这些比较分散的会计记录来分析评价企业的财务状况和经营成果并据此作出正确的决策。为此，就有必要定期地将日常会计核算资料加以分类调整、汇总，按照一定的形式编制财务会计报告，总括、综合地反映企业的经济活动过程和结果，为有关方面进行管理和决策提供所需的会计信息。

财务会计报告是指企业对外提供的反映企业某一特定日期的财务状况和某一会计期间的经营成果、现金流量等会计信息的文件。

企业编制财务会计报告，对于改善企业外部有关方面的经济决策环境和加强企业内部的经营管理，具有重要作用。具体来说，财务会计报告的作用主要表现在以下几个方面。

① 企业的投资者（包括潜在的投资者）和债权人（包括潜在的债权人）为了进行正确的投资决策和信贷决策，需要利用财务会计报告了解有关企业经营成果、财务状况及现金流动情况的会计信息。

② 企业管理者为了考核和分析财务成本计划或预算的完成情况、总结经济工作的成绩和存在的问题、评价经济效益，需要利用财务会计报告掌握本企业有关财务状况、经营成果

和现金流动情况的会计信息。

③ 国家有关部门为了加强宏观经济管理，需要各单位提供财务会计报告资料，以便通过汇总分析，了解和掌握各部门、各地区经济计划（预算）的完成情况，各种财经法律制度的执行情况，并针对存在的问题，及时运用经济杠杆和其他手段，调控经济活动，优化资源配置。

2. 财务会计报告的构成

财务会计报告分为年度、半年度、季度和月度财务会计报告。月度、季度财务会计报告是指月度和季度终了提供的财务会计报告；半年度财务会计报告是指在每个会计年度的前 6 个月结束后对外提供的财务会计报告；年度财务会计报告是指年度终了对外提供的财务会计报告。半年度、季度和月度财务会计报告统称为中期财务会计报告。

财务会计报告包括会计报表及其附注和其他应当在财务会计报告中披露的相关信息和资料。

财务报表至少应当包括下列五个组成部分：资产负债表、利润表、现金流量表、所有者权益变动表、附注。

附注是对在资产负债表、利润表、现金流量表和所有者权益变动表等报表中列示项目的文字描述或明细资料，以及对未能在这些报表中列示项目的说明等。附注一般应当按顺序披露财务报表的编制基础；遵循企业会计准则的声明；重要会计政策的说明；重要会计估计的说明；会计政策和会计估计变更以及差错更正的说明；对已在资产负债表、利润表、现金流量表和所有者权益变动表中列示的重要项目的进一步说明；或有和承诺事项、资产负债表日后非调整事项、关联方关系及其交易等需要说明的事项等信息。附注的相关信息应当与资产负债表、利润表、现金流量表和所有者权益变动表等报表中列示的项目相互参照。

3. 会计报表的种类

为了便于编制和运用会计报表，需要对会计报表进行分类，以了解其不同的功能。会计报表一般按以下标准进行分类：

① 按会计报表反映的经济内容分类，可分为资产负债表、利润表、现金流量表、所有者权益变动表。

② 按会计报表反映的资金形态分类，可分为静态报表和动态报表。

静态报表是反映"时点"情况的报表，即反映企业在某一特定日期（月末、季末、半年末、年末）财务状况的会计报表，如资产负债表。动态报表是反映"时期"情况的报表，即反映企业在一定时期（月份、季度、半年度、年度）经营成果及其分配情况的会计报表，如利润表。

③ 按照会计报表的编报时间，可分为月报、季报、半年报和年报。

其中月报要求简明扼要、及时反映；年报要求揭示完整，反映全面；季报在会计信息详细程度方面介于月报和年报之间。

④ 按会计报表编制的单位分类，可分为企业会计报表和汇总会计报表。

企业会计报表是指独立核算的企业根据其日常核算资料和其他有关资料编制的会计报表。汇总会计报表是指由上级主管部门根据其所属企业的会计报表连同汇总单位本身的会计报表汇总编制而成的综合性报表。

⑤ 按会计报表包括的会计主体范围分类，可分为个别会计报表和合并会计报表。

个别会计报表是反映单个企业生产经营状况的会计报表。合并会计报表是指在企业对外投资占被投资企业资本总额半数以上，或者实质上拥有被投资企业控制权的情况下，将投资企业和被投资企业作为一个新的整体，合并反映这一整体财务状况和经营成果的会计报表。合并会计报表主要包括合并资产负债表、合并利润表、合并现金流量表、合并所有者权益变动表、合并报表附注。

4. 会计报表的质量特性和编制要求

1）质量特性

虽然各个国家对企业对外提供的会计报表有其自身的特殊要求，但会计报表的质量特性却是相同的。国际会计准则委员会1989年7月公布的关于编制和提供财务报表的框架中，对会计报表的质量特性作了规范，指出会计报表的质量特性是使财务报表提供的信息对使用者有用的那些性质，主要包括可理解性、相关性、可靠性和可比性。

2）编制要求

会计报表的基本目标，就是要向会计报表的使用者提供有用的会计信息资料。为了充分实现这一目标，保证会计报表的质量，会计报表应当根据登记完整、核对无误的账簿记录和其他资料编制，做到数字真实、计算准确、内容完整、报送及时。

（1）数字真实

真实性是对会计核算工作和会计信息的基本质量要求。真实的会计信息才能在国家宏观经济管理、投资者决策和企业内部管理中发挥作用。会计核算应当是实际发生的经济业务以及证明经济业务发生的合法凭证，如实反映企业财务状况和经营成果。会计核算只有在保证账证相符、账实相符、账账相符的基础上，才能据此编制真实可靠的会计报表。这就要求企业按期结账，不得为赶制会计报表而提前结账；以核对无误的账簿记录为依据，不得以估计数或预计数代替实际数，更不允许弄虚作假伪造数据。会计报表所列数字应该是客观有根据的，没有任何偏见，不受任何外界影响。

（2）计算准确

会计报表以账簿记录为依据，但并不是账簿数据资料简单的相加汇总，会计报表应根据有关资料正确分析、填制，要求编报人员必须细心，避免出现计算错误。编制会计报表后，应对账表数据进行复核，不同会计报表相关指标的数据应当衔接，保证主表与主表、主表与附表之间的有关数字彼此相符。

（3）内容完整

由于会计信息使用者对会计信息的需要是多方面的，会计报表只有提供内容完整的会计信息资料，全面反映企业生产经营状况，才能满足不同使用者的不同需要。编制会计报表应按统一规定的种类、格式、内容进行，对不同的会计期间应当编报的各种会计报表，必须编报齐全，不得漏报；应当填报的指标和项目，无论是表内数据，还是补充资料，必须全部填列，不得少列、漏列，更不能任意取舍。应当汇总编制所属各单位的会计报表，必须全部汇总，不得漏编漏报。另外，有些事项在会计报表中难以用数据表达的，应通过文字、附表等方式加以说明，以免报表使用者误解。如会计处理方法的变更情况、变更原因及其对财务状况和经营成果的影响，无法直接从报表数据中获悉，应加以分析说明，以便报表使用者更好地阅读、理解报表项目，分析企业财务状况。

（4）报送及时

编制会计报表除了要做到数字真实、计算准确、内容完整外，还必须做到报送及时。会计报表必须按规定的期限和程序，及时编制，及时报送，便于报表使用者及时了解企业的财务状况和经营成果，便于上级主管部门及时进行汇总。为了保证会计报表的及时报送，须加强日常会计核算工作，认真做好记账、算账、对账和财产清查工作，加强企业内部各有关部门的配合协作，使会计报表得以及时编报。

11.2　资产负债表与所有者权益变动表

1.　资产负债表的概念与作用

资产负债表是反映企业在某一特定日期（月末、季末、半年末、年末）财务状况的报表，又称财务状况表。所谓财务状况是指一个企业的资产、负债、所有者权益及其相互关系。因此，资产负债表列示了企业在特定日期的资产、负债、所有者权益及其相互关系的信息。

资产负债表作为企业主要会计报表之一，对企业财务报告的使用者分析评价企业的财务状况具有以下作用。

（1）通过资产负债表可以了解企业所掌握的经济资源及这些资源的分布与结构

资产负债表反映了某一特定日期资产的总额，即流动资产、长期投资、固定资产、无形资产、其他资产的总额，以及各资产内部的构成情况，是分析企业生产经营能力、偿债能力的重要资料。

（2）通过资产负债表可以了解企业资金来源的构成和企业的偿债能力

企业的资金来源构成，即资本结构，是指企业权益总额中负债与所有者权益，负债中流动负债与长期负债，股东权益中投入资本和留存利润等的相对比例。负债与所有者权益的比重越大，则债权人所冒的风险越大，企业的长期偿债能力越小。另外，将企业的流动资产与流动负债进行比较，可以计算企业的流动比率，帮助分析企业的短期偿债能力。

（3）通过资产负债表可以了解企业未来财务状况的发展趋势

通过对若干历史时期资产负债表项目进行比较分析，可以反映企业财务状况的变动情况，预测企业未来财务状况的发展趋势，从而为报表使用者进行决策提供预测信息。

2. 资产负债表的格式

资产负债表的格式一般有账户式、报告式两种。

（1）账户式

账户式资产负债表将"资产＝负债＋所有者权益"这一平衡公式展开，按照"丁"字型账户的形式设计，把表分为左右两方，资产项目在左方，负债和所有者权益项目在右方，左方的资产总额等于右方的负债和所有者权益总额。其简要格式如表 11 – 1 所示。

表 11 – 1　账户式资产负债表

资　产	金　额	负债和所有者权益	金　额
流动资产		流动负债	
非流动资产		非流动负债	
资产总计		负债和所有者权益总计	

账户式资产负债表的优点是资产和权益间的恒等关系一目了然，但要编制比较资产负债表，尤其要做旁注时，不太方便。

按照我国《企业会计准则第 30 号——财务报表列报》应用指南的规定，企业的中期报告和年度报告中的资产负债表采用账户式。

（2）报告式

报告式资产负债表是将资产负债表的项目自上而下排列，首先列示资产的数额，然后列示负债的数额，最后再列示所有者权益的数额。其依据的会计恒等式为"资产＝权益"或"资产 – 负债＝所有者权益"。其格式如表 11 – 2 所示。

表 11 – 2　报告式资产负债表

资产：
　各项目明细
　资产总计
负债：
　各项目明细
　负债合计
所有者权益：
　各项目明细
　所有者权益合计
负债和所有者权益合计

报告式资产负债表的优点是有利于编制比较资产负债表，有较多空间进行旁注。其缺点是资产与负债和所有者权益之间的恒等关系不如账户式资产负债表一目了然。

不管采用哪种格式，资产都按流动性大小进行列示，具体分为流动资产、非流动资产等；负债也按流动性大小进行列示，具体分为流动负债、非流动负债等；所有者权益则按实收资本、资本公积、盈余公积、未分配利润等项目分项列示。

3. 资产负债表的编制方法

（1）资产负债表中各项目数据的来源

我国企业资产负债表各项目的数据来源，主要通过以下几种方式取得。

① 根据总账科目余额直接填列。资产负债表各项目的数据来源主要是根据总账科目期末余额直接填列。如"短期借款"项目，直接根据"短期借款"总账科目的期末余额填列。

② 根据总账科目余额计算填列。如"货币资金"项目，根据"库存现金"、"银行存款"、"其他货币资金"科目的期末余额合计数填列。

③ 根据明细科目余额计算填列。如"应收账款"项目，根据"应收账款"、"预收账款"科目所属相关明细科目的期末借方余额计算填列。

④ 根据总账科目和明细科目余额分析计算填列。如"长期借款"项目，根据"长期借款"总账科目余额扣除"长期借款"科目所属的明细科目中反映的将于一年内到期的长期借款部分分析计算填列。

⑤ 根据科目余额减去其备抵项目后的净额填列。如"持有者到期投资"项目，由"持有者到期投资"科目的期末余额减去其"持有者到期投资减值准备"备抵科目余额后的净额填列。

（2）资产负债表编制说明

本表"年初余额"栏内各项数字，应根据上年末资产负债表期末数所列数字填列。如果本年度资产负债表给定的名称和内容同上年度不相一致，应对上年末资产负债表给定的各个项目的名称和数字按照本年度的规定进行调整，填入本表"年初余额"栏内。一般企业本表"期末余额"各项目的内容和填列方法如下。

①"货币资金"项目，反映企业库存现金、银行结算户存款、外埠存款、银行汇票存款、银行本票存款、信用卡存款、信用证保证金存款等的合计数。本项目应根据"库存现金"、"银行存款"、"其他货币资金"科目的期末余额合计填列。

②"交易性金融资产"项目，反映企业为交易目的所持有的债券投资、股票投资、基金投资等交易性金融资产的公允价值。本项目根据"交易性金融资产"科目的期末余额填列。

③"应收票据"项目，反映企业收到的未到期收款也未向银行贴现的应收票据，包括商业承兑汇票和银行承兑汇票。本项目应根据"应收票据"项目的期末余额填列。已向银行贴现的商业承兑汇票和已背书转让的应收票据不包括在本项目内，其中已贴现的商业承兑汇票应在会计报表附表中单独披露。

④"应收账款"项目，反映企业因销售产品、商品和提供劳务等应向购货单位收取的各种款项，减去已计提的坏账准备后的净额。本项目应根据"应收账款"科目所属明细科目的期末借方余额合计，减去"坏账准备"科目中有关应收账款计提的坏账准备期末余额后的金额填列。如"应收账款"科目所属明细科目期末有贷方余额，应在本表"预收款项"项目内填列。

⑤"预付款项"项目，反映企业预付给供应单位的款项。本项目应根据"预付账款"

科目所属有关明细科目期末的借方余额合计填列。如"预付账款"科目所属有关明细科目有贷方余额的，应在本表"应付账款"项目内填列。如"应付账款"科目所属明细科目有借方余额的，也应包括在本项目内。

⑥"应收股利"项目，反映企业应收取的现金股利和应收取其他单位分配的利润。本项目应根据"应收股利"科目的期末余额填列。

⑦"应收利息"项目，反映企业交易性金融资产、持有至到期投资、可供出售金融资产、发放贷款、存放中央银行款项、拆出资金、买入返售金融资产等应收取的利息。企业购入的一次还本付息的持有至到期投资持有期间取得的利息，不包括在本项目内。本项目应根据"应收利息"科目的期末余额填列。

⑧"其他应收款"项目，反映企业对其他单位和个人的应收和暂付的款项，减去已提的坏账准备后的净额。本项目应根据"其他应收款"科目的期末余额，减去"坏账准备"科目中有关其他应收款计提的坏账准备期末余额后的金额填列。

⑨"存货"项目，反映企业期末在库、在途和在加工中的各项存货的可变现净值，包括各种材料、商品、在产品、包装物、低值易耗品、分期收款发出商品、委托代销商品、受托代销商品等。本项目应根据"材料采购"、"在途物资"、"原材料"、"周转材料"、"库存商品"、"发出商品"、"委托加工物资"、"生产成本"贷方期末借方余额合计，减去"存货跌价准备"等科目的期末等存货相关科目余额后的金额填列。材料采用计划成本核算，以及库存商品采用计划成本或售价核算的企业，还应按加或减材料成本差异、商品进销差价后的金额填列。

⑩"其他流动资产"项目，反映企业除以上流动资产项目以外的其他流动资产，本项目应根据有关科目的期末余额填列。如其他流动资产价值较大的，应在会计报表附注中披露其内容和金额。

⑪"可供出售金融资产"项目，反映企业持有的可供出售金融资产的公允价值。本项目应根据"可供出售金融资产"科目的余额填列。

⑫"持有至到期投资"项目，反映企业持有至到期投资的摊余成本。持有至到期投资中，将于一年内到期的，应在流动资产项下"一年内到期的非流动资产"项目单独反映。本项目应根据"持有至到期投资"科目的余额，减去"持有至到期投资减值准备"科目期末余额和一年内到期的持有至到期投资后的金额填列。

⑬"长期应收款"项目，反映企业的长期应收款项，包括融资租赁产生的应收款项、采用递延方式具有融资性质的销售商品和提供劳务等产生的应收款项等。本项目应根据"长期应收款"科目的余额填列。

⑭"长期股权投资"项目，反映企业持有的长期股权投资的价值。本项目应根据"长期股权投资"科目的期末余额，减去"长期股权投资减值准备"科目的余额填列。

⑮"投资性房地产"，反映企业投资性房地产的价值。本项目应根据"投资性房地产"科目的余额填列。

⑯"固定资产"项目，反映企业各种固定资产的净值。本项目应根据"固定资产"科目和"累计折旧"、"固定资产减值准备"科目的期末余额填列。

⑰"在建工程"项目，反映企业基建、更新改造等在建工程发生的支出。本项目应根据"在建工程"科目的期末余额填列。

⑱"工程物资"项目，反映企业为在建工程准备的各种物资的成本，包括工程用材料、尚未安装的设备以及为生产准备的工器具等。本项目应根据"工程物资"科目的期末余额填列。

⑲"固定资产清理"项目，反映企业因出售、报废、毁损、对外投资、非货币性资产交换、债务重组等原因转出的固定资产价值以及在清理过程中发生的费用和变价收入等各项金额的差额。本项目应根据"固定资产清理"科目的借方余额填列；如"固定资产清理"科目为贷方余额，以"－"填列。

⑳"生产性生物资产"项目，反映企业（农业）持有的生产性生物资产价值。本项目应根据"生产性生物资产"科目的期末余额，减去"生产性生物资产累计折旧"科目期末余额后的金额填列。

㉑"油气资产"项目，反映企业（石油天然气开采）持有的矿区权益和油气井及相关设施的价值。本项目应根据"油气资产"科目的期末余额，减去"累计折耗"科目期末余额后的金额填列。

㉒"无形资产"科目，反映企业各项无形资产的期末价值。本项目应根据"无形资产"科目的期末余额，减去"累积摊销"科目和"无形资产减值准备"科目期末余额后的金额填列。

㉓"开发支出"项目，反映企业自主开发无形资产过程中尚未形成无形资产的符合资本化条件的研发支出。本项目根据"研发支出（资本化支出）"的余额填列。

㉔"商誉"项目，反映企业合并中形成的商誉价值。本项目应根据"商誉"科目的期末余额填列。

㉕"长期待摊费用"项目，反映企业已经发生但应由本期和以后各期负担的分摊期限在1年以上的各项费用等。本项目应根据"长期待摊费用"科目的期末余额填列。

㉖"递延所得税资产"项目，反映企业确认的可抵扣暂时性差异产生的递延所得税资产。本项目应根据"递延所得税资产"科目的期末余额填列。

㉗"其他非流动资产"项目，反映企业除以上资产以外的其他非流动资产。本项目应根据有关科目的期末余额填列。如果其他非流动资产价值较大的，应在会计报附注中披露其内容和金额。

㉘"短期借款"项目，反映企业借入尚未归还的一年期以下（含一年）的借款。本项目应根据"短期借款"科目的期末余额填列。

㉙"交易性金融负债"项目，反映企业承担的交易性金融负债的公允价值。本项目应根据"交易性金融负债"科目的期末余额填列。

㉚"应付票据"项目，反映企业为了抵付货款等而开出，承兑的尚未到期付款的应付票

据，包括银行承兑汇票和商业承兑汇票。本项目应根据"应付票据"科目的期末余额填列。

㉛"应付账款"项目，反映企业购买原材料、商品和接受劳务供应等而应付给供应单位的款项。本项目应根据"应付账款"科目所属有关明细科目的期末贷方余额合计填列；如"应付账款"科目所属明细科目有借方余额，应在本表"预付账款"科目内填列。

㉜"预收款项"项目，反映企业预收购货单位的账款。本项目应根据"预收账款"科目所属有关明细科目的期末贷方余额合计填列。如"预收账款"科目所属明细科目有借方余额的，应在本表"应收账款"项目内填列；如"应收账款"所属明细科目有贷方余额的，也应包括在本项目内。

㉝"应付职工薪酬"项目，反映企业根据有关规定应付给职工的各种薪酬。本项目应根据"应付职工薪酬"科目期末余额填列。

㉞"应交税费"项目，反映企业期末未交、多交或未抵扣的各种税费。本项目应根据"应交税费"科目的期末贷方余额填列；如"应交税费"科目为借方余额，以"－"填列。

㉟"应付利息"项目，反映企业按照合同约定应支付的利息，包括吸收存款、分期付息到期还本的长期借款、企业债券等应支付的利息。本项目应根据"应付利息"科目的期末余额填列。

㊱"应付股利"项目，反映企业分配的现金股利或利润。本项目应根据"应付股利"科目的期末余额填列。

㊲"其他应付款"项目，反映企业所有应付和暂收其他单位和个人的款项。本项目应根据"其他应付款"科目的期末余额填列。

㊳"其他流动负债"项目，反映企业除以上流动负债以外的其他流动负债。本项目应根据有关科目的期末余额填列。其他流动负债价值较大的，应在会计报表附注中披露其内容及金额。

㊴"长期借款"项目，反映企业借入尚未归还的超过一年（不含一年）的借款本息。本项目应根据"长期借款"科目的期末金额填列。

㊵"应付债券"项目。反映企业发行的尚未偿还的各种长期债券的本息。本项目应根据"应付债券"科目的期末余额填列。

㊶"长期应付款"项目，反映企业除长期借款和应付债券以外的其他各种长期应付款。本项目应根据"长期应付款"科目的借方金额，减去"未确认融资费用"科目期末余额后的金额填列。

㊷"专项应付款"项目，反映企业各种专项应付款的期末余额。本项目应根据"专项应付款"科目的期末余额填列。

㊸"预计负债"项目，反映企业预计负债的期末余额。本项目应根据"预计负债"科目的期末余额填列。

㊹"递延所得税负债"项目，反映企业确认的应纳税暂时性差异产生的所得税负债。本项目应根据"递延所得税负债"科目的期末余额填列。

㊺"其他非流动负债"项目，反映企业除以上非流动负债以外的其他各种非流动负债。本项目应根据有关科目的期末余额填列。如其他非流动负债价值较大的，应在会计报表附注中披露其金额。

上述长期负债各项目中将于一年内（含一年）到期的，应在"一年内到期的非流动负债"项目内单独反映。上述非流动负债各项目均应根据有关科目期末余额减去将于一年内（含一年）到期的长期负债后的金额填列。

㊻"实收资本（或股本）"项目，反映企业各投资者实际投入的资本（或股本）总额。本项目应根据"实收资本"（或"股本"）科目的期末余额填列。

㊼"资本公积"项目，反映企业资本公积的期末余额。本项目应根据"资本公积"科目的期末余额填列。

㊽"库存股"项目，反映企业持有尚未转让或注销的本公司股份金额。本项目应根据"库存股"科目的期末余额填列。

㊾"盈余公积"项目，反映企业盈余公积的期末余额。本项目应根据"盈余公积"科目的期末余额填列。其中，法定公益金期末余额，应根据"盈余公积"科目所属的"法定盈余公益金"明细科目的期末余额填列。

㊿"未分配利润"项目，反映企业尚未分配的利润。本项目应根据"本年利润"科目和"利润分配"科目余额计算填列。未弥补的亏损以"－"填列。

4. 资产负债表的编制举例

【例 11 –1】嘉禾公司 2006 年末有关账户期末余额如表 11 –3 所示。

表 11 –3　科目余额表

2006 年 12 月 31 日　　　　　　　　　　　　　　　　　单位：元

账户名称	借方余额	账户名称	贷方余额
库存现金	28 000	坏账准备	2 400
银行存款	182 000	持有至到期投资减值准备	8 000
交易性金融资产	10 000	累计折旧	260 000
应收票据	14 000	短期借款	94 000
应收股利	14 000	应付票据	88 000
应收利息	4 000	应付账款	200 000
应收账款	142 400	预收账款	8 000
预付账款	24 000	应付职工薪酬	54 000
其他应收款	4 000	应付股利	48 000
原材料	140 000	应交税费	28 000
库存商品	66 000		
生产成本及其他	74 000	其他应付款	4 000

续表

账户名称	借方余额	账户名称	贷方余额
长期股权投资	140 000	长期借款	200 000
持有至到期投资	56 000	股本	600 000
固定资产	800 000	资本公积	35 600
在建工程	48 000	盈余公积	102 400
无形资产	36 000	利润分配	50 000
合　计	1 782 400	合　计	1 782 400

备注:

① 在"应收账款"账户中有明细账贷方余额 4 000 元;

② 在"应付账款"账户中有明细账借方余额 8 000 元;

③ 在"预付账款"账户中有明细账贷方余额 2 000 元。

分析过程如下。

① 将库存现金、银行存款合并列入"货币资金"(28 000 + 182 000 = 210 000),共计 210 000 元。

② 将"应收账款"明细账中的贷方余额 4 000 元列入"预收账款",再将坏账准备 2 400 元从"应收账款"中减去,使"应收账款"的余额为 144 000 元(142 400 + 4 000 – 2 400 = 144 000)。"预收账款"为 12 000 元(8 000 + 4 000 = 12 000)。

③ 将"预付账款"账户中有明细账贷方余额 2 000 元列入"应付账款",将"应付账款"明细账中有借方余额 8 000 元列入"预付账款"。"预付账款"的余额为 34 000 元(24 000 + 2 000 + 8 000 = 34 000),"应付账款"的余额为 210 000 元(200 000 + 2 000 + 8 000 = 210 000)。

④ 将原材料、库存商品、生产成本及其他存货项目合并列入"存货"(140 000 + 66 000 + 74 000 = 280 000),共计 280 000 元。

⑤ 从持有至到期投资中减去持有至到期投资减值准备 20 000 元,持有至到期投资的余额为 48 000 元(56 000 – 8 000 = 48 000)。

⑥ 其余各项目直接填入报表。

其资产负债表如表 11 – 4 所示。

表 11 – 4　资产负债表

会企 01 表

编制单位:嘉禾公司　　　　　　2006 年 12 月 31 日　　　　　　单位:元

资　产	期末余额	××年初余额	负债和所有者权益(或股东权益)	期末余额	××年初余额
流动资产:			流动负债:		
货币资金	210 000		短期借款	94 000	
交易性金融资产	10 000		交易性金融负债		

资　产	期末余额	××年初余额	负债和所有者权益（或股东权益）	期末余额	××年初余额
应收票据	14 000		应付票据	88 000	
应收账款	144 000		应付账款	210 000	
预付款项	34 000		预收款项	12 000	
应收利息	4 000		应付职工薪酬	54 000	
应收股利	14 000		应交税费	28 000	
其他应收款	4 000		应付利息		
存货	280 000		应付股利	48 000	
一年内到期的非流动资产			其他应付款	4 000	
其他流动资产			一年内到期的长期负债		
流动资产合计	714 000		其他流动负债		
非流动资产：			流动负债合计	538 000	
可供出售金融资产			非流动负债：		
持有至到期投资	48 000		长期借款	200 000	
长期应收款			应付债券		
长期股权投资	140 000		长期应付款		
投资性房地产			专项应付款		
固定资产	540 000		预计负债		
在建工程	48 000		递延所得税负债		
工程物资			其他非流动负债		
固定资产清理			非流动负债合计		
生产性生物资产			负债合计	738 000	
油气资产			所有者权益（或股东权益）：		
无形资产	36 000		实收资本（或股本）	600 000	
开发支出			资本公积	35 600	
商誉			减：库存股		
长期待摊费用			盈余公积	102 400	
递延所得税资产			未分配利润	50 000	
其他非流动资产			所有者权益（或股东权益）合计	788 000	
非流动资产合计	1526 000				
资产总计			负债和所有者权益（或股东权益）总计	1526 000	

5. 所有者权益变动表

所有者权益变动表反映构成所有者权益的各组成部分当期的增减变动情况。当期损益、直接计入所有者权益的利得和损失，以及与所有者（或股东，下同）的资本交易导致的所有者权益的变动，应当分别列示。

所有者权益变动表至少应当单独列示反映下列信息的项目：净利润；直接计入所有者权益的利得和损失项目及其总额；会计政策变更和差错更正的累积影响金额；所有者投入资本和向所有者分配利润等；按照规定提取的盈余公积；实收资本（或股本）、资本公积、盈余公积、未分配利润的期初和期末余额及其调节情况。

一般企业的所有者权益变动表基本格式如表 11-5 所示。

表 11-5 所有者权益变动表

会企 04 表

编制单位：　　　　　　　　　　　　　××年度　　　　　　　　　　　　单位：元

项　　目	本年金额						上年金额					
	实收资本（或股本）	资本公积	减：库存股	盈余公积	未分配利润	所有者权益合计	实收资本（或股本）	资本公积	减：库存股	盈余公积	未分配利润	所有者权益合计
一、上年年末余额												
加：会计政策变更												
前期差错更正												
二、本年年初余额												
三、本年增减变动金额（减少以"－"填列）												
（一）净利润												
（二）直接计入所有者权益的利得和损失												
1. 可供出售金融资产公允价值变动净额												
2. 权益法下被投资单位其他所有者权益变动的影响												
3. 与计入所有者权益项目相关的所得税影响												
4. 其他												
上述（一）和（二）小计												
（三）所有者投入和减少资本												
1. 所有者投入资本												
2. 股份支付计入所有者权益的金额												
3. 其他												
（四）利润分配												
1. 提取盈余公积												
2. 对所有者（或股东）的分配												
3. 其他												

项　　目	本年金额						上年金额					
	实收资本（或股本）	资本公积	减：库存股	盈余公积	未分配利润	所有者权益合计	实收资本（或股本）	资本公积	减：库存股	盈余公积	未分配利润	所有者权益合计
（五）所有者权益内部结转												
1. 资本公积转增资本（或股本）												
2. 盈余公积转增资本（或股本）												
3. 盈余公积弥补亏损												
4. 其他												
四、本年年末余额												

11.3　利润表

1. 利润表的性质与作用

利润表又称收益表或损益表，是反映企业在一定期间经营成果的会计报表。由于利润是企业经营业绩的综合体现，又是进行利润分配的主要依据，因此利润表是会计报表中的主要报表。

利润表的作用主要体现在以下几个方面。

（1）利润表提供的信息，可用于反映与评价企业的经营成果与获利能力，预测企业未来的盈利趋势

通过企业的营业收入、费用、利润等绝对量指标，或投资收益率、销售利润率等相对指标可以评价企业过去的经营成果。通过比较企业在不同时期，或同一行业中不同企业的有关指标，可以了解企业的获利能力大小、预测企业的未来盈利趋势。

（2）利润表综合反映企业生产经营活动的各个方面，有利于企业管理当局改善经营管理

利润表是由企业营业利润、投资净收益、营业外收支净额等项目构成的，它们涉及企业生产经营活动的各个方面，通过利润表有关收入、成本费用项目的分析，可以发现企业管理中存在的问题，及时作出相应的决策，改善企业的经营管理。

（3）利润表是企业决策机构确定可供分配的利润或发放的股利和税务机关课征所得税的重要依据

企业本期实现的净利润是企业分配利润或发放股利的重要来源。企业利润表中的净利润或亏损数也是企业调整计算应纳税所得额的重要依据。

2. 利润表的格式

利润表是通过一定表格来反映企业的经营成果。目前比较普遍的利润表格式主要有多步式利润表和单步式利润表两种。

（1）多步式利润表

多步式利润表的内容被分解为多个步骤，即将收入与费用按同类属性分别加以归集，分别计算主营业务利润、其他业务利润、营业利润，最后计算出净利润。由于它采用多步的中间性计算，所以称为"多步式利润表"。

多步式利润表从营业收入开始，分别如下几个步骤展示企业的经营成果及其影响因素。

第一步，反映营业利润，即从营业收入中减去营业成本、营业税金及附加、销售费用、管理费用、财务费用、资产减值损失加上公允价值变动收益和投资收益后的余额。

第二步，反映利润总额，即营业利润加上营业外收入减去营业外支出项目后的余额。

第三步，反映净利润，即利润总额减所得税后的余额。

多步式利润表的优点在于，便于对企业生产经营情况进行分析，有利于不同企业之间进行比较。由于它提供的信息比单步式利润表更为丰富，便于报表使用者分析企业的盈利能力。

按照我国《企业会计准则第 30 号——财务报表列报》应用指南的规定，企业的中期报告和年度报告中的利润表采用多步式，如表 11 – 6 所示。

（2）单步式利润表

单步式利润表是将本期所有的收入和所有的费用分别加以汇总，用收入总额减去费用总额即为企业的利润总额。它实际上是将"收入 – 费用 = 利润"这一会计等式表格化，由于它仅有一个相减的步骤，故称为单步式利润表。

在单步式利润表下，利润表分为营业收入和收益、营业费用和损失、净收益三部分，格式简便，便于编制，且表示的均是未经加工的原始资料，便于报表使用者理解。但是由于收入、费用的性质不加以区分，硬性归为一类，不能提供利润中各要素之间的内在联系，不能提供一些重要的中间信息，如主营业务利润、利润总额等，不便于报表使用者进行盈利分析与预测。

不管采用哪种格式，在利润表中，企业通常按各项收入、费用以及构成利润的各个项目分类分项列示。也就是说，收入按其重要性进行列示，主要包括营业收入、投资收益、营业外收入；费用按其功能进行列示，主要包括营业成本、营业税金及附加、销售费用、管理费用、财务费用、营业外支出、所得税费用等；利润按营业利润、利润总额和净利润等利润的构成分类分项列示。

3. 利润表的编制方法

利润表中各项目的数据主要来源于对企业收入、成本费用、利润总分类科目和明细科目的分析。"本期金额"栏反映各项目的本期实际发生数；"上期金额"栏反映各项目的上期实际发生数；本表中项目的内容及填列方法如下。

①"营业收入"项目，反映企业销售商品、提供劳务等经营业务中所取得的收入总额。本项目应根据"主营业务收入"科目、"其他业务收入"的发生额合计填列。

②"营业成本"项目，反映企业销售商品、提供劳务等经营业务中发生的实际成本。本项目应根据"主营业务成本"科目、"其他业务成本"科目的发生额合计填列。

③"营业税金及附加"项目，反映企业经营主要业务应承担的营业税、消费税、城市维护建设税、资源税、土地增值税和教育费附加等。本项目应根据"营业税金及附加"科目的发生额分析填列。

④"销售费用"项目，反映企业在销售商品和商品流通企业在购入商品等过程中发生的费用。本项目应根据"销售费用"科目的发生额分析填列。

⑤"管理费用"项目，反映企业发生的管理费用。本项目应根据"管理费用"科目的发生额填列。

⑥"财务费用"项目，反映企业发生的财务费用。本项目应根据"财务费用"科目的发生额分析填列。

⑦"资产减值损失"项目，反映企业发生的资产减值损失。本项目应根据"资产减值损失"科目的发生额分析填列。

⑧"公允价值变动损益"项目，反映企业交易性金融资产、交易性金融负债，以及采用公允价值模式计量的投资性房地产、衍生工具、套期保值业务等公允价值变动形成的应计入当期损益的利得或损失。本项目应根据"公允价值变动损益"科目的发生额分析填列。

⑨"投资收益"项目，反映企业以各种方式对外投资所取得的收益。本项目应根据"投资收益"科目的发生额分析填列；如为投资损失，以"－"填列。

⑩"营业外收入"项目和"营业外支出"项目，反映企业发生的与其经营业务无关的各项收入和支出。这两个项目应分别根据"营业外收入"科目和"营业外支出"科目的发生额填列。

⑪"利润总额"项目，反映企业实现的利润总额。如为亏损总额，以"－"填列。

⑫"所得税费用"项目，反映企业按规定从本期损益中减去的所得税。本项目应根据"所得税费用"科目的发生额分析填列。

⑬"净利润"项目，反映企业实现的净利润。如为亏损，以"－"填列。

⑭"每股收益"项目，按计算结果填列。

4. 利润表的编制举例

【例 11 - 2】嘉禾公司 2006 年 11 月份有关资料如下：

主营业务收入	2 000 000 元
主营业务成本	1 200 000 元
营业税金及附加	80 000 元
销售费用	100 000 元

管理费用	100 000 元
财务费用	120 000 元
所得税费用	100 000 元

根据上述所给资料，可以编制 2006 年 11 月的利润表，如表 11 – 6 所示。

表 11 – 6　利润表

会企 02 表

编制单位：嘉禾公司　　　　　　　　　　2006 年 11 月　　　　　　　　　　单位：元

项　　目	本期金额	上期金额
一、营业收入	2 000 000	
减：营业成本	1 200 000	
营业税金及附加	80 000	
销售费用	100 000	
管理费用	100 000	
财务费用	120 000	
资产减值损失		
加：公允价值变动损益（损失以"－"填列）		
投资收益（损失以"－"填列）		
其中：对联营企业和合营企业的投资收益		
二、营业利润（亏损以"－"填列）	400 000	
加：营业外收入		
减：营业外支出		
其中：非流动资产处置损失		
三、利润总额（亏损以"－"填列）	400 000	
减：所得税费用	100 000	
四、净利润（净亏损以"－"填列）	300 000	
五、每股收益：		
（一）基本每股收益		
（二）稀释每股收益		

11.4 现金流量表

1. 现金流量表的性质与作用

现金流量表是以现金为基础编制的，反映企业一定期间内现金流入和流出情况的财务状况变动表。现金流量表的作用体现在以下几方面：

（1）现金流量表能够说明企业一定期间内现金流入和现金流出的原因

现金流量表将现金流量划分为经营活动、投资活动和筹资活动所产生的现金流量，并按照流入现金和流出现金项目分别反映，从而说明了现金从哪里来，又流到哪里去。这些信息是资产负债表和利润表所不能提供的。

（2）现金流量表能够说明企业偿债能力和支付股利的能力

企业利润表中反映的获利情况虽然在一定程度上表明企业具有一定的现金支付能力，但是由于会计核算采用的权责发生制、配比原则等所含的估计因素等，使得利润表中反映的经营成果不能真正反映企业的偿债或支付能力。现金流量表以现金的收支为基础，消除了由于会计核算采用的估计等所产生的获利能力和支付能力，通过现金流量表能够了解现金流量的构成，分析企业偿债和支付股利的能力。

（3）现金流量表能够分析企业未来获取现金的能力

现金流量表能够说明企业一定期间内现金流入和现金流出的整体情况，说明现金从哪里来，又运用到哪里去。表中的经营活动产生的现金流量，代表企业运用经济资源创造现金流量的能力，便于分析一定期间内产生的净利润与经营活动产生现金流量的差异；投资活动产生的现金流量，代表企业运用资金产生现金流量的能力；筹资活动产生的现金流量代表企业筹资获得现金流量的能力。通过现金流量表及其他财务信息，可以分析企业未来获取或支付现金的能力。

（4）现金流量表能够分析企业投资和理财活动对经营成果和财务状况的影响

现金流量表提供一定时期现金流入和流出的动态财务信息，表明企业在报告期内由经营活动、投资和筹资活动获得多少现金，企业获得的这些现金是如何运用的，能够说明资产、负债、净资产的变动的原因，对资产负债表和利润表起到补充说明的作用。

（5）现金流量表能够提供不涉及现金的投资和筹资活动信息

现金流量表除了反映企业与现金有关的投资和筹资活动方面的信息，还通过附注方式提供不涉及现金的投资和筹资活动方面的信息，使会计报表使用者能够全面了解和分析企业的投资和筹资活动。

2. 现金流量表的编制基础

现金流量表是以现金及现金等价物为编制基础的。这里的现金是指企业库存现金以及可以随时用于支付的存款。不能随时用于支付的存款不属于现金。现金具体包括以下几方面。

① 库存现金，是指企业持有可随时用于支付的现金限额，即与会计核算中"现金"所

包括的内容一致。

② 银行存款，是指企业存在金融企业随时可以用于支付的存款，即与会计核算中"银行存款"科目所包含的内容基本一致，区别在于：如果存在金融企业的款项中有不能随时用于支付的存款，如不能随时支取的定期存款，不作为现金流量表中的现金，但提前通知金融企业便可支取的定期存款，则包括在现金流量表中的现金范围。

③ 其他货币资金，是指企业存在金融企业有特定用途的资金，如外埠存款、银行汇票存款、银行本票存款、信用证保证金存款、信用卡存款等。

现金等价物，是指企业持有的期限短、流动性强、易于转换为已知金额现金、价值变动风险很小的投资。期限短，一般是指从购买日起三个月内到期。现金等价物通常包括三个月内到期的债券投资等。权益性投资变现的金额通常不确定，因而不属于现金等价物。企业应当根据具体情况，确定现金等价物的范围，一经确定不得随意变更。

3. 现金流量的分类

现金流量，是指现金和现金等价物的流入和流出。

现金流量表按照企业经营业务发生的性质将企业一定期间内产生的现金流量分为以下3类。

① 经营活动产生的现金流量。经营活动是指企业投资活动和筹资活动以外的所有交易和事项，包括销售商品或提供劳务、经营性租赁、购买货物、接受劳务、制造产品、广告宣传、推销产品、交纳税款等。

② 投资活动产生的现金流量。投资活动是指企业长期资产的购建和不包括在现金等价物范围内的投资及其处置活动。

③ 筹资活动产生的现金流量。筹资活动是指导致企业资本及债务规模和构成发生变化的活动，包括吸收投资、发行股票、分配利润等。

对于企业日常活动之外的，不经常发生的特殊项目，如自然灾害损失、保险赔款、捐赠等，应当在现金流量表中归并到相关类别中，并单独反映。

4. 经营活动产生的现金流量的列报方法

经营活动产生的现金流量的列报方法有两种：直接法和间接法，它们通常也被称为现金流量表的报告方法。

（1）直接法

直接法是指按现金收入和现金支出的主要类别直接反映企业经营活动产生的现金流量，如销售商品、提供劳务收到的现金；购买商品、接受劳务支付的现金等就是按现金收入和支出的来源直接反映的。在直接法下一般是以利润表中的主营业务收入为起算点，调节与经营活动有关的项目的增减变动，然后计算出经营活动产生的现金流量。

（2）间接法

间接法是指以净利润为起算点，调整不涉及现金的收入、费用、营业外收支等有关项目，据此计算出经营活动产生的现金流量。

（3）直接法和间接法的作用

采用直接法编报的现金流量表，便于分析企业经营活动产生的现金流量的来源和用途，预测企业现金流量的未来前景；采用间接法编报的现金流量表，便于将净利润与经营活动产生的现金流量净额进行比较，了解净利润与经营活动产生的现金流量差异的原因，从现金流量的角度分析净利润的质量。所以，现金流量表会计准则规定企业应当采用直接法编报现金流量表，同时要求提供在净利润基础上调节经营活动产生的现金流量的信息。

也就是说，同时采用直接法和间接法两种方法编报现金流量表。

5. 现金流量表的结构

现金流量表会计准则应用指南中提供了现金流量表的参考格式。该表分为两部分，第一部分为正表，第二部分为附注。

正表有六项：一是经营活动产生的现金流量；二是投资活动产生的现金流量；三是筹资活动产生的现金流量；四是汇率变动对现金的影响；五是现金及现金等价物净增加额；六是期末现金及现金等价物余额。其中，经营活动产生的现金流量，是按直接法编制的。

附注有三项：一是将净利润调节为经营活动产生的现金流量，也就是说，要在补充资料中采用间接法报告经营活动产生的现金流量信息；二是当期取得或处置子公司及其他营业单位的有关信息；三是现金及现金等价物净增加及余额情况。

正表第一项经营活动产生的现金流量净额，与附注第一项经营活动产生的现金流量净额，应当核对相符。正表中的第六项与附注中的第三项，存在勾稽关系，即金额应当一致。

正表中的数字是流入与流出的差额，附注中的数字是期末数与期初数的差额，计算依据不同，但结果应当一致，两者应当核对相符。

一般企业现金流量表格式如表 11 - 7 所示。

表 11 - 7 现金流量表

会企 03 表

编制单位：　　　　　　　　　　××年　　月　　　　　　　　　　单位：元

项　目	本期金额	上期金额
一、经营活动产生的现金流量：		
销售商品、提供劳务收到的现金		
收到的税费返还		
收到其他与经营活动有关的现金		
经营活动现金流入小计		
购买商品、接受劳务支付的现金		
支付给职工以及为职工支付的现金		
支付的各项税费		
支付其他与经营活动有关的现金		

项　目	本期金额	上期金额
经营活动现金流出小计		
经营活动产生的现金流量净额		
二、投资活动产生的现金流量:		
收回投资收到的现金		
取得投资收益收到的现金		
处置固定资产、无形资产和其他长期资产收回的现金净额		
处置子公司及其他营业单位收到的现金净额		
收到其他与投资活动有关的现金		
投资活动现金流入小计		
购建固定资产、无形资产和其他长期资产支付的现金		
投资支付的现金		
取得子公司及其他营业单位支付的现金净额		
支付其他与投资活动有关的现金		
投资活动现金流出小计		
投资活动产生的现金流量净额		
三、筹资活动产生的现金流量:		
吸收投资收到的现金		
取得借款收到的现金		
收到其他与筹资活动有关的现金		
筹资活动现金流入小计		
偿还债务支付的现金		
分配股利、利润或偿付利息支付的现金		
支付其他与筹资活动有关的现金		
筹资活动现金流出小计		
筹资活动产生的现金流量净额		
四、汇率变动对现金及现金等价物的影响		
五、现金及现金等价物净增加额		
加: 期初现金及现金等价物余额		
六、期末现金及现金等价物余额		

　　现金流量表附注编制格式如表 11-8、表 11-9、表 11-10 所示。

表 11-8　采用间接法将净利润调节为经营活动现金流量的信息披露

补充资料	本期金额	上期金额
1. 将净利润调节为经营活动现金流量：		
净利润		
加：资产减值准备		
固定资产折旧、油气资产折耗、生产性生物资产折旧		
无形资产摊销		
长期待摊费用摊销		
处置固定资产、无形资产和其他长期资产的损失（收益以“-”填列）		
固定资产报废损失（收益以“-”填列）		
公允价值变动损失（收益以“-”填列）		
财务费用（收益以“-”填列）		
投资损失（收益以“-”填列）		
递延所得税资产减少（增加以“-”填列）		
递延所得税负债增加（减少以“-”填列）		
存货的减少（增加以“-”填列）		
经营性应收项目的减少（增加以“-”填列）		
经营性应付项目的增加（减少以“-”填列）		
其他		
经营活动产生的现金流量净额		
2. 不涉及现金收支的重大投资和筹资活动：		
债务转为资本		
一年内到期的可转换公司债券		
融资租入固定资产		
3. 现金及现金等价物净变动情况：		
现金的期末余额		
减：现金的期初余额		
加：现金等价物的期末余额		
减：现金等价物的期初余额		
现金及现金等价物净增加额		

表 11 -9   当期取得或处置子公司及其他营业单位的有关信息披露

项　目	金额
一、取得子公司及其他营业单位的有关信息：	
1. 取得子公司及其他营业单位的价格	
2. 取得子公司及其他营业单位支付的现金和现金等价物	
减：子公司及其他营业单位持有的现金和现金等价物	
3. 取得子公司及其他营业单位支付的现金净额	
4. 取得子公司的净资产	
流动资产	
非流动资产	
流动负债	
非流动负债	
二、处置子公司及其他营业单位的有关信息：	
1. 处置子公司及其他营业单位的价格	
2. 处置子公司及其他营业单位收到的现金和现金等价物	
减：子公司及其他营业单位持有的现金和现金等价物	
3. 处置子公司及其他营业单位收到的现金净额	
4. 处置子公司的净资产	
流动资产	
非流动资产	
流动负债	
非流动负债	

表 11 -10   现金和现金等价物的有关信息披露

项　目	本期金额	上期金额
一、现金		
其中：库存现金		
可随时用于支付的银行存款		
可随时用于支付的其他货币资金		
可用于支付的存放中央银行款项		
存放同业款项		
拆放同业款项		
二、现金等价物		
其中：三个月内到期的债券投资		
三、期末现金及现金等价物余额		
其中：母公司或集团内子公司使用受限制的现金和现金等价物		

11.5　财务报表分析

企业定期编制的财务报表虽然综合地反映了企业在一定会计期间的财务状况、经营成果以及财务变动情况，但是要对会计报表所披露的内涵做深入的了解，使财务报表提供的信息能够真正地服务于报表使用者的决策，还需要对报表的数据做进一步的分析。

1. 财务报表分析的目的

财务报表分析是指以财务报表和其他资料为依据和起点，采用专门方法，系统分析和评价企业的过去和现在的经营成果、财务状况及其变动，目的是了解过去、评价现在、预测未来，帮助财务报表使用者改善决策。财务报表分析的最基本功能是将大量的报表数据转换成对特定决策有用的信息，减少决策的不确定性。财务报告分析按照分析的主体不同，分为企业内部管理分析和企业外部利益分析；按照分析的对象不同分为资产负债表分析、利润表分析和现金流量表分析；按照分析的目的不同，分为偿债能力分析、盈利能力分析、营运能力分析、市场价值分析和综合分析。

不同的财务报表使用者由于利益倾向的差异，进行财务报表分析的目的不完全相同，他们各自的分析目的主要如下。

① 投资人：投资人为企业提供资本，享有利润分配权的同时要承担企业的亏损风险，因此他们最为关心企业的盈利能力和股利分配政策。在决定是否投资、是否转让股份时，企业的盈利状况、股价变动和分红派息政策是他们进行分析的重点。

② 债权人：债权人为企业提供资金，但是不能享有剩余收益的分享权，贷款的风险性是他们进行财务报表分析的重点。对于企业短期偿债能力的考核，主要分析企业资产的流动性；对于企业长期偿债能力的考核则是主要从企业的总资产规模、盈利状况进行分析。

③ 经理人员：为了改善财务决策，协调各方面的利益关系，经理人员的财务分析涉及内容最广泛，包括企业盈利能力分析、偿债能力分析、营运状况分析、社会贡献分析等各个方面。

④ 供应商：通过分析看企业能否长期合作；了解销售信用水平，确定信用条件。

⑤ 政府：通过分析了解国有资本增值保值状况，企业纳税情况，企业遵守国家法规和市场秩序的情况，职工收入的情况。

⑥ 其他有关利益集团：企业的职工和工会通过财务报表分析可以了解企业盈利状况，职工的收入、保险、福利与企业的收益之间的比例是否适当。企业的财务报表分析也是审计师、咨询师等中介机构开展业务的基础。

2. 财务报表分析的基本程序

财务报表分析的步骤和程序可以由分析人员根据分析目的进行设计，不存在唯一通用的分析程序，而是一个研究和探索的过程。一般来说包括以下几个步骤：

① 明确分析目的；

② 收集有关的信息;

③ 选择分析的方法,并确定各项指标比较、评价的基础;

④ 计算各项指标,研究指标之间的联系;

⑤ 解释结果,提供对决策有帮助的信息。

3. 财务报表分析的基本方法

(1) 趋势分析法

趋势分析法,是指根据企业连续数期的会计报表,比较各期有关项目的金额,以揭示本期经营成果与财务状况变化趋势的方法。常用的有横向比较法和纵向比较法。横向比较法又称水平分析法,是在会计报表中用金额、百分比的形式,对各个项目的本期或多期的金额与其基期的金额进行比较分析,以观察企业经营成果与财务状况变化趋势的方法。纵向比较法又称垂直分析法,是对会计报表中某一期的各个项目,以其中一个作为基本金额的特定项目进行百分比分析,以观察企业经营成果与财务状况变化趋势的方法。

(2) 比率分析法

比率分析法,是指两个金额之间计量其相对比率关系的一种分析方法。比率分析法的优点是计算简便,可以使某些指标在不同规模企业之间进行比较,甚至能在一定程度上超越行业间的差别进行比较。但是采用这一方法时,应注意对比项目的相关性、对比口径的一致性以及衡量标准的科学性。通常而言,需要选择一定的标准与计算的比率进行比较,它们可以是预算指标、设计指标、定额指标、理论指标;历史标准;行业标准,如主管部门颁发的技术标准、国内外同类企业的先进水平;公认标准。

(3) 因素分析法

因素分析法,是指依据分析指标和影响因素的关系,从数量上确定各因素对指标的影响程度。企业的活动是一个有机整体,每个指标的高低,都受若干因素的影响。从数量上测定各因素的影响程度,可以帮助人们抓住主要矛盾,或更有说服力地评价经营状况。因素分析的方法具体又分为以下几种。

① 差额分析法:例如固定资产净值增加的原因分析,分解为原值增加和折旧增加两部分。

② 指标分解法:例如资产利润率,可分解为资产周转率和销售利润率的乘积。

③ 连环替代法:依次用分析值替代标准值,测定各因素对财务指标的影响,例如影响成本降低的因素分析。

④ 定基替代法:分别用分析值替代标准值,测定各因素对财务指标的影响,例如标准成本的差异分析。

在实际的分析中,各种方法是结合使用的。

4. 财务报表分析的财务指标

1) 企业盈利能力的分析

盈利能力是指企业赚取利润的能力。盈利能力关系到投资者能否得到股利,所欠债务人的债务能否偿还，以及企业的持续经营能力。一般来说，企业的盈利能力只涉及正常的营业状况。非正常的营业状况不能说明企业的盈利能力。因此，在计算比率时应当剔除非正常因素给企业带来的收益或损失，如非主营业务所产生的巨额损益，中断营业项目、重大事故或法律更改等的特别影响，以及会计准则和会计制度变更带来的累计影响等因素。

反映企业盈利能力的指标有很多，使用较多的有销售毛利率、销售净利率、资产净利率、净资产收益率等。

（1）销售毛利率

销售毛利率是指销售毛利与销售收入净额的百分比。销售毛利是销售收入净额扣除销售成本和销售税金后的余额，销售收入净额是销售收入扣除销售折扣与折让后的余额。其计算公式为：

$$销售毛利率 = \frac{销售毛利}{销售收入净额} \times 100\%$$

销售毛利率表示每一元销售收入扣除销售成本后，有多少钱可以用于各项期间费用和形成盈利。销售毛利率是企业销售净利率的基础，没有足够大的毛利率，便不能盈利。一般毛利率随行业的不同而存在差异，但同行业的相差不大，因此可以选择同行业的毛利率进行比较，以揭示企业在定价政策、产品销售或生产成本控制方面存在的问题。

（2）销售净利率

销售净利率是指净利润与销售收入的百分比，其计算公式为：

$$销售净利率 = \frac{净利润}{销售收入净额} \times 100\%$$

销售净利率反映每一元销售收入带来的净利润的多少，表示销售收入的最终收益水平。企业在增加销售收入额的同时必须相应地获得更多的净利润，才能使销售净利率保持不变或有所提高。通过分析销售净利率的升降变动，可以促使企业在扩大销售的同时，注意改进经营管理，提高盈利水平。销售净利率能够分解为销售毛利率、销售税金率、销售成本率、销售期间费用率，可以做进一步分析。

（3）资产净利率

资产净利率是企业净利润与平均资产总额的百分比。其计算公式为：

$$资产净利率 = \frac{净利润}{平均资产总额} \times 100\%$$

$$平均资产总额 = （期初资产总额 + 期末资产总额）\div 2$$

资产净利率把企业一定期间的净利润与企业的资产相比较，表明企业资产利用的综合效果。指标值越大，表明资产的利用效率越高，说明企业在增加收入和节约资金使用等方面取得了良好的效果，否则相反。资产净利率是一项综合性指标。企业的总资产来源于投入资本和举债两个方面。净利润的多少和企业资产的规模、结构、经营管理水平有着密切的关系。为了正确评价企业的盈利能力，可以将该指标值与企业前期、计划、本行业平均水平和本行业内先进水平进行对比，分析产生差异的原因。

资产净利率指标可以分解为销售净利率与总资产周转率的乘积。可见，提高资产净利率可以从加强资产管理、提高资产利用率，以及加强销售管理，提高利润水平着手。

（4）净资产收益率

净资产收益率是指净利润与平均净资产的百分比，也叫净值报酬率或权益报酬率，其计算公式为：

$$净资产收益率 = \frac{净利润}{平均净资产} \times 100\%$$

$$平均净资产 = （年初净资产 + 年末净资产）\div 2$$

净资产收益率反映所有者投资的获利能力，该比率越高，说明所有者投资带来的收益越高。该指标具有很强的综合性，可以将其分解为销售净利率、资产周转率和权益乘数3个因素的乘积，从而将该指标发生升、降变化的原因具体化。销售净利率高低的因素分析可以从销售额和销售成本两个方面进行；资产周转率可以从资产的各构成部分的占用量、使用效率方面进行分析，判断资产周转的问题出在哪里；而权益乘数等于1减去资产负债率的倒数，主要受资产负债比率的影响，负债比例越大，权益乘数就越高，说明企业有较高的负债程度，给企业带来了较多的杠杆利益，也带来了较多的风险。

2）偿债能力分析

（1）短期偿债能力分析

短期偿债能力是指企业偿还短期债务的能力。企业的流动负债的偿还主要依赖于企业的流动资产，其中主要是货币资金及其他能在短期内转变为现金的资产。由于权责发生制下计算的利润与企业实际持有现金之间往往存在差异，因而，对企业短期偿债能力的分析主要放在资产负债表的分析上，关心流动资产项目的变现能力上，而并不强调企业的盈利能力。

反映企业短期偿债能力的指标主要有流动比率和速动比率。

① 流动比率。流动比率是流动资产与流动负债的比率，其计算公式为：

$$流动比率 = \frac{流动资产}{流动负债}$$

流动比率表示企业用它的流动资产偿还其流动负债的能力。这个比率越高，表明短期偿债能力越强，流动负债获得清偿的机会越大，安全性也越大。但是，过高的流动比率可能是由于企业滞留在流动资产上的资金过多所致，说明企业没有能够有效地利用资金，从而影响企业的获利能力。

一般认为生产企业合理的最低流动比率是2，这是因为流动资产中变现能力最差的存货金额，约占流动资产总额的50%，剩下的流动性较大的流动资产至少应等于流动负债，企业的短期偿债能力才有保证。但是，究竟多大的比率是合理的，还应根据行业的不同具体分析。一般来说，营业周期越短，正常的流动比率越低；反之，正常的流动比率越高。

用流动比率评价企业的短期偿债能力存在一定的局限性，如流动比率较大可能是由于存货积压和滞销，也可能是由于应收账款长期收不回来。这些情况恰好反映了企业短期偿债能力的不足。因此，在评价该指标时，对于债权人来说，指标值越大越好；对企业来说，应该有个上限值，要找出比率过高或过低的原因，必须分析指标计算公式内流动资产、流动负债所包括的具体内容，尤其是应结合应收账款和存货的周转情况考虑。

②速动比率。速动比率，又称酸性测试比率，是流动资产中的速动资产除以流动负债的比值。速动资产是流动资产扣除存货，或等于流动资产减存货和预付费用后的部分，是流动资产中可按其市值即时转换为现金，偿付流动负债的流动资产。速动比率的计算公式为：

$$速动比率 = \frac{速动资产}{流动负债}$$

在计算速动比率时，之所以要将存货从流动资产中扣除是因为流动资产中存货的变现速度慢，因此用速动比率评价企业资产的变现能力往往比流动比率更加可信。速动比率反映了企业应付财务危机的能力。国际上通常认为正常的速动比率为 1:1，但这只是一般观点。该比率会因行业的不同而存在较大的差异。此外，国外企业的应收账款的变现能力可能比我国企业要强一些，因此，1:1 的标准不一定适用于我国企业。在利用速动比率分析企业的短期偿债能力时，有必要结合应收账款周转率指标进行分析，应收账款变现的速度快慢、坏账发生的多少往往对企业短期偿债能力会产生影响。

除了这两项比率外，报表使用者还应关注一些表外信息。例如增加企业短期偿债能力的因素，如可动用的银行贷款指标，即将变现的长期资产，公司偿债能力声誉等；减少企业短期偿债能力的因素，如未做记录的或有负债、担保责任引起的负债等。

（2）长期偿债能力

长期偿债能力是指企业偿还长期债务，包括债务本金和债务利息的能力。分析企业的长期偿债能力除了应关注资产负债表中反映的企业资本结构的合理性，还应注意企业利润表反映的盈利能力，因为从长远的观点来看，企业的现金流量的变动取决于企业的获利能力。反映企业长期偿债能力的比率主要有资产负债率、利息保障倍数等。

①资产负债率。资产负债率是负债总额除以资产总额的百分比。该比率反映在总资产中有多大比率是通过负债来获得的，可以衡量企业在清算时保护债权人利益的程度。计算公式为：

$$资产负债率 = \frac{负债总额}{资产总额} \times 100\%$$

资产负债比率又称举债经营比率。从债权人的角度看，他们最关心的是贷给企业的款项的安全程度，如果该比率值较低，说明企业总资本中股东提供的资本占较大比例，企业的风险主要由股东承担，企业偿债较有保障，贷款不会有很大风险；从股东的角度看，通过举债筹集的资金与股东提供的资金在经营中发挥同样的作用，所以股东所关心的是全部资本利润率是否超过借入款项的利率。从股东立场看，在全部资本利润率高于借款利息率时，负债比例越大越好，否则相反；从经营者立场看，举债很大，超出债权人的心理承受程度，是不保险的，增加企业筹资的难度。如果负债比例过小，财务杠杆的作用就没有很好地发挥，会影响企业的盈利能力。因此需要在预期的利润和增加的风险之间进行权衡，作出正确的决策。

② 利息保障倍数。利息保障倍数是税前利润总额加上利息费用之和与利息费用的比率，其计算公式为：

$$利息保障倍数 = \frac{息税前利润}{利息费用} = \frac{利润总额 + 利息费用}{利息费用}$$

利息保障倍数是企业经营业务收益与利息费用的比率，用以衡量偿付借款利息的能力。一般来说，该比率值至少要大于1。如果这个比率太低，说明企业难以保证用经营所得来按时按量支付债务利息，这会引起债权人的担心。合理确定企业的利息保障倍数需要在同一企业的不同年度，不同企业之间，以及企业与行业平均指标之间进行比较。

在评价和分析企业的长期偿债能力时，除了以上比率的计算和分析外，还应注意一些表外项目，如长期租赁、担保责任及或有项目，这些因素可能会影响到企业的长期偿债能力。

3）营运能力分析

营运能力分析是指对企业资金周转状况进行的分析，一般来说，资金周转得越快，说明资金利用效率越高。企业营运能力分析包括应收账款周转率、存货周转率以及流动资产周转率等。之所以选择以上指标，是因为企业总是处于供、产、销这样一个密切相关的经营循环之中，其中销货是关键。只有将存货销售出去，并收回应收账款，加速资金结算，企业才能获取更多的利润。

（1）应收账款周转率

应收账款周转率又称应收账款周转次数，指年度内应收账款转为现金的平均次数，它说明应收账款流动的速度。用时间表示的周转速度是应收账款周转天数，也叫平均应收账款回收期或平均收现期，它表明企业从取得应收账款的权利到收回款项、转换为现金所需要的时间。其计算公式为：

$$应收账款周转率（次数）= \frac{销售收入净额}{平均应收账款}$$

$$应收账款周转天数 = \frac{360}{应收账款周转率} = \frac{平均应收账款 \times 360}{销售收入净额}$$

销售收入净额是指销售收入扣除销售折扣和折让后的销售净额。平均应收账款是指未扣除坏账准备的应收账款金额，它是资产负债表中期初应收账款与期末应收账款的平均数。

一般来说，应收账款周转率越高，平均收账期越短，说明应收账款的收回越快，可以减少坏账损失，增强资产的流动性和短期偿债能力，否则企业的营运资金会过多地呆滞在应收账款上，影响资金的正常周转。该指标的计算可能会受到企业的季节性生产、分期付款方式等的影响。如果应收账款周转次数过高，可能是由于企业的信用政策、付款条件过于苛刻所致，这样会限制企业业务量的扩大，从而会影响企业的盈利水平。

（2）存货周转率

存货周转率和应收账款周转率一样，是反映企业资产管理水平的一项重要指标。存货周转率也叫存货周转次数，是企业的销售成本与平均存货的比率，说明存货是否适当及销货能力的强弱。用时间表示的存货周转率就是存货周转天数。其计算公式为：

$$存货周转率（次数）= \frac{销售成本}{平均存货}$$

$$存货周转天数 = \frac{360}{存货周转率} = \frac{平均存货 \times 360}{销售成本}$$

一般来说，存货周转率越高，存货占用水平越低，则存货积压的风险就越小，企业的变现能力以及资金使用效率也就越好。但是如果存货周转率过高，也可能说明企业管理方面存在其他的一些问题，如存货水平太低，甚至经常缺货，或者采购次数过于频繁，批量太小等。合理的存货周转率要视行业特征、市场行情及企业自身特点而定。

（3）流动资产周转率

流动资产周转率又称作流动资产周转次数，是销售收入与全部流动资产的平均余额的比率，它反映的是全部流动资产的利用效率。用时间表示流动资产周转速度的指标是流动资产周转天数，它表示流动资产平均周转一次所需的时间，其计算公式为：

$$流动资产周转率（次数）= \frac{销售收入}{流动资产平均余额}$$

$$流动资产周转天数 = \frac{360}{流动资产周转次数} = \frac{平均应收账款 \times 360}{销售收入净额}$$

流动资产周转率是分析流动资产周转情况的一个综合指标。流动资产周转快，会相对节约流动资产，相当于扩大了企业资产的投入，增强了企业的盈利能力；反之，若周转速度慢，为维持正常经营，企业必须不断地补充流动资产，形成资金使用低效率，也降低了企业的盈利能力。

5. 财务报表分析的局限性

（1）财务报表本身的局限性

财务报表是按照会计准则编制的，它们合乎会计规范，但不一定完全反映该企业的实际情况，如报表数据未按通货膨胀率或物价水平调整；稳健原则可能夸大费用，少计收益和资产；资产按历史成本陈报，不代表现行成本或变现价值；按年度分期陈报是短期的陈报，不代表长期的潜力等。

（2）报表的真实性

只有真实性的财务报表，才有可能得出正确的分析结论。当企业存在操纵会计报表，粉饰企业业绩的时候，不加辨别地依赖财务分析结果可能是非常危险的。即企业操纵会计报表的同时可能操纵了财务比率。财务分析不仅不能解决报表真实性的问题，反而会受其制约。

（3）企业会计政策选择的自主性

对同一会计事项的账务处理，会计准则允许使用几种不同的规则和程序，企业可以自行选择。因此，不同企业对同一会计事项的处理可能采用不同的会计方法和程序，同一企业在不同会计年度也可以变更其会计政策。如存货的计价方法、固定资产的折旧方法、对外投资收益的确认方法等。虽然在会计报表附注中对企业的主要会计政策有一定的表述，但报表使用者不一定能完成建立可比性的调整工作。

（4）比较基础问题

在比较分析时，必须选择比较的基础，作为评价企业当期实际数据的参照标准，包括本企业的历史数据、同业数据和计划预算数据。而这些数据不一定是合理的。如趋势分析以企业历史数据做比较基础，历史数据代表过去，并不代表合理性。经营环境是变化的，今年比去年利润提高了，不一定说明已经达到应该达到的水平，甚至不一定说明管理有了改进。因此，对比较基础本身要准确理解，并且在限定意义上使用分析结论，避免简单化和绝对化。

■ 案例及思考

1. 宏达商厦于 2010 年 8 月 31 日办理结账并编制报表。财务报表编完后，发现下列错误：

（1）期末调整时，折旧多计 10 000 元；

（2）期末漏记推销人员薪金 20 000 元；

（3）"预收账款"账中，有 80 000 元应属本期的租金收入，但期末所作的调整分录为：

借：预收账款　　　　　　　　　8 000
　　贷：主营业务收入　　　　　　　　8 000

（4）漏记应计利息收入 15 000 元；

（5）少提办公设备折旧 3 600 元；

（6）应付管理人员薪金 15 800 元，误记为 18 500 元。

逐一说明每项错误对宏达商厦 2010 年 8 月份资产负债表和利润表的影响。

2. 2009 年 1 月，印度首家在三个国际交易所上市的软件业巨头——萨蒂扬软件技术有限公司（以下简称"萨蒂扬"）爆出惊天财务丑闻。该公司创始人和董事会主席拉贾（B. Ramalinga Raju）在 2009 年 1 月 7 日突然宣布辞职。他在给董事会的辞职信中，承认曾在过去几年中操纵公司财务报表，其中仅虚报现金余额一项的规模就高达十多亿美元。表 11－11 为根据萨蒂扬公司 2008 年 9 月 30 日公布的财务数据与实际数据整理的对比表。

表 11－11　萨蒂扬财务报表数据与实际数额对比

	实际数据/亿美金	公布数据/亿美金	虚报额度/亿美金	虚报比例/%
销售额	4.34	5.55	1.21	21.8
净利润	0.125	1.36	1.235	90.8
可用现金	0.66	11	10.34	94.0
应收账款	4.56	5.47	0.91	18.5

（数据来源：萨蒂扬 2008 年 8 月财报）

除此之外，萨蒂扬在 2008 年 9 月公布的财务报表中还有 2.46 亿美金的表外负债未被披露。这一欺诈案是自 20 世纪 90 年代以来印度最大的公司丑闻，负责萨蒂扬财务审计的普华永道也被推上风口浪尖。

查阅资料完成下列任务：

（1）萨蒂扬为什么要造假？造假的手段有哪些？

（2）萨蒂扬造假对资本市场产生了什么样的影响？

（3）萨蒂扬造假违背了哪些会计信息质量要求？

（4）讨论如何治理会计造假？

会计工作组织

【**内容提要**】本章主要介绍合理组织会计工作的意义和基本原则，以及会计机构的设置、会计人员的配备、会计档案管理等会计工作组织的内容及其要求，另外对会计工作交接的内容和要求也做了介绍。

12.1 组织会计工作的必要性和原则

1. 会计工作组织的必要性

会计工作是一项综合性很强的经济管理工作，它的每一个环节都离不开周密细致的安排和组织。科学地组织会计工作，使会计工作按照预先规定的手续和处理程序有条不紊地进行，对于全面完成会计工作的任务、充分发挥会计在经济管理中的作用具有重要意义。

从会计核算的角度看，会计为经营管理所提供的会计信息，要经过从会计凭证到会计账簿，再到会计报表这样一个周而复始的循环过程。在这个过程中，会计核算通常是借助于一系列专门的方法及相应的手续和程序对数据进行记录、计算、分类、汇总、分析、检查等来完成的。对于日常发生的经济业务，会计部门首先要真实地予以记录和计算，把经济业务的内容通过规范的会计凭证表现出来；其次要在分类汇总的基础上，把经济业务分门别类地登记到各类账簿中去；最后再根据账簿记录编制出会计报表。

上述会计数据的传输和加工，在各种手续、各个步骤之间存在着密切的联系，客观上要求会计部门内部要进行科学设计、合理分工和严密组织。科学地组织会计工作，可以有效防止手续遗漏、工作程序脱节和数字差错。一旦出现上述问题，也能尽快查出和纠正。而各会计管理环节之间也需要有效地组织和协调，所以合理组织会计工作，使会计工作按照会计管理的内在规律和设计流程按部就班地运行，才能真正发挥会计管理在企业管理中的中枢作用，才能提高会计工作的质量和效率，实现会计目标。

会计工作组织的内容，从广义上讲，凡是与组织会计工作有关的一切事务都属于会计工作组织的内容；从狭义上讲，会计工作组织的内容则主要包括会计工作管理体制，会计工作机构设置、会计人员的配备及岗位职责、会计法规的制定与执行，以及会计电算化的组织工作、会计档案的保管等。

2. 合理组织会计工作的意义

合理组织会计工作的意义主要表现在以下几个方面。

（1）有利于贯彻落实《中华人民共和国会计法》

贯彻落实《中华人民共和国会计法》是各单位会计工作的最基本要求。在各项落实《会计法》的措施中，组织是最根本的保证。一个单位只有科学合理地组织会计工作，才能有利于会计人员依法开展会计工作，否则就不可能对会计工作进行依法管理。

（2）有利于提高会计工作的质量和效率

科学合理地组织会计工作，才能按预先规定的手续和程序进行会计工作，才能有效防止错漏，尽快查找和纠正错漏，从而提高会计工作质量和效率。

（3）有利于贯彻落实单位各项内部管理制度

合理组织会计工作，不但有利于落实内部会计管理制度，而且有利于建立和落实其他各项内部管理制度。因此，加强会计工作组织，有利于单位内部各部门更好地履行职责，全面做好单位各项工作，从而提高整个单位的管理水平。

3. 会计工作组织的原则

科学地组织会计工作，应注意遵循以下原则。

（1）组织会计工作应遵从国家宏观会计管理的统一要求

在我国市场经济条件下，宏观调控在国民经济发展过程中起着重要作用，宏观调控的有效实施又依赖于经济信息系统的适时支持，会计工作是提供经济信息的一项基础性工作，其目标必须服从和服务于国家宏观经济管理的需要，所以会计工作组织必须遵从国家宏观会计管理的统一要求。目前，我国与组织会计工作相关的法规主要有《会计法》、《会计基础工作规范》（以下简称《规范》）、《总会计师条例》、《会计档案管理办法》、《会计电算化管理办法》等。

（2）结合本单位生产经营管理的特点来组织会计工作

国家对会计工作的宏观管理，最终要落实到各个单位的会计工作组织中去，而且国家对组织会计工作的统一要求，只是一般的原则规定。由于各微观会计主体的经营规模、经济活动范围和业务内容不可能完全一样，因而会计工作组织应结合本单位业务经营实际情况及特点，作出切合实际的安排和具体实施办法，要与企业的规模和管理水平相适应，体现管理要求，不可照抄照搬。规模较大、管理水平较高的企业，其工作组织机构和内部分工可以细致一些；反之，则可做适当精简和合并。会计机构过于臃肿或过于简化、业务手续过于繁杂或流于形式都是不可取的。

（3）注意协调同其他经济管理工作的关系

会计工作既有其独立的工作内容和业务范围，又与其他经济管理部门存在着十分密切的联系，即同其他经济管理工作之间既有分工，又有协作，会计工作又具有很强的综合性和政策性。这些特点要求我们在组织会计工作时，要与其他各项经济管理工作互相配合，互相协调，共同实现经济管理的目标。

（4）组织会计工作应以不断提高会计工作质量和效率为目标

会计工作以提供有用信息和参与经济管理为目标，会计信息同其他产品一样，是有质量要求的，所以应当精心设计和科学组织会计工作，保证会计工作质量。会计工作组织，是进行会计工作的必需，更是提高会计工作效率的必要。所以会计工作组织，还要注意提高会计工作效率，力争节约会计工作时间和费用，因而会计机构的繁简、内部分工的精细等，都必须以提高工作效率为出发点。应当优化内部组合，减少多余的流转环节，防止机构重叠、手续繁杂、重复劳动等不合理现象。

12.2 会计机构和会计人员

为了正确地组织会计工作，各单位应根据会计业务的需要设置会计机构，配备会计人员。会计机构是各单位办理会计业务的职能部门，是各单位依据会计工作需要所设置的、专门负责办理本单位会计业务事项、进行会计核算、实行会计监督、组织领导和直接从事会计工作的机构。如财会处、室、科等内部职能组织。会计人员是单位内部直接从事会计管理工作、处理日常会计业务的人员。建立健全会计机构，配备素质和数量与工作要求相当的、具备从业资格的会计人员，是做好会计工作、充分发挥会计职能作用的重要保证。

1. 会计机构的组织形式

在会计核算工作中，有"集中核算"和"非集中核算"两种会计机构组织形式。

集中核算，就是把整个单位的会计工作主要集中于会计机构统一进行的一种组织核算形式，其他部门和下属单位只对其发生的经济业务填制原始凭证或原始凭证汇总表，送交会计部门。原始凭证或原始凭证汇总表由会计部门审核，然后据此填制记账凭证，登记有关账簿，编制会计报表。

实行集中核算，可以减少核算层次，精简机构，减少会计人员。但不便于内部各有关部门及时利用核算资料，不便于进行日常的分析和考核。

非集中核算，亦称分散核算，就是将会计工作分散在各有关部门相对独立进行，各会计部门负责本单位范围内的会计工作，单位内部会计部门以外的其他部门和下属单位，在会计部门的指导下，对发生在本部门或本单位的经济业务进行核算。下属单位定期将会计核算资料上报财会部门，最后由财会部门实行统一核算，编制会计报表。例如，在工业企业的会计工作中，把与本企业内部各车间、部门业务有关的明细分类核算，在会计机构指导下分散在各有关车间、部门进行，如把直接费用和间接费用的计算、分配，分散在各车间进行，而把产品成本的计算，以及总分类核算、会计报表的编制和不宜分散进行的某些账户的明细分类核算等，集中在会计机构进行。实行非集中核算，可便于企业内部各有关部门及时地利用核算资料进行日常的考核和分析，但会相应地增加一些核算层次和手续。

会计机构组织形式的选择，取决于企业规模的大小、经济业务的繁简、会计人员业务素质的高低和管理水平的高低，还取决于经营管理的需要。如果该单位内部要实行内部经济核算制，需要实行分级管理，分级核算，就应实行非集中核算，这有利于各部门及时利用核算资料进行日常考核和分析，因地制宜地解决生产和经营管理上的问题。一般规模较大的企业可以采用非集中核算的组织形式，而规模较小的企业则采用集中核算的组织形式。

在非集中核算组织形式下，会计机构对单位内部各个非独立核算单位的核算工作，都应加强指导和监督。企业内部各有关部门的会计机构与单位会计机构共同组成一个完整的财务会计核算体系。

2. 设置会计机构

为了科学合理地组织开展会计工作，确保会计工作顺利进行和充分发挥作用，保证本单位正常的经济核算，各会计主体原则上都应设置会计机构。会计机构是否健全，各职能岗位之间是否协调，会直接影响到会计管理工作的质量。建立健全会计机构，是加强会计工作、保证会计管理工作顺利进行的重要条件。

《中华人民共和国会计法》规定："各单位应当根据会计业务的需要，设置会计机构，或者在有关机构中设置会计人员并指定会计主管人员；不具备设置条件的，应当委托经批准设立从事会计代理记账业务的中介机构代理记账。"这是对设置会计机构问题做出的规定，从中我们可以看出，在我国关于一个单位是否和如何设置会计机构，有这样几种情况。

① 设置会计机构应以会计业务需要为基本前提，各单位可以根据本单位的会计业务繁简情况自主决定是否设置会计机构。

一般而言，一个单位是否单独设置会计机构，与以下因素有关：单位规模的大小，经济业务和财务收支的繁简，经营管理的要求。从有效发挥会计职能作用的角度看，实行企业化管理的事业单位，大、中型企业（包括集团公司、股份有限公司、有限责任公司等），应当设置会计机构；业务较多的行政单位、社会团体和其他组织也应设置会计机构。在实际工作中，通常有两种情况，一是在一些规模不大的企业里，全部会计工作都集中在厂部进行。这时，只需要在厂部设置会计机构或配备专职会计人员。另一种是在一些规模较大的企业里，会计业务量大且比较复杂，全厂的会计工作不是集中在厂部进行，而是分别由厂部和车间（包括有关业务部门）分工负责的。在这种情况下，不仅厂部要设置会计机构，而且在各个车间（部门）中也要设置会计机构或配备专职会计人员。

② 不设置会计机构的单位，应当在有关机构中配备专职会计人员，并指定会计主管人员。也就是说，对那些规模小、财务收支数额不大、会计业务简单的企业及业务和人员都不多的行政单位等，可以不单独设置会计机构，而将其业务并入其他职能部门，设置会计人员并指定会计主管人员，以保证会计工作的正常进行。

③ 不具备设置会计机构和会计人员条件的，可以实行代理记账。

会计机构是一个综合性经济管理部门，它和单位内部其他各职能部门、各生产经营业务单位的工作有很密切的联系，相互促进，相互制约。因此，会计机构要主动为各职能部门、各业务单位服务，并依靠各职能部门和业务单位共同做好会计工作，完成会计任务。在实际工作中，由于会计工作和财务工作都是综合性管理工作，关系密切，因此可以将会计机构与财务机构合并起来设置财务会计机构。

会计机构要接受上级管理机构——国家财政、税务和审计等部门的指导与监督，并按规定向它们报送会计报表。

3. 会计机构岗位责任制

也称会计人员岗位责任制。为了科学地组织会计工作，会计机构内部必须有合理的分工与协作，并在明确分工的基础上建立会计工作岗位责任制。会计工作岗位，是在一个单位的会计机构内部，按照会计工作的内容和会计人员的配备情况，将会计工作进行具体、合理分工而设置的各个职能岗位。会计工作岗位责任制则是在此基础上，规定每个岗位的职责和权限，建立相应的责任制度，使每一项会计工作都有专人负责，每一个会计人员都有明确的职责。在会计机构内部设置会计工作岗位，建立岗位责任制，可以保证会计工作职责分明，纪律严明，有利于会计工作的程序化和规范化，提高工作效率和质量，强化会计管理职能，提高会计工作的作用；同时，也是配备数量适当的会计人员的客观依据之一。一个会计主体应当根据会计业务的繁简和各项业务之间的有机联系来设置会计工作岗位。

（1）设置会计工作岗位的原则

一个单位需要设置多少会计岗位，主要取决于单位的组织结构形式、业务工作量和经营规模等因素，不同单位有不同的要求，设置会计工作岗位可考虑以下基本原则：

① 以满足本单位会计业务需要为原则。由于各单位所属行业的性质、自身规模、业务内容和数量以及会计核算与管理的要求等不同，会计工作岗位的设置条件和要求也不同。在设置会计工作岗位时，必须结合本单位的实际情况，有的分设，有的合并，有的不设，以满足会计业务需要为原则。

② 符合内部牵制制度的要求。会计工作岗位可以一人一岗、一人多岗或一岗多人，但必须符合内部牵制制度的要求，出纳人员不得兼管稽核、会计档案保管和收入、费用、债权债务账目的登记工作。

③ 有利于会计人员全面熟悉业务，不断提高业务素质。会计人员的工作岗位应当有计划地进行轮换，可以激励会计人员不断进取，改进工作，也能在一定程度上有助于防止违法乱纪，保护会计人员。

④ 有利于建立岗位责任制。

（2）会计机构内部的岗位设置

会计机构负责人（或会计主管人员）、出纳、财产物资核算、工资核算、成本费用核算、财务成果核算、资金核算、往来结算、总账报表、稽核、档案管理等，开展会计电算化和管理会计的单位，可以根据需要设置相应的工作岗位，也可以与其他工作岗位相结合。

由于各企业的具体情况不同，以上各个会计工作岗位的工作量也是不一样的。会计机构在确定了内部岗位分工以后，还要注意相互配合，做到既有分工又有合作，使大家都能按照一定的工作秩序，同心协力地做好本职工作，更好地发挥会计工作的积极作用。

（3）会计人员岗位责任制度

这是单位内部会计人员管理的一项重要制度，其主要内容包括：

① 会计人员工作岗位的设置，各个会计工作岗位的职责和工作标准；

② 各会计工作岗位的人员和具体分工；

③ 会计工作岗位轮换办法；

④ 对各会计工作岗位的考核办法等。

4. 会计人员

会计人员是各单位在会计机构内部从事会计工作、处理会计业务、完成会计任务的人员，包括会计机构负责人及具体从事会计工作的会计师、会计员和出纳员等。设置总会计师的单位，总会计师也属于会计人员。

各企事业单位，都应根据实际需要配备一定数量的会计人员，这是做好会计管理工作的决定性因素。作为会计人员，必须具备相应的从业资格，会计人员的从业资格由国务院财政部门统一管理。不仅如此，各单位对于会计人员的职责和权限、专业职务、任免和奖惩等，都应严格遵循《会计法》和财政部有关会计人员管理法规的具体规定。

1）会计人员的任职要求

按照《会计法》和《会计基础工作规范》的规定，会计人员的任职要求应具备以下两个方面的条件。

① 取得会计从业资格证书。会计从业资格证书，是证明能够从事会计工作的合法的唯一凭证。凡从事会计工作的人员，都必须取得会计从业资格证书才能从事会计工作。

② 会计人员应当具备必要的专业知识和专业技能，熟悉国家有关法律、法规、规章和国家统一会计制度，遵守职业道德。

会计人员为了履行自己的职责，应具备的专业知识至少包括以下几方面。

● 财务会计知识。主要有会计及相关的经济法律、法规和规章等政策方面的知识，如《会计法》等；财务会计基本原理，如记账规则等；必要的现代财务会计管理知识，如会计电算化的应用等。

● 相关的经济管理知识。包括与会计密切而直接相关的经济管理学、部门经济学、现代经济管理方法等。

● 其他知识。会计人员还必须掌握其他一些知识，如会计人员要正确反映自己的意见，就必须具有一定的写作水平；在对外开放的形势下有涉外业务的企业要掌握一定的外语；等等。

2）会计机构负责人与会计主管人员

会计机构负责人与会计主管人员，是在一个单位内具体负责会计工作的中层领导人员。在单位领导人的领导下，会计机构负责人或会计主管人员负有组织、管理包括会计基础工作在内的所有会计工作的责任。其工作水平的高低、质量的好坏，直接关系到整个单位会计工作的水平和质量。

《会计基础工作规范》规定："设置会计机构，应当配备会计机构负责人；在有关机构中配备专职会计人员，应当在专职会计人员中指定会计主管人员。"《规范》还对会计机构负责人与会计主管人员任职的基本条件做了规定，主要内容如下。

① 政治素质要求，即能遵纪守法，坚持原则，廉洁奉公，具备良好的职业道德。

② 专业技术资格条件，即要求会计机构负责人与会计主管人员应当具有会计专业技术资格，如何考核和确认会计人员的专业知识和业务技能，主要是通过设置会计专业职务和会计专业技术资格考试来进行的。会计专业职务目前分为高级会计师、会计师、助理会计师、会计员。高级会计师是高级职务，会计师为中级职务，助理会计师和会计员为初级职务。

③ 工作经历要求。会计工作专业性强、技术性强，要求作为会计机构负责人与会计主管人员，须具有一定的实践经验。《会计法》要求"具备从事会计工作三年以上经历"，《会计基础工作规范》要求"主管一个单位或单位内一个重要方面的财务会计工作时间不少于两年"。

④ 政策业务水平。即应当熟悉国家财经法律、法规、规章制度，掌握财务会计理论及本行业业务的管理知识。

⑤ 组织能力。作为会计机构负责人或会计主管人员，不仅要求自己是会计工作的行家里手，更重要的是要领导和组织好本单位的会计工作，因此要求其必须具备较强的领导才能和组织能力，包括协调能力、综合分析能力等。

⑥ 身体条件。会计工作劳动强度大、技术难度高，作为会计机构负责人与会计主管人员，必须有较好的身体状况，以适应和胜任本职工作。

3）总会计师

（1）我国总会计师制度的建立

早在新中国成立初期，我国借鉴原苏联的经验，在一些大、中型国有企业实行总会计师制度，1985年颁布实施的《会计法》，首次以法律的形式明确了设置总会计师的要求，充分肯定了总会计师制度。《会计基础工作规范》、《总会计师条例》对总会计师问题都作出了规定，1999年新修订的《会计法》对设置总会计师的范围又有了新的规定。

（2）总会计师的设置范围

《会计法》规定："国有的和国有资产占控股地位或者主导地位的大、中型企业必须设置总会计师。"《会计法》不限制其他单位根据需要设置总会计师。所以，其他单位可以根据业务需要，视情况自行决定是否设置总会计师。

（3）总会计师的地位

总会计师不是一种专业技术职务，也不是会计机构的负责人或会计主管人员，而是一种行政职务。总会计师与厂长、总工程师、总经济师同是单位行政领导成员，合称"一厂三总师"。

总会计师在单位负责人领导下，协助单位负责人工作，直接对单位负责人负责。总会计师作为单位财务会计工作的主要负责人，全面负责本单位的财务会计管理和经济核算，参与本单位的重大经营决策活动，是单位负责人的参谋和助手。总会计师依法行使职权。凡是设置总会计师的单位，在单位行政领导成员中，不再设置与总会计师职责重叠的行政副职。

（4）总会计师的职责

根据《总会计师条例》的规定，总会计师的职责主要包括两个方面：一是由总会计师负责组织的工作。包括组织编制和执行预算、财务收支计划、信贷计划，拟订资金筹措和使用方案，开辟财源，有效地使用资金；建立、健全经济核算制度，强化成本管理，进行经济活动分析，精打细算，提高经济效益；负责本单位财务会计机构的设置和会计人员的配备，组织对会计人员进行业务培训和考核；支持会计人员依法行使职权等。二是由总会计师协助、参与的工作。主要有：协助单位主要行政领导人对本单位的生产经营和业务发展以及基本建设投资等问题作出决策；参与新产品开发、技术改造、科学研究、商品（劳务）价格和工资奖金方案的制订；参与重大经济合同和经济协议的研究、审查。

（5）总会计师的权限

根据《总会计师条例》的规定，总会计师有以下权限：一是对违法违纪问题的制止和纠正权。即对违反国家财经法律、法规、方针、政策、制度和有可能在经济上造成损失、浪费的行为，有权制止或纠正；制止或者纠正无效时，提请单位主要行政领导人处理。二是建立、健全单位经济核算的组织指挥权。三是对单位财务收支具有审批签署权。四是有对本单位会计人员的管理权，包括本单位会计机构设置、会计人员配备、继续教育、考核、奖惩等。

《总会计师条例》还对总会计师的任职资格、任免程序等问题作出了规定。

4）会计机构和会计人员的职责与权限

为了充分发挥会计的职能作用，必须明确会计机构和会计人员的职责，赋予其相应的、必要的工作权限。职责与权限密切联系，不可分割。没有工作职责，就不可能有工作权限；没有工作权限，就不可能履行工作职责，就无法充分发挥会计机构和会计人员的作用，完成会计工作的各项任务。

（1）会计机构和会计人员的职责

① 依法进行会计核算：按照会计法规、规章、制度的规定，认真办理会计核算业务，及时、准确、完整地记录、计算、反映财务收支和经济活动情况，为会计信息使用者提供合法、真实、准确、完整的会计信息。

② 依法实行会计监督：通过会计工作，对财务收支和本单位经济活动的合法性、合理性、有效性及会计资料的完整性、真实性以及内部预算执行情况进行监督。

③ 拟定本单位办理会计事务的具体办法：根据国家会计法律、法规、规章、制度和本单位的具体情况，制定本单位会计工作所必须遵守的具体要求及对经济事务的具体处理规定和办理会计事务的制度、办法。

④ 参与拟订经济计划、业务计划，考核、分析预算、财务计划的执行情况：财务会计部门积极参与制订经济计划、业务计划、成本、费用计划等，通过掌握的会计信息和会计特

有的方法，比较分析各项计划的合理性和效益性，并通过考核、分析，查明完成或未完成计划、预算的原因，发现问题，揭露矛盾，提出建议和措施，不断提高经营管理水平和经济效益。

⑤ 办理其他会计事项。

（2）会计机构和会计人员的权限

会计机构和会计人员的权限主要是《会计法》赋予的监督职权，即会计人员有权依法对本单位的经济活动实行会计监督。会计监督既是会计人员的工作职责，又是会计人员的工作权限。按照《会计法》的规定，会计机构和会计人员的权限主要有以下几方面。

① 会计机构、会计人员有权拒绝办理或纠正违法会计事项。

由于会计机构、会计人员熟悉会计业务及相关法规、制度，对会计事项是否合法的界限比较清楚，由会计机构、会计人员在处理会计业务过程中严格把关、实行监督，可以有效防范违法会计行为的发生。这里的"有权"和"按照职权"，应当理解为该"职权"是《会计法》、国家统一的会计制度和单位内部规章赋予的，如果会计机构、会计人员不行使或不认真行使这一职权，其他人员阻挠会计机构、会计人员行使这一职权，都是违法或违规行为，单位负责人应当加以制止和纠正，有关管理部门也有权加以干预。

② 会计机构、会计人员有权监督会计资料和财产物资。

账实、账款、账账与账表相符，是会计工作的基本要求，也是加强物资管理的重要措施。但在实际工作中，账实不符、账款不符的问题经常发生，造成会计工作混乱和会计资料失真，除内部财产物资管理制度不健全等原因外，与单位负责人和会计人员不重视对财产物资的监督或者故意在这方面造成混乱以牟取非法利益有很大关系。因此，《会计法》强调，会计机构、会计人员应从其业务特点出发，加强对本单位财产物资的监督和管理。

第一，各单位要建立账簿、款项和实物核查制度，保证账账相符、账款相符、账实相符、账表相符。通过建立健全制度，使会计机构、会计人员对本单位各项财物、款项的增减变动和结存情况及时进行记录、计算、反映、核对等。一方面，要做到账簿上所反映的有关财物、款项的结存数同它们的实存数完全一致，即账实相符、账款相符；另一方面，要通过账簿记录和记账凭证、原始凭证的核对，保证账账相符。在检查核对过程中，发现账实不符时，会计机构、会计人员应先将查明属实的财产盈亏数做出会计记录，在账簿上据实反映，然后根据差异发生的原因和责任以及经过批准的处理办法，将处理结果登记入账。

第二，会计人员对账实不符的情况要及时做出处理。发生账实不符的现象是常见的，但造成账实不符的原因是多方面的，有的是由于工作上的差错，有的是由于生产技术上或经济管理上存在问题，有的来自自然界的影响，有的则是不法分子徇私舞弊引起的。对于账实不符问题，会计机构、会计人员要及时查明原因，提出处理意见。根据国家统一的会计制度规定，有些问题是会计人员可以直接处理的，如一些合理的物资损耗等，只要在规定的损耗标准和范围内，会计人员可以按照规定及时做出处理；对于超出国家统一的会计制度规定的职权范围，会计机构、会计人员无权自行处理的账实不符等情况，会计机构、会计人员应当及时报请单位负责人做出处理。如因管理不善，发生大量盘盈盘亏，或库存物资大量被盗、霉烂变质等，会计人员无权对这些问题做出处理，应当立即向单位负责人报告，请求查明原因，及时做出处理，以保证会计资料的真实、完整以及单位财产的安全。

5. 会计人员回避制度

回避制度是指为了保证执法或执业的公正性，对由于某种原因可能影响其公正执法或执业的人员实行任职回避和业务回避的一种制度。

《会计基础工作规范》规定："国家机关、国有企业、事业单位任用会计人员应当实行回避制度。单位领导人的直系亲属不得担任本单位的会计机构负责人、会计主管人员。会计机构负责人、会计主管人员的直系亲属不得在本单位会计机构中担任出纳工作。"由于会计人员回避制度在防范上的积极作用，其他单位应当有必要对会计人员实行必要的回避。

6. 会计人员职业道德

职业道德是就职人员的职业品质、工作作风和工作纪律的统一。会计人员职业道德，是会计人员从事会计工作应当遵循的道德规范。会计人员在会计工作中应当遵守职业道德，树立良好的职业品质、严谨的工作作风，严守工作纪律，努力提高工作效率和工作质量。根据《会计基础工作规范》的规定，会计人员职业道德包括 6 个方面的内容。

① 敬业爱岗：热爱本职工作是做好一切工作的前提。会计人员只有热爱本职工作，才会勤奋、努力钻研业务技术，从而适应会计工作的需要，做好本职工作。

② 熟悉法规：现代市场经济从一定意义上讲就是法制经济。会计工作不仅仅是单纯的记账、算账和报账工作，经常会在工作时涉及执法守规问题。因此，会计人员应当熟悉财经法规和会计制度，通过认真学习，不仅做到知法依法，有章可循，严把关口，不谋私利，同时还要积极主动宣传会计法规，使有关人员了解、掌握有关规定，从而更好地理解和支持会计工作，防止不轨行为发生。

③ 依法办事：依法办事是做好会计工作的保障。会计人员应当按照会计法律、法规、规章规定的程序和要求进行会计工作，保证所提供的会计信息合法、真实、准确、及时、完整。会计人员要树立自己的职业形象和人格尊严，敢于同违法乱纪行为作斗争。

④ 客观公正：会计人员在办理会计事务中，应当实事求是、客观公正。这是一种工作态度，更是会计人员应当追求的一种境界。会计人员的位置比较特殊，承担着处理各种利益关系的重任，因此，要做好会计工作，不仅需要熟练的专业知识和过硬的专业技能，更需要会计人员具有实事求是的精神和客观公正的态度。

⑤ 搞好服务：会计工作的特点，决定了会计人员应熟悉本单位的生产经营和业务管理情况，运用所掌握的会计信息和会计方法，为改善内部管理，提高经济效益服务。同时，会计人员也应端正工作态度，不刁难任何服务对象，避免"吃拿卡要"现象的发生，热心搞好服务。

⑥ 保守秘密：由于会计人员所处的特殊位置，有机会了解到单位的各种重要机密。会计人员应当保守本单位的商业秘密，除法律规定和单位领导同意外，不得私自向外界提供或

泄露单位的会计信息。

财政部门、业务主管部门和各单位应当定期检查会计人员遵守职业道德的情况，并作为会计人员晋升、晋级、聘任专业职务、表彰奖励的重要考核依据；会计人员违反职业道德的，由所在单位进行处罚；情节严重的，吊销其会计从业资格证书。

12.3 会计档案与会计工作交接

1. 会计档案及其管理

档案是具有法律效力，可供日后查阅参考的书面文件。会计档案是我国档案体系的重要组成部分，是各单位的重要档案之一。会计档案是指会计凭证、会计账簿和财务报告以及其他会计资料等会计核算的专业材料，它是记录和反映经济业务的重要史料和证据，是总结经验，进行决策所需利用的重要资料，也是进行会计财务检查、审计检查的重要资料。建立会计档案可以防止资料散失，有利于会计资料的保存和查阅，对于总结、分析过去的工作，研究经济活动发展规律，制定经济发展规划都具有重要意义。因此，各单位必须加强对会计档案管理的领导，建立和健全会计档案的立卷、归档、保管、调阅和销毁等管理制度，会计部门必须认真做好会计档案的管理工作，切实把会计档案管好。各单位都应按照国家相关规范的规定和要求，对会计档案进行管理。目前这方面的规范有 1998 年财政部和国家档案局发布的《会计档案管理办法》。

（1）会计档案的范围

会计档案的范围一般指会计凭证、会计账簿、财务报告以及其他会计核算资料等 4 个部分。

① 会计凭证类：包括原始凭证，记账凭证，汇总凭证以及其他会计凭证。

② 会计账簿类：包括总账，明细账，日记账，固定资产卡片，辅助账簿以及其他会计账簿。

③ 财务报告类：包括月、季、年度财务报告，还包括会计报表、附表、附注及文字说明，其他财务报告。

④ 其他类：包括银行存款余额调节表，银行对账单，会计档案移交清册、会计档案保管清册、会计档案销毁清册和其他应当保存的会计核算专业资料。

（2）会计档案的管理

会计档案是重要的经济档案材料，为保证其安全完整，必须妥善保管。

① 会计档案的归档：各单位每年形成的会计档案，应当由会计机构按照归档的要求，负责整理立卷，装订成册，并编制会计档案保管清册。当年形成的会计档案，在会计年度终了后，可暂由会计机构保管一年，期满后由会计机构编造清册，移交本单位档案机构统一保管。单位未设立档案机构的，应当在会计机构内部指定专人保管，出纳人员不得兼管会计档案。

财务会计部门和经办人员必须按期将应当归档的会计档案,全部移交档案部门,不得自行封包保存。档案部门必须按期点收,不得推诿拒绝。

档案部门接收保管的会计档案,原则上应当保持原卷册的封装,个别需拆封重新整理的,应当会同会计机构和经办人员共同拆封整理,以分清责任。

② 会计档案的使用及借阅:各单位保存的会计档案不得借出。如有特殊需要,经本单位负责人批准,可以提供查阅或复制,并办理登记手续。查阅或复制会计档案的人员,严禁在会计档案上涂画、拆封和抽换。

各单位应当建立健全会计档案查阅、复制登记制度。

撤销、合并单位和建设单位完工后的会计档案,应随同单位的全部档案一并移交给指定的单位,并按规定办理交接手续。

③ 会计档案的保管期限:会计档案的保管期限分为永久、定期两类。定期保管期限分为 3 年、5 年、10 年、15 年和 25 年 5 类,保管期限从会计年度终了后的第一天算起。各类档案具体保管期限见表 12 - 1。

表 12 - 1　企业和其他组织会计档案保管期限表

序号	档案名称	保管期限	备　注
一	会计凭证类		
1	原始凭证	15 年	
2	记账凭证	15 年	
3	汇总凭证	15 年	
二	会计账簿类		
4	总账	15 年	包括日记总账
5	明细账	15 年	
6	日记账	15 年	现金和银行存款日记账保管 25 年
7	固定资产卡片		固定资产报废清理后保管 5 年
8	辅助账簿	15 年	
三	财务报告类		包括各级主管部门汇总财务报告
9	月、季度财务报告	3 年	包括文字分析
10	××年度财务报告(决算)	永久	包括文字分析
四	其他类		
11	会计移交清册	15 年	
12	会计档案保管清册	永久	
13	会计档案销毁清册	永久	
14	银行余额调节表	5 年	
15	银行对账单	5 年	

④ 会计档案的销毁：对于定期保管的会计档案，保管期满后，如符合可以销毁条件的，应当按照规定程序报经批准后，按规定程序进行销毁。各单位销毁会计档案时，应由档案部门和财务会计部门共同派人员监销。各级主管部门销毁会计档案时，还应有同级财政部门、审计部门派人员参加监销。

2. 会计工作交接

会计工作交接，是指会计人员调动工作或者离职时与接管人员办清交接手续的制度。这是会计工作中的一项重要制度。办理好会计工作交接，有利于分清移交人员和接管人员的责任，防止账目不清、财务混乱和责任不明。可使会计工作前后衔接，保证会计工作顺利进行。

1）交接前的准备工作

会计人员工作调动或者因故离职，必须将本人所经管的会计工作全部移交接替人员。没有办清交接手续的不得调动或离职。会计人员办理移交必须做好以下准备工作。

① 已经受理的经济业务尚未填制会计凭证的应当填制完毕。

② 尚未登记账目应当登记完毕，结出余额，并在最后一笔余额后加盖经办人员印章。

③ 整理应该移交的各项资料，对未了事项和遗留问题要写出书面说明材料。

④ 编制移交清册，列明移交凭证、账簿、会计报表、公章、现金、有价证券、支票簿、发票、文件、其他会计资料和物品等内容；实行会计电算化的单位，从事该项工作的移交人员应在移交清册上列明会计软件及密码、会计软件数据盘、磁带等内容。

⑤ 会计机构负责人、会计主管人员移交时，应将财务会计工作、重大财务收支问题和会计人员的情况等向接替人员介绍清楚。

2）交接的基本程序

（1）移交点收

移交人员离职前必须将本人经管的会计工作，在规定的期限内，全部向接替人员移交清楚。接替人员应认真按照移交清册逐项点收。具体要求如下。

① 现金要根据会计账簿记录余额进行当面点交，不得短缺，接替人员发现不一致或"白条顶库"现象时，移交人员在规定期限内负责查清处理。

② 有价证券的数量要与会计账簿记录一致，有价证券面额与发行价不一致时，按照会计账簿余额交接。

③ 会计凭证、账簿、报表和其他会计资料必须完整无缺，不得遗漏。如有短缺，必须查明原因，并在移交清册上注明，由移交人负责。

④ 银行存款账户余额要与银行对账单核对一致，如有未达账项，应编制银行存款余额调节表调节相符；各种财产物资和债权债务的明细账户余额要与总账有关账户余额核对相符；对重要实物要实地盘点，对余额较大的往来账户要与往来单位、个人核对。

⑤ 公章、收据、空白支票、发票、科目印章以及其他物品等必须交接清楚。

⑥ 实行会计电算化的单位，交接双方应在电子计算机上对有关数据进行实际操作，确

认有关数字正确无误后，方可交接。

（2）专人监督

会计人员在办理交接手续时，必须有人监交，以起督促、公正作用。具体要求是：

① 一般会计人员办理交接手续，由单位的会计机构负责人、会计主管人员负责监交；

② 会计机构负责人、会计主管人员办理交接手续，由单位领导人负责监交。特殊情况时，由上级主管部门派人会同监交。

（3）交接后的有关事宜

① 会计工作交接完毕后，交接双方和监交人要在移交清册上签名盖章，并在移交清册上注明：单位名称，交接日期，交接双方和监交人的职务、姓名，移交清册页数及需要说明的问题和意见等。

② 接管人员应继续使用移交前的账簿，不得擅自另立账簿，以保证会计记录前后衔接，内容完整。

③ 移交清册填制一式三份，交接双方各持一份，存档一份。

（4）移交后的责任

"移交人员对移交的会计凭证、会计账簿、会计报表和其他会计资料的合法性、真实性承担法律责任。"这是对会计工作交接后，交接双方责任的具体确定。移交人员所移交的会计资料是在其经办会计工作期间内所发生的，应当对这些会计资料的合法性、真实性负责，即便接替人员在交接时因疏忽没有发现所接会计资料在合法性、真实性方面的问题，如事后发现，仍应由原移交人员负责，原移交人不应以会计资料已移交而推脱责任。

■ 案例及思考

良明公司的总账及报表会计因个人原因提出辞职，公司未能及时找到合适的人选接替工作，便让公司出纳先暂时接管，由于公司经理较忙，一直未能另行安排其他人接管总账和报表工作，半年后，出纳员卷款潜逃，公司经清点发现出纳员私吞公款一百多万元。

思考：本案例中的公司为什么会损失一百多万元？在会计工作岗位的安排上有何失误？

会计电算化概述

【内容提要】 了解国内外会计电算化的发展状况及计算机基本知识；理解会计电算化的意义和会计软件的基本功能及内容；掌握会计电算化对传统会计的影响和计算机在会计中的应用。

13.1　会计电算化的意义及其发展

1. 会计电算化的意义

会计电算化是会计工作中应用电子计算机技术的简称，它融系统工程学、电子计算机技术等学科与会计理论和方法为一体，运用最新科技成果，以现代化及机器工作取代传统手工操作，实现了会计工作方式的变革和人的解放，是会计发展史上的一场重大革命。

会计电算化使传统会计信息处理技术发生了重大变革，对会计工作的各个方面具有重要的意义。

① 可以加强经济管理，提供准确、及时的会计数据资料。计算机具有运算速度快、精确度高的特点，保证会计数据处理的及时性和准确性；计算机还具有逻辑判断的能力，能代替人脑的部分思维，进行逻辑运算和推理判断。因而，它能执行各种要求的复杂程序，对数据进行分析、比较、选择、归类、排列及最佳方案的选择等，有利于促进管理现代化和加强经营管理。

② 可以减轻劳动强度，提高工作效率。实现会计电算化以后，大量的数据计算和处理工作都由计算机完成，财会人员可以从繁杂、单调的事务中解脱出来，既减轻了劳动强度，又提高了工作效率。

③ 可以更好地提高会计人员的作用。应用计算机处理会计数据，可以大大提高会计工作的效率，使会计人员从记账、编表等抄写和计算的繁重的手工劳动中解放出来，走出办公室，深入生产第一线，把主要精力用于加强会计分析和会计监督，参与经营决策，加强经营管理工作。

④ 为整个管理工作现代化奠定了基础。会计信息大约占企业管理信息的 60% ～ 70%，它提供的指标综合性较强。会计工作实现了现代化，就为企业管理手段现代化奠定了重要基础，它可以带动甚至加速企业现代化的实现。行业、地区实现会计电算化以后，大量经济信

息资源可以得到共享。通过计算机网络可以迅速了解到各种经济技术指标，极大地提高经济信息的利用效率。

⑤ 促进会计工作本身的不断发展。会计电算化不仅仅是会计核算手段的变革，还必将对会计核算的方式、内容、方法、会计核算资料的保存，以及会计理论等方面产生极大的影响，使其进入更高的发展阶段。

2. 会计电算化的发展

（1）国外会计电算化的发展

会计电算化是在 20 世纪 50 年代第二代电子计算机时期开始的，但是，由于当时计算机价格昂贵、程序设计复杂，计算机专业人员缺少，限制了计算机的应用范围。随着计算机技术的发展，其生产规模和软件工具的不断改进，会计电算化得到了进一步的发展。20 世纪 70 年代以后，计算机硬件的性能进一步得到改进，特别是微型机的出现，计算机网络技术的发展，给会计电算化开辟了广阔的天地，呈现出普及化的趋势。

会计电算化普及和发展的重要标志是会计软件产业的发展。美国商品化会计软件的应用非常普及，根据有关专家估计，有三四百种会计软件在市场上流通。日本会计电算化的起步比较晚，但发展比较快，在会计电算化的初期首先采取了从美国引进会计软件的办法，在吸收美国经验的基础上，日本的商品化会计软件形成了自己的风格。

会计信息的处理关系到各方面的经济利益，随着会计电算化的不断发展，世界各国对会计电算化的管理逐步重视起来。关于会计电算化的标准、指南等准则不断出台并完善。

（2）我国会计电算化的发展

在我国，会计电算化的发展，大体经历了 3 个阶段。

① 缓慢发展阶段。这一阶段是从 1957 年我国第一台电子计算机诞生到 1983 年。由于会计电算化的专业人才奇缺，设备缺乏，也没有得到各级领导对会计电算化的重视，这一阶段我国会计电算化主要还是进行理论研究和试验准备工作。

② 自发发展阶段。这一阶段是从 1983 年国务院成立电子振兴领导小组到 1987 年。从 1983 年下半年起，在全国掀起了一个应用计算机的热潮，特别是微型计算机在国民经济的各个部门都开始得到广泛应用。据财政部对三万多家企业的调查，截至 1988 年 5 月，已有约 14% 的单位开展了会计电算化的工作。但是，由于应用计算机的经验不足，理论准备与人员培训不够，跟不上客观形势发展的需要。在会计电算化的过程中，因为组织管理工作的落后，造成了许多盲目的低水平重复开发，浪费了许多人力、物力和财力。在这一阶段，会计软件的开发项目多是没有经过认真调查研究就匆匆上马，开展会计电算化的单位之间缺乏必要的交流，会计软件的开发多为专用定点开发，通用会计软件开发的研究不够，会计软件的规范化、标准化程度低，商品化受到限制。

③ 稳步发展阶段。这一阶段是从 1987 年以后开始的。经过几年的会计电算化摸索，初步走上了正轨，开始有组织、有计划地稳步发展。涌现了一批会计电算化的先进单位，这些单位都开发了一些质量较高的专用会计软件，在本单位的会计工作中发挥了重要作用。会计

软件的开发向通用化、规范化和专业化方向发展。随着社会主义市场经济的发展，"核算型"的会计软件已无法满足企业管理的需求。目前，企业使用的各种"管理型"软件已初具规模，而具有决策支持功能的"决策型"软件将是以后研究的方向。各级财政部门和业务主管部门加强了对会计电算化的管理，许多地区和部门制定了相应的发展规划、管理制度和会计软件开发标准。在这一阶段，会计电算化的理论研究开始取得成果，有关学术会议相继展开，有关学术论文不断的发表。所有这些都标志着我国会计电算化事业进入了稳步发展的阶段。

3. 会计电算化对会计工作的影响

计算机应用于会计工作以后，给会计工作的许多方面带来了很大的变化。对会计工作的影响主要表现在以下几个方面。

（1）对会计工作组织和结构的影响

传统的会计工作组织的内部一般分为材料核算组、固定资产核算组、工资核算组、货币资金核算组、成本核算组和决算组等若干类，以达到分类核算的目的。在实行会计电算化以后，由于计算机处理信息具有综合性的特点，使原有的会计工作组织发生变化，即上述会计核算组不复存在，代之以一些新的工作单元，如编码组、系统开发组、操作组等。

（2）对会计核算形式的影响

传统会计下的会计核算形式有记账凭证、科目汇总表核算形式和汇总记账凭证核算形式。各种核算形式下登记总账的依据不同。实行会计电算化以后，可以以记账凭证为依据，同时更新总账文件和明细账文件，进而生成会计报表。

（3）对会计信息存储介质和存取方式的影响

传统的会计信息是以纸为存储介质，可见性强，读取方便。实行会计电算化以后，会计信息多数是以代码存储在计算机的存储器上，肉眼看不到，不易直接读懂。需要取用会计信息时，必须通过操作计算机才能转换为易懂的文字显示出来。

（4）对内部控制系统的影响

实行会计电算化以后，数据的处理集中由计算机自动地完成，改变了账务处理程序，摆脱了会计人员的直接干涉，从而使许多原有内部控制职能丧失，传统账务处理下总账和各种明细账分别处理、互相制约的勾稽核对关系消失。在这种情况下，需要根据变革后出现的情况和提出的问题，重新制定会计电算化的内部控制系统。例如，计算机操作的控制制度、应用和修改的控制制度。

在实行会计电算化后，会计数据处理结果是否真实可靠，不仅取决财会人员的业务水平和工作态度等因素，而且还取决于数据处理过程所使用的计算机的硬件、软件系统、应用软件是否准确可靠，操作运行、处理流程是否符合要求等因素。这些方面的内容复杂，技术性高，可借以进行舞弊的技巧和途径比较多，工作中不易防止和检查。

实行会计电算化以后，避免了手工操作方式下的分工过细、处理环节过多、防范措施复杂的弊端。但同时也带来了灵活性差、容易出现系统性错误等缺陷。

总而言之，会计电算化比手工处理更快地提供有价值的信息数据，提高了数据的及时性与准确性，扩展了会计数据产生及应用的领域，使数学方法在财会工作中得到越来越广泛的应用，为充分发挥会计人员的职能作用创造了有利条件。

13.2　会计电算化基础

计算机是目前采用的效能最高的数据处理工具。它由软件和硬件两部分组成。

1. 硬件

硬件，指组成计算机系统中的一切机械的、磁性的、电子的实体或部件。主要由输入设备、中央处理器、输出设备和外存储器 4 部分组成，如图 13 - 1 所示。

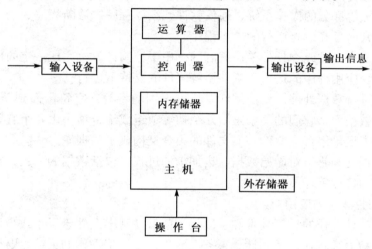

图 13 - 1　计算机的硬件组成

（1）输入设备

它可以用来把原始数据（原始凭证所记载的经济事项）和计算程序（命令计算机进行操作的指令）转化成计算机可以接受的信息，输入主机的内存储器中。输入方式有两种：一种是键盘方式，即在键盘上有各种数码和字符等键。人们通过它们把原始数据和计算及处理程序输入。另一种是纸带、卡片等介质输入，即将数码或字符以代码形式先记录在纸带或其他介质上，通过输入设备，把介质上的信息转化为电信号送入计算机。

（2）中央处理器

中央处理器通称为计算机的主机部分。它包括内存储器、运算器和控制器。内存储器是存储由控制器和运算器所使用的程序和数据的设备；控制器是控制计算机系统运行的设备，它可用以指挥内存储器进行存储，或在业务处理的程序中依次取出指令来理解阅读，并在内存储器、运算器和输入输出装置之间指示数据的传输；运算器是进行实际运算和判断处理的装置。

（3）输出设备

它运用输出设备，如打印机、绘图仪等，把运算的结果用文字或图表等的形式打印在纸上并输送出来，以满足经营管理的需要。

（4）外存储器

外存储器可用来保存程序，保存大量的数据，及时记录中间结果，以及保存处理结果等，如磁带、磁盘、磁鼓等。

2. 软件

软件指在计算机系统中，为了便于计算机系统的使用，或提高计算机系统的效率，或扩展硬件功能，由人设计制作的，为用户共同使用的一组程序。它是管理、操纵和应用计算机所需各项程序的总称，分为系统软件和应用软件。

系统软件是随机部分的操作系统、通信软件、编译程序、诊断程序、翻译程序等，它是使计算机能够正常而且高效能运行的一组程序。

应用软件是用户自己或委托外单位编制的，用于控制计算机完成一定的任务、达到一定目的的应用程序。应用程序的运行必须在系统软件的支持下进行。

采用计算机进行数据处理，要使用计算机可识别的字符，字符由简到繁，包括初等项、组合项、文件和数据库，它们的关系是由几个初等项组成组合项，由几个有关组合项组成记录，由几个或一类记录组合成文件，而文件的集合又构成了数据库。

计算机的数据处理是指对原始数据收集加工的过程，包括数据的采集、数据的加工、数据的存储、数据的传输等环节。

3. 计算机在会计中的应用

长期以来，会计工作的核算技术和手段较为落后，基本上处于手工或半手工状态，广大财会人员的主要精力都花在抄写和计算事务上面。由于手工操作的束缚，财会部门提供的信息资料的完整性、即时性和准确性等方面，都不能满足科学管理的需要。因此，改变我国会计工作的落后面貌，用现代化的计算机数据处理手段代替手工操作方法，把计算机应用到财会工作中来，是经济形势发展变化提出的新要求。

计算机在会计工作中的应用，为会计工作开拓了一个新的领域，虽然不会改变会计的理论和原则，但将会使会计工作本身发生一些新的变化。

（1）核算程序

在手工操作的条件下，核算程序为：

$$原始凭证 \longrightarrow 记账凭证 \longrightarrow 明细分类账 \longrightarrow 总分类账 \longrightarrow 会计报表$$

在计算机处理的条件下，核算程序为：

$$原始凭证 \longrightarrow 输入媒体 \longrightarrow 业务文件 \longrightarrow 分录文件 \longrightarrow 会计报表$$

（2）会计科目

应用计算机后，根据计算机运算速度快的特点，会计科目可以按照管理的需要划分得再细一些，以提供较为详细的指标。由于计算机只能根据人们预先规定的指令进行预算，不能灵活处理问题，所以在设计会计科目时，还必须把企业的全部经济活动都能在预先规定好的科目内反映。为节省计算机的存储容量，可以用会计科目编号（即代码）代替科目名称。企业管理的各种信息，如产品名称号、零部件号、材料名称号、供应单位号、各种原始凭证号、企业内各单位和各有关人员号、会计科目号、费用项目号等，都要由企业实行系列编码，予以标准化设计。

（3）会计凭证、会计账簿和会计报表

① 原始凭证经过标准化、规格化整顿以后，可以直接输入计算机，代替记账凭证的功能。

② 总分类账、明细分类账、日记账的记录已纳入计算机的各种存储设备（磁带或磁盘），根据输入数据随时更新，并按照需要定期输出各种报表。

③ 需要定期出具的各类财务报表，可以根据计算机建立的平衡表科目文件直接汇总，定期进行编制，也可以随时进行编制。

（4）会计检查和审计工作

随着传统工作方法的改变，会计检查需要按照数据处理的流程，在输入、运算、输出等几个环节上合理分工，明确责权，建立严格的责任制度和检查制度。会计人员要对输入凭证和输出报表的正确性和真实性进行审查；负责计算机技术的部门要建立输入、输出信息的交接检查制度和运算中的数据正确性的校验制度，应对运算的正确性负责。随着计算机应用工作的开展，还需要建立对程序正确性的检查方法和审计程序。

13.3 会计软件

1. 会计软件的基本含义

实行会计电算化的基本前提，就是会计软件的应用。会计软件是一种专门用于会计工作的计算机软件，它是实行会计电算化的前提条件，我们不能在脱离会计软件的条件下谈会计电算化的问题。会计软件通过对人工输入的会计凭证进行处理，自动生成会计账簿、会计报表以及其他相关会计资料，从而实现会计处理的自动化。在此基础上，会计软件还可以代替人工，实现部分会计数据的分析。

会计软件的开发过程主要分为总体设计和编写程序这两个阶段。总体设计是指确定会计软件的各种功能，确定输入和输出的内容，并将内容以书面报告的形式确定下来，准确、全面地反映会计软件总体思路的各个功能模块的设计方案。编写程序是根据总体设计的要求，采用某种计算机语言或数据库编写出可以在计算机上顺利运行的程序。

2. 会计软件的功能

会计软件的功能是指会计软件完成会计工作的方式和能力。会计软件一般的功能包括：

填制会计凭证、登记会计账簿、成本计算、编制会计报表和其他辅助功能。

对于填制会计凭证，不同会计软件的功能有所区别。有的会计软件要求会计人员将审核过的原始凭证编制好记账凭证后，再由操作员输入计算机；有的会计软件要求会计人员根据原始凭证在计算机上直接编制记账凭证；有的会计软件要求会计人员在计算机上直接输入原始凭证，由计算机直接生成记账凭证。

对于登记会计账簿，一般分为两个步骤，即先由计算机自动登记机内账簿，然后再把机内账簿打印出来。登记过程与手工记账过程基本一致。

对于成本计算，是在计算机登记账簿的基础上，以账簿记录为依据，计算生产经营过程中采购、生产、销售各个环节的实际成本，以提供成本管理和成本控制的资料。

对于编制会计报表，是在登记账簿、成本计算的基础上由计算机自动生成的。会计软件应具备汇总、勾稽核对功能。它生成的会计报表在本期数、上期数之间，资产负债表、损益表、利润分配表、现金流量表之间，报表的各个项目之间都应该符合会计核算原则的要求。

3. 会计软件的主要内容

对于工业企业适用的会计软件，近几年逐渐形成了较为固定的模式，它主要包括：账务处理、工资核算、固定资产核算、材料核算、成本核算、销售核算、存货核算、往来款项核算、会计报表的编制等模块。

应该指出，不同的会计软件，上述各个模块所包含的具体内容有所不同。但是，不论什么样的会计软件都应该包括凭证处理、凭证输入、运算、汇总、增加、删除、修改、查询、检查、稽核、打印等基本内容，以满足会计电算化的总体要求。

■ 案例及思考

1. 随着信息技术的快速发展，一种以电子计算机为主的当代电子技术和信息技术已应用到会计实务中，会计电算化已经得到了广泛普及。问：我国会计电算化的发展趋势如何？会计电算化的意义是什么？

2. 会计电算化系统与手工会计系统的区别和共同点是什么？

参 考 文 献

[1] 杜兴强. 会计学原理. 北京：高等教育出版社，2007.

[2] 吴水彭. 会计学原理. 2 版. 沈阳：辽宁人民出版社，2007.

[3] 毛志忠，刘天明. 基础会计学. 长春：吉林大学出版社，2009.

[4] 李岚，邓小龙. 会计学基础. 湘潭：湘潭大学出版社，2009.

[5] 王允平，孙丽虹. 会计学基础. 5 版. 北京：经济科学出版社，2010.

[6] 杨继秀，黄勇，粟德琼. 基础会计. 北京：北京理工大学出版社，2010.

[7] 安索尼. 会计学：教程与案例. 北京：北京大学出版社，2000.

[8] 安东尼. 会计学精要. 北京：电子工业出版社，2003.

[9] 中华人民共和国财政部. 企业会计准则. 北京：企业管理出版社，2006.

[10] 王亚卓，莫桂莉. 新会计准则变化点及案例说明. 北京：企业管理出版社，2010.